中国佛教美学典藏

总主编

高建平　尹　佃

各分部主编

佛教绘画部　丁　方

佛教造像部　张　总　王敏庆

佛教书法部　何劲松

各分卷作者

造像经典与仪轨　王敏庆　普　能　著

石窟造像（上下）　何　莹　全　薇　著

地面寺院造像（上下）　宋伊哲　著

出土及传世造像　王敏庆　杨小娟　吴源虹　著

经卷佛画　张建宇　著

石窟壁画　张俊沛　著

绢帛佛画　刘　韬　著

禅意绘画　陈粟裕　著

禅德墨迹　聂　清　著

佛教碑刻　胡吉连　著

敦煌写经　李逸峰　著

佛塔建筑　王　耘　著

伽蓝建筑　徐　翥　著

主要编辑、出版人员

社　　长　刘祚臣

副总编辑　刘金双

主任编辑　曾　辉

编　　辑　（按姓氏笔画排序）

于淑敏　马　蕴　王　绚　王　廓

王一珂　王慕飞　冯　然　邬四娟

刘金双　李　静　李玉莲　宋焕起

林思达　易希瑶　帖慧祯　胡春玲

郭银星　黄佳辉　曹　来　盛　力

程　园　曾　辉　鞠慧卿

特约审稿　汤凌云　韩　伟　陈丽丽　王怀义

装帧设计　今亮后声

排　　版　博越创想

禅意绘画

内容简介

作为中国佛教美学的重要内容，禅宗美学对中国文化与艺术产生了深远影响。禅意与书画的结合则诞生了大量符合中国人自身审美要求的艺术珍品，并对周边地区如日本、朝鲜半岛产生深远的影响。本书以年代为序，分析各个朝代禅意书画不同的美学特点。从王维的“诗中有画、画中有诗”的哲思，到梁楷、法常等人的笔墨开拓，再到董其昌的“画分南北宗”，禅宗与禅意不断为书画作品注入“源头活水”，形成中国书画中品格独具的一脉。

陈粟裕

女，1983年6月生，湖北人，中国社会科学院世界宗教研究所副研究员。2012年毕业于中央美术学院，获博士学位；2012年9月入世界宗教研究所博士后流动站；2014年留所工作。主要从事佛教艺术研究，特别是丝绸之路佛教艺术、宋元时期佛教书画研究。出版专著《从于阗到敦煌——以图像的东传为中心》（方志出版社，2014年）；参与编著《世界佛教美术图说大典》（湖南美术出版社，2017年），负责编修“石窟卷”部分，共5册。另发表论文30余篇。

三
第四祖年十四遇師時
第四祖道信論
大醫禪師
第五祖弘忍論
大滿禪師
五

国家出版基金项目
NATIONAL PUBLICATION FOUNDATION

高建平　尹佃
-总主编-

中国佛教美学典藏

佛教书法部
主　编·何劲松

禅意绘画

陈粟裕 — 著

中国大百科全书出版社

图书在版编目（CIP）数据

中国佛教美学典藏．禅意绘画／高建平，尹佃，何劲松主编；陈粟裕著．—北京：中国大百科全书出版社，2024.5

ISBN 978-7-5202-0828-4

Ⅰ．①中…　Ⅱ．①高…②尹…③何…④陈…　Ⅲ．①佛教—美学—研究—中国　Ⅳ．① B948

中国版本图书馆 CIP 数据核字（2020）第 172987 号

出 版 人　刘祚臣
策 划 人　曾　辉
责任编辑　邬四娟
责任校对　齐　芳
责任印制　李宝丰
装帧设计　今亮后声
排　　版　博越创想
出版发行　中国大百科全书出版社
地　　址　北京市阜成门北大街 17 号
邮政编码　100037
电　　话　010-88390969
网　　址　http://www.ecph.com.cn
印　　刷　北京雅昌艺术印刷有限公司
开　　本　889 毫米 ×1194 毫米　1/16
印　　张　19.25　　拉页 10 面
字　　数　286 千字
印　　次　2024 年 5 月第 1 版
　　　　　2024 年 5 月第 1 次印刷
书　　号　ISBN 978-7-5202-0828-4
定　　价　550.00 元

本书如有印装质量问题，可与出版社联系调换

总序

这部多达十五卷的佛教美学和艺术的总汇，是聚数十名专业研究者，积八年之功完成的一项宏大工程。在过去的这些年里，各位参与者都很辛苦。现在，终于苦尽甘来，欣喜之感油然而生。

当前，我们正处在中国式现代化建设的伟大进程之中。要建设中华民族现代文明，就要将现代理论与优秀传统文化遗产相结合。中国佛教艺术是中国传统文化和美学的一个重要组成部分。古人给我们留下了许多精美的艺术珍品，值得我们花大力气去整理、总结，站在现代的立场进行思考、研究。

在五千年的中华文明史中，最初一千多年，中华美学思想的萌芽可从巫史传统和工艺创造中体现。当时的人留下了丰富的实物，给我们提供了对那个时代文化状况的丰富的想象空间。其后，从商到周，出现了精美的青铜器皿，形成了发达的礼乐文化，在实物、操作和观念这三个层面推动了中华美学思想的形成和发展。佛教是发源于印度的宗教，传入中华大地以后与中国原有的礼乐文明碰撞交融，经历了一次外来思想中国化的过程，由此造就了文明的更新。

中国的礼乐文化在周朝兴盛，历经春秋战国，尽管礼崩乐坏，但还是有人竭力保存，到秦汉时仍有所传承。礼乐文化服务于周王室，通过分封的等级制度，实现以上化下、以夏化夷的政治设计。秦汉以后，分封逐渐消失，大一统的帝国逐步形成。这一时期，社会的上层与下层相距遥远，礼乐仍在上层社会的一些礼仪性活动中施行，这时就需要宗教在下层起到填补审美需求空间的作用。

在欧洲，希腊式的城邦制度解体，原来的希腊－罗马宗教体系只在上层社会被维持；而基督教则从社会的下层开始发展，得到广大民众的支持，最终迫使罗马皇帝改宗，同时也在巨大的罗马帝国范围内流传，成为世界性的宗教。在中国，佛教在一定意义上也起着这样的作用。从汉代到唐代，普通民众的审美需求成为佛教兴盛的土壤。正是由于这一原因，通过满足社会中下层民众的审美需求，佛教的审美理想和艺术创造在文明的深处扎下了根。

中国佛教美学有着一些突出的特点。

第一是理想性。这种理想性与非现实性、虚无和出世的观念结合在一起。这在华严宗和净土宗等宗派的思想中有明显的表现。它们所追求的净土，并非存在于现实的此岸世界，而是在理想的彼岸世界。它们的美，也从属于那个世界。现实的美只是彼岸世界美的影子。

第二是通过悟来感受世界。通过悟获得真美，或是苦修而悟道，或是禅宗所主张的顿悟——机缘触发，瞬间就能得道，即达到真美的境界。

第三是偶像崇拜。各种源于犹太经典的宗教，无论是犹太教、基督教，还是伊斯兰教，都流传逃出埃及的以色列人由于崇拜偶像而引起摩西震怒的故事，从而形成各种反偶像崇拜的传统，有的弃绝一切形象，有的不准造圣像。即使后来最热衷造像的天主教，也是依据一套“愚人的《圣经》”的说辞，即运用图像给不能阅读的人演绎《圣经》故事，提供图像存在的理由。这样一来，天主教的图像只是神圣故事的演绎，其本身不具有神性；圣徒所崇拜的不是偶像，而是通过图像感受神的道理。与此不同，尽管佛教早期也有过一段无佛像时期，但后来很快就有了对佛像的普遍接受。佛教的造像被认为其本身就有神性，是神的化身。

第四是宏阔的时空观。源于犹太经典的各种宗教都具有关于世界起源的传说和关于世界末日的预言。佛教则不同，不认为有起源和末日，而认为世界在时间上是无限的，循环往复，以至无穷；在空间上也是无限的，无所谓中心、边缘。体现在美学和艺术上，佛教就具有一种超越时空、追求无限的美学观念。

第五是和谐圆融的审美境界。美的理想是一种圆，但这不是毕达哥拉斯的数学上的圆，而是圆融的生存境界。佛教讲世界和谐，这又是通过圆的意象得到体现。

本套书共分四部十五卷，涉及书法、绘画 、造像、建筑等。

佛教书法部共有四卷，即《敦煌写经》《佛教碑刻》《禅德墨迹》和《禅意绘画》。

在印刷术流行之前，佛经的流传主要靠人工抄写。在这方面，敦煌藏经洞给我们留下了大批人工抄写的佛经。当时传抄佛经是基于保存和流传的需要，同时佛教徒们也将抄写佛经当成一种修行，通过艰辛的抄写工作以积累功德。这不仅为我们留下了大量的经典，同时也留下了重要的对当时的书写进行研究的材料。绝大多数佛教徒在抄写佛经时，都有一种虔敬的心态，他们书写认真，字迹清楚、容易识读。在字体上，楷、行、草三体均有，但以楷书为主。

佛教碑刻包括佛经碑刻、造像题记及寺塔碑碣。这些碑刻用途不同，风格上也有差异，但大体上是以隶书和楷书为主，风格上庄严静穆，偶有装饰意味。

禅德墨迹包括具有文人趣味的禅僧的书法作品，以及受禅宗思想影响的文人的书法作品。这些作品风格自由活泼，字体多为行书和草书，通过笔墨直抒胸臆，表现内在的情感。

禅意绘画，最初是画者致力于表现禅理，强调直觉性和感悟性，并以此使绘画超越形象的描绘。这种绘画追求推动了中国绘画意识的发展，并且与文人绘画结合，对中国绘画观念的发展和转折起到了关键作用。

佛教绘画部共有三卷，分为《石窟壁画》《绢帛佛画》《经卷佛画》，各有其鲜明的特点。

石窟壁画是指画在石窟壁上的绘画。壁画是人类最为古老的一种绘画形式。中国佛教石窟壁画主要存在于西域地区，以佛像和佛教故事为主要题材，也包括对佛国之境的描绘，其中乐舞飞天的壁画穿越千年，给人以惊艳之感，成为当代众多艺术创作的灵感来源。石窟壁画大多受印度绘画人物造型的影响，又开始具有中原绘画的元素，成为中西艺术风格结合的最早范例。

绢帛佛画以敦煌藏经洞绢画为主，现多藏于英、法、俄、德等国的博物馆中，日本、印度、韩国等国也有保存。这些绢画所画的形象不同，有佛、菩萨、罗汉、武士，以及供养人。从这些画中可看出中国绘画中线条之美的来龙去脉、中国绘画色彩的源与流。宗白华区分了中国艺术的错彩镂金之美与芙蓉出水之美，绢帛画大体属于错彩镂金一类。

经卷佛画，即佛经中的插图或附图，包括佛教经卷的卷首画（也称扉画）、随文插图、卷末的拖尾画。从制作技艺来看，经卷佛画分墨绘佛画和版画，雕版印刷繁盛时代出现了讲述各种佛经故事的版画。对经卷佛画的研究很有价值，但过去研究不多，本卷是对此研究领域的开拓。

佛教造像部内容最为丰富，分为《石窟造像》《地面寺院造像》《出土及传世造像》《造像经典与仪轨》。

《石窟造像》分上、下两卷。上卷讲新疆和中原北方石窟，下卷讲南方和藏传佛教造像。将这些不同地域、不同时代所创作的造像放在一起来对比，可以清晰地看出这些造像的造型和艺术风格在文化交流中留下的痕迹和在时代变迁中的沿革。

地面寺院造像则呈现出多样性和变动性。遍布西域和中原大地的佛寺中的造像，以及在藏区的藏传佛教寺庙中的造像，呈现出各自的地域特点；经过千年变化，又呈现出不同的时代特点。尽管佛像有“千佛一面”的说法，但不同地域、不同时代佛像的差别仍鲜明地体现出来。

出土及传世造像可称为前两种佛教造像的补充。这些造像被发现和保存，具有极大的偶然性。它们不像石窟造像，可系统发掘；也不像现存寺院里的造像，原本就有完整布局，具有系统性。这种出土及传世造像相对零散，其系统性需要研究者构建。

《造像经典与仪轨》是很特别的一卷。该卷对佛教造像特点和主要菩萨、天王等形象的基本框架做了概述，还对佛教活动的空间、所用法器等做了阐释。

佛教建筑部共两卷，一卷讲伽蓝，一卷讲佛塔。

《伽蓝建筑》主要讲历代的中土佛寺及藏传佛教的寺庙。正像欧洲历史上的建筑集中体现于教堂一样，佛教寺庙亦成为中国古代建筑的典范。本卷分朝代展示中国古代的寺庙，并对藏传佛教的寺庙做了专门的论述。

《佛塔建筑》专门论述佛塔。佛塔造型精美，是中国古代建筑精华所在。佛塔近可与寺庙组成一个整体，高耸的塔在建筑群中起画龙点睛的作用；远可装点河山，在自然山水中加上人工点缀。佛塔原本是瘗埋高僧圆寂后遗体和珍藏舍利的地方。它既是死亡之所，又是涅槃和超越之地。生死之事，永远是最大的事，这与僧人生活有密切关联，也使塔有了人情、人性、理想等多种意味。

佛教美学和艺术的内容丰富多彩，包含各个艺术门类。除本套丛书所介绍的之外，还包括诗词、音乐、歌舞等。我们的想法是，在现阶段能做什么，就先做起来。希望这套典藏为更全面地研究中国佛教美学起奠基作用；也希望将来在此基础上，借助新媒体，使中国佛教美学的精华得到更为全面的展示。

在最初组织这一课题组之时，我们的计划是，从几个主要的佛教艺术门类中，选取最有代表性的作品，给予精要的说明，以形成佛教美学的一个总汇。其目的在于，将佛教美学的精华在一个选本系列中汇总起来，将一些平时很难见到、只有专家才掌握的佛教艺术作品的图片加以集中，配以解说，从而使这些作品受到人们的关注。佛教从两千多年前开始传入中国，带来了佛教美学和艺术，在中国大地上生根、开花，与中国原有的传统结合，再经过历代僧俗信众的传承和创新，形成了璀璨多彩的中国佛教文化。中国佛教文化成为中华文化的一个组成部分，在世界文化史上也具有重要意义。在今天，加强佛教美学的学术研究，对佛教艺术的普及，对大众熟悉和了解佛教文化，对传承和弘扬中华优秀传统文化，都是一件功德无量的事。

记得第一次开编纂工作会，任务是明确大脉络的分工，确定各卷的主持人和基本研究队伍，划定各卷内容的边界。各位参编者的热情都很高。大家一方面认为，这件事很重要，编出的书会很宏伟壮观，成为一个大制作；另一方面也认为，这方面的书过去很少，有了一个好的立意，再加上选对了人，编起来不会费多大的劲，不过是将相关领域的专家集中起来，将原本就熟悉的材料以一个新的、对读者更具有亲和力的形式重新组织一遍而已。

到了真正上手去做才发现其中的种种艰难。材料难找，解说不好写。历史事实考证清楚，解说内容正确，这是基本的要求。这方面的要求，说说容易，做起来就有难度。不仅如此，由于这套书冠名美学，在选材时体现美学视角、在解说中体现美学阐释就很重要，对于长期致力于事实考证的专家来说，这种工作也有一定的难度。在撰写过程中，有人畏难退缩，有人赶不上进度要求，但是，这样一个庞大的工程，开弓没有回头箭，再艰难也要做下去，并且要保质保量地完成。

在这几年的工作中，撰稿和编辑人员都付出了巨大的努力。他们不仅研读既有的书籍、史料和画册，还要遍访全国各地的代表性寺院。最让我感动的是，他们跋山涉水，带着沉重的拍摄器材到现场拍摄。为了获得最佳的拍摄角度，课题组还购置了无人机，以便在人无法到达的角度进行拍摄。他们的努力，为这套书提供了大量精美的独家图片。

在此期间，课题组多次在北京召开会议；还远赴广东、山西等地，举行各种工作会议。每次会议都力求实效，解决编写过程中所出现的各种具体问题，包括工作分工、人员配备、文字质量、图片规格和要求、工作进度，以及编撰者与编辑如何相互配合以加快进度，等等。为了深化这套书的美学特色，我们还邀请了几位对中国古代美学有研究的学者对文字内容进行了审阅，提出了许多具体的修改意见。

现在，书稿终于付印了。感谢参加撰写《中国佛教美学典藏》的各位作者，各位均为对佛教美学和艺术有深厚研究基础的专家。他们不辞辛劳，集中精力，终于使这项巨大的工程得以完成。更令我们感动的是，著名佛门高僧尹佃法师自始至终参与我们的策划立项、内容框架研讨和后期编纂工作，多次参加编纂工作会议，提出重要意见。中国大百科全书出版社的郭银星和曾辉两位接力领导的编辑团队，对这项工作极为负责，在编辑出版过程中提供了周到而贴心的服务。本书是各位辛勤劳动的结晶。

佛教艺术和文化是中华美学的一个重要组成部分。中国佛教之美是先人留给我们的一笔宝贵遗产。同时，它又是在当代充满生命力的活的美学。我们带着对文化传统的虔敬之心来整理这份遗产，又以面向当代、面向世界、面向未来的态度，带着责任感和使命感，以激发传统文化在当代的生命力为目的，来审视并引领中国美学的辉煌未来。

总论

佛教在西汉末至东汉初自西域传入中国，融入中国经历了一个较为漫长的过程，这个过程也是其逐步实现中国化的过程，最终孕育了有别于原始佛教的中国佛教。在此基础上，佛教以“同盟军”的身份一步步融入中国文化之中，并以其优长彰显于世。在佛教中国化的漫长的文化融合和发展过程中，中国书法始终与之相契相合，彼此之间相互影响，相互融通，相得益彰，绵延至今。历代有关佛教与书法、佛教书法的相关论述不少，但要对“佛教书法”进行明确界定，仍是一件不容易的事。黄君认为，“佛教书法的内涵应该主要体现在书法作品（及其理论）对于佛教思想的吸收、溶化、表现”等方面，“对于作品中的文字内容（经、律、论、公案、偈语等），虽然我们承认它属于佛教书法内容，但它毕竟是第二位的，次要的、非本质的”。[①] 从文本意义上，佛教书法在两汉时期随着早期佛经翻译的开始而出现，但此时的佛教书法更多的意义还是体现在其作为考证史实的文献，还并未上升到“艺术”的层面，更谈不上佛教思想的体现。

佛教在中国的发展与传播同时是一个不断比附中国文化的过程，其通过结合已有的中国观念与实践，以易于理解和接受的方式逐渐融入中国文化，对中国的哲学、文学、艺术等产生了深远的影响。客观地说，佛教在中国的传播与发展，实现了对中国传统文化艺术的再创造，扩展了中国文化艺术的范畴，丰富了中国文化艺术的内容。汉末两晋时期，佛教与中国原有的儒、道文化之间的交流表现为玄、禅两大思潮的碰撞和融合，并在此基础上促使当时的文化艺术走向自觉之

① 黄君：《“佛教书法”之我见》，《法音》，1993年第2期。

路。这一点在书法上表现得尤为突出：佛教犹如催化剂一般，使得中国书法艺术逐渐丰满、丰富起来。首先，玄学给书法注入易学“道”的本体，即书法艺术所要表达的是宇宙万物“一阴一阳”的本质规律；其次，佛教又给书法艺术注入另一本体——“心”，人们开始真正将书法视为“心画”，即清人刘熙载所说的“书也者，心学也”；最后，书法一改过去被当作工具、被视为“小技”或“末流”的局面，成为人们的审美对象，社会上开始出现书法世家，甚至出现书法上“父子争胜，兄弟竞爽”的场面。尽管这一时期以“二王”（王羲之、王献之）为代表的书家未必都对佛教思想表现出炙热之情，但此时佛教思想与老庄玄学相互统摄，自然而然地影响到书家们的审美与创作。就这样，书法迅速实现了艺术“自觉”，出现“人心营构之相”，即表现中国人特有的宇宙观和生命情调的艺术形式。正如宋人朱长文感叹的那样：“书之至者，妙与道参，技艺云乎哉！”

南北朝时期，佛教在中国得以空前发展，出现了“南朝四百八十寺，多少楼台烟雨中”的盛况，中原王朝朝野上下，信士满天下。此时，各阶层的佛教信众们都热衷于祈福避灾，捐造佛像。早期佛教认为人体是禁锢灵魂的躯壳，故不主张塑造佛像，直到佛教大众派与上座派分裂，偶像崇拜的思潮开始在大众派中出现，加上印度佛教传至罗马文化影响下的犍陀罗地区，与当地的雕塑艺术相结合，佛教造像广为流传。传入中国以后，佛教造像更是成为其重要的宣传手段。在捐造佛像过程中，以造像时间，供养人官职、籍贯，出资造像的因由及发愿文为主要内容的造像题记逐渐出现。与此同时，造像题记作为一种佛教书法类型也随之出现。造像题记以龙门石窟内的《龙门二十品》为代表，这类碑刻书法整体上雄健刚强、率真质朴，呈现出风格多样性的特征，与当时以北魏洛阳元氏墓志为代表的官方书风迥然有别。

北朝后期，由于受到佛教“末法”思想影响，特别是在经历了北魏和北周的两次灭佛浩劫后，一场声势浩大的刻经之风骤然兴起，佛教徒开始将经文刻在山崖或石碑上。这些刻经既有皇家背景，也有典型的底层文化特征。前者以位于北齐京畿附近的邯郸响堂山刻经与中皇山摩崖刻经等为代表，后者以位于山东的泰山经石峪《金刚经》与邹城“四山摩崖”等最为突出。这类摩崖刻经书法在风格上呈现出雄浑圆厚、浑穆简静之美。

尽管南北朝时期的佛教造像题记书法与佛教刻经书法所呈现出来的风格特征和美学追求与佛教的教义教理并没有直接、必然的联系，但作为佛教与书法两者融合的风格类型，对后世书法影响深远。正如清人阮元在《北碑南帖论》中说："短笺长卷，意态挥洒，则帖擅其长；界格方严，法书深刻，则碑据其胜。"康有为在《广艺舟双楫》中也说："吾见六朝造像数百种，中间虽野人之所书，笔法亦浑朴奇丽有异态。"清代书家大多重碑，对北朝碑刻书风给予高度评价。

隋唐时期，佛教的发展迎来了宗派林立的局面，天台、华严、禅宗、唯识、净土等佛教宗派的出现，表明此时中国佛教已完全融入中华文化体系，并形成其相对独立的理论体系，最终实现了佛教发展的中国化。晚唐时期，禅宗思想凭借它强大的渗透力，开始向社会的各个层面转化并实现它自身的价值。

晚唐以后，禅宗思想持续影响中国思想发展的进程，铸造中华民族的人生哲学，陶冶知识阶层的审美情趣。禅宗思想的发展逐渐由山林禅寺转向社会和思想界，对文学艺术产生了极大的影响，书法也概莫能外。这一时期，禅宗特别是主顿悟的南宗禅主张不立文字，教外别传，直指人心，见性成佛，认为只要"本心澄净"便可立地成佛。在"若不究心，坐禅徒增业苦；如能护念，骂佛犹益真修"的思想支配下，禅宗各派中普遍出现不尚坐禅、不尚苦行现象，修禅者随缘任运，呵佛骂祖，机锋棒喝，亦狂亦癫。此时的书法家们从南禅风中找到了强有力的宗教思想依据来支撑直指人心、直抒胸臆的创作理念，这使他们隐约领会到书法应重视清净本心，要以抒情达意为书法创作的第一要义。以怀素、亚栖、贯休、梦龟、彦修等僧人为主要代表的书家们强调书法创作中推陈出新、通变的观念，认为"变"是古往今来书家成功的关键，若执法不变，终成书奴。这种对于创新的重视与佛教中以"自觉觉他"、涅槃智慧挽救众生为目标如出一辙。这一创作理念几乎垄断了整个晚唐乃至五代书坛，为宋代尚意书风的形成埋下了伏笔。

宋代最为杰出的三位书家——苏轼、黄庭坚、米芾，都与禅师常相酬往，他们的书法自然而然地受到禅宗思想的影响。特别是苏黄二人，在与高僧交往酬答中，着力于佛学思想义理和禅宗美学境界方面的探索与体悟，"以文字而做佛事"，在佛法与书法中体悟如来的不二法门。正是以苏黄为代表的宋代文人在经历了人生起伏、仕途荣辱后，或"由儒入禅"，或"由儒入道"。他们参禅问道、游戏笔墨的书斋生活与尚意自适的日常书写，成了“一种集士大夫学问、道德与文人审美于一体，融合儒、释、道三家哲学内涵，既受文人敬仰又亲近生活的状态”，最终促成了宋代尚意书风的形成。[①]宋代以后，尽管佛教与书法频频交往，但佛教思想对书法艺术新的渗透并不多，值得一提的是明人董其昌,《明史》称其“性和易，通禅理，萧闲吐纳，终日无俗语”。董氏与莲池、憨山等禅师关系甚密，还曾批阅过禅宗经籍《永明宗镜录》，具有非同一般的佛学修为。董氏受《楞严经》中“八还辨见”的启发，悟得“书未有学古而不变”的道理，并将佛家“梵我合一”“无上清净”的境界巧妙地化入其书写实践，创造出笔法“无迹可寻”、墨法“淡趣”的萧散简远书风，对晚明以后的书法产生重要影响。

佛教传入并逐渐融入中国文化的过程，始终都离不开文人士大夫的支持与倡导。反之，佛教思想又影响他们的精神世界、文艺创作与日常生活。在书法上，佛教思想除了影响其艺术理念、审美取向和创作实践之外，古代文人又以书法抄经等酬报助扬佛法。历代书法名家，几乎都写过佛教相关的经典或碑文书帖。如王羲之写了《遗教经》，张旭写了《心经》，柳公权写了《心经》《金刚经》和《清净经》，苏轼书写了《心经》《金刚经》《华严经》等经、序十余种。另如欧阳询、褚遂良、虞世南、颜真卿、黄庭坚、赵孟頫、米芾等都参与过佛教写经。

佛教自初传起，经典的翻译与传播都依赖于手工传抄，随着佛教的迅速发展，抄经更是需要大量人员的参与。此时，佛教典籍中都将抄经视为重要的修行行为，称之有无上功德，如《妙法莲华经·普贤菩萨劝发品》云：“若有受持读诵，正忆念，修习《法华经》者，当知是人则见释迦牟尼佛。”于是，抄写佛经、念诵佛经便成为一种普遍的社会现象。写经、抄经者除了僧侣，还有普通民众、居士、文人、商人、手工业者，更有王公贵族等，几乎涵盖了社会的各个阶层。这些人中除了一部分有一定文化基础的佛教信徒是由自己来抄经，其他绝大部分的人要借助于他人来完成抄经。更多时候，他们雇佣一些社会地位较低且有一定书写经验的人，于是便有了专门的职业写经人，被称为“经生”。与此同时，寺院也形成了一套由经生、官经生、书手、楷书手、校书手、典经师等组成的专门的组织机构，

① 刘超：《〈元祐党籍〉碑刻与元祐文人精神——兼论“苏学”“苏字”在南宋的传播》，《荣宝斋》，2019年第4期。

并对写经的过程和仪轨进行严格规定。据宋代《宣和书谱》载：经生在抄经过程中“修整自持”，“数千字终始如一律，不失行次”，“一波三折，笔之势亦自不苟。岂其意与笔正，特见严谨，亦可嘉矣”。由此可见，抄手们在抄写经文时，要有恭虔之心，心无杂念，心平气和，神智宁静，完全进入角色，达至玄妙境界。对经生来说，还要做到速度与质量两不误，既要抄写得快，不耽误功夫，又要规矩齐整，便于诵经之人诵读。就这样，写经书法虽然在各个时代体现出一定的差异，但是其用笔、结构和章法逐步固定下来，形成独特的风格类型，在书法史上被称为“写经体”。现在人们看到的敦煌写经，在这类书法中蔚为大宗。

敦煌写经书法主要是楷书，而且是小楷，书写工整清楚，通篇从结体、笔法和章法布白形式上都趋于统一稳定，既与所处时代的主流书法相互融合、相互影响，又具有相对的独立性。魏晋时期的写经，因正处于隶书向楷书的过渡时期，带有明显的隶书意味，类似当时流行的钟繇楷书。南北朝时期的写经则明显受到魏碑书风的影响，基本上摆脱了隶书风格，结体上“斜画紧接”，笔画中明显体现出刀刻外露的锋芒之感。隋唐时期的写经风格与当时的主流书风相比则有一定滞后性，尚有隶书、魏碑的余续，整体上为工整优雅的妍美书风所代替。到晚唐五代时期，受“唐尚法”的影响，敦煌写经书法在笔势、结构、笔法上逐渐与社会主流书风趋于一致。

敦煌写经以大量的墨迹遗存清晰地展现了书法字体从隶书到楷书的演变过程。此外，敦煌写经虽有千人一面之嫌，但仍具有鲜明的类型特征，颇受后人关注，如王学仲便将之与“帖学”“碑学”并列，作为一种新的书法类型——“经系”提出来。

从中国绘画的发展历程来看，来自佛教的影响同样至关重要。

首先，佛教文化的发展促进了绘画艺术自觉的产生。汉代以前的绘画，如常见的“圣贤图”“帝王图”“烈女图”等人物画，其目的和书法一样是为了“成人伦，助教化”，重视外形之似、相貌之真。自汉末魏晋时起，人物画虽未完全摆脱人伦教化作用，仍强调形似貌真的一面，但已然发生着明显的变化，即朝着神似的方向发展。这些新的变化，在曹不兴、卫协、顾恺之三代画家的身上体现得尤为明显。此外，这一时期的人物画中开始增添了佛教的诸佛、菩萨、天神、伎乐等形象，并开始涉及山水自然。虽然此时的自然并不作为画面的重点，其目的只是以“物”衬“人”。但颇受战乱纷争、政治煎熬的人们开始逃离世俗，崇尚自然、寄情山水，最终导致山水题材绘画的出现。这一时期绘画观念的转变与佛教在传播、发展中形成的玄禅思想密切相关。在玄禅思想指导下，书画都得以上升到“道”“心”本体论高度，于是便由“技”进入“道”的境界。此时的书画家要表现心中的“意”，而这个“意”即来源于天地阴阳的变化，二者是相通的。由于“心”与“物”互相作用，不相对立，因此中国书画美便成为由阴阳变化所决定的天地万物和谐之美，以及与之相一致的主体“心”的共同表现，两者打成一片，不可分割。至此，绘画艺术在“道”理念下，对自然现象重新加以组织、加工、提炼，显示的是生命的和谐结构，以及宇宙生生不息的运动变化。这种中国特色的美学理念与西方美学中古希腊的“模仿论”、西方现代的“表现论”迥然有别。

其次，佛教文化对中国绘画最为深刻的影响还表现在来自禅宗的影响。自晚唐以来，禅宗的审美情趣影响到中国绘画，最终促成中国绘画艺术的革命，即写意书画的出现。之后，写意书画逐渐成为中国书画的主流。在禅宗思想影响下，绘画成为文人士大夫们参禅悟道的重要手段。该类绘画的内容往往超越时空的限制而带有很大的主观随意性，譬如绘者往往会将桃花、芙蓉、莲花等属于不同季节的内容置于同一画面。宋人沈括将之概括为“此乃得心应手，意到便成，故造理入神，迥得天意，此难可与俗人论也”。宋代以后，这一理念得到进一步发展，人们开始关注“主意”，以“意”为尺度评价画作的高低优劣。可以说，唐宋以后逐渐走向成熟的“以意为主”的审美观及写意画的形成和发展与禅宗的影响密切相关。

最后，学理上论述绘画与禅宗的关系颇为顺畅，但要对“禅画”进行明确界定颇为艰难，众说纷纭。综合起来，禅画的特殊性并不局限于题材或者绘画方式，而是作品在形式之外的精神内核，这种内核与禅宗修行的特殊体验有着密切联系，从而使得人在绘制或观看画作获得类似于禅修一般的心理体验。随着“禅”的世俗化、生活化，禅画也并不囿于禅门之内，作者的身份也不局限于沙门比丘，故其名号称为禅意画更为合适。概括起来，禅意绘画总体上表现出心中自然、直观顿悟、水墨妍彩等美学特征。

《中国佛教美学典藏》佛教书法部分为《佛教碑刻》《敦煌写经》《禅德墨迹》《禅意绘画》四卷，分别由胡吉连、李逸峰、聂清、陈粟裕负责撰写。各卷在编写体例上各有特色，或以时间为序，或分门别类。四卷对佛教书法中的碑刻、写经、禅德墨迹及禅意绘画在各个时期的代表作品进行讨论，着重阐释佛教文化与书画艺术的融合与互动，解析不同作品的美学内涵。

有关佛教与中国文化艺术关系的讨论，是一个老生常谈的问题，也是不断发展且常谈常新的问题。囿于我们的水平有限，所述难免存在纰漏之处，敬请有识者批评、指教。

何劲松　胡吉连

2022年10月29日

目 录

董北苑畫文太史云平生止見半
幅即吾家秋山行旅圖也今人
妄謂學北苑實未見北苑一
點墨安能彷彿前人此道
非所以無師智契同也
玄宰戲墨并題

图片目录

第三章

五叶千灯　北宋禅意画

第四章

大千方外　南宋、元禅意画

第五章
霞雾千彩　南宋宁波画派

第六章
月映千江　明清禅意画

中国
佛教美学
典藏

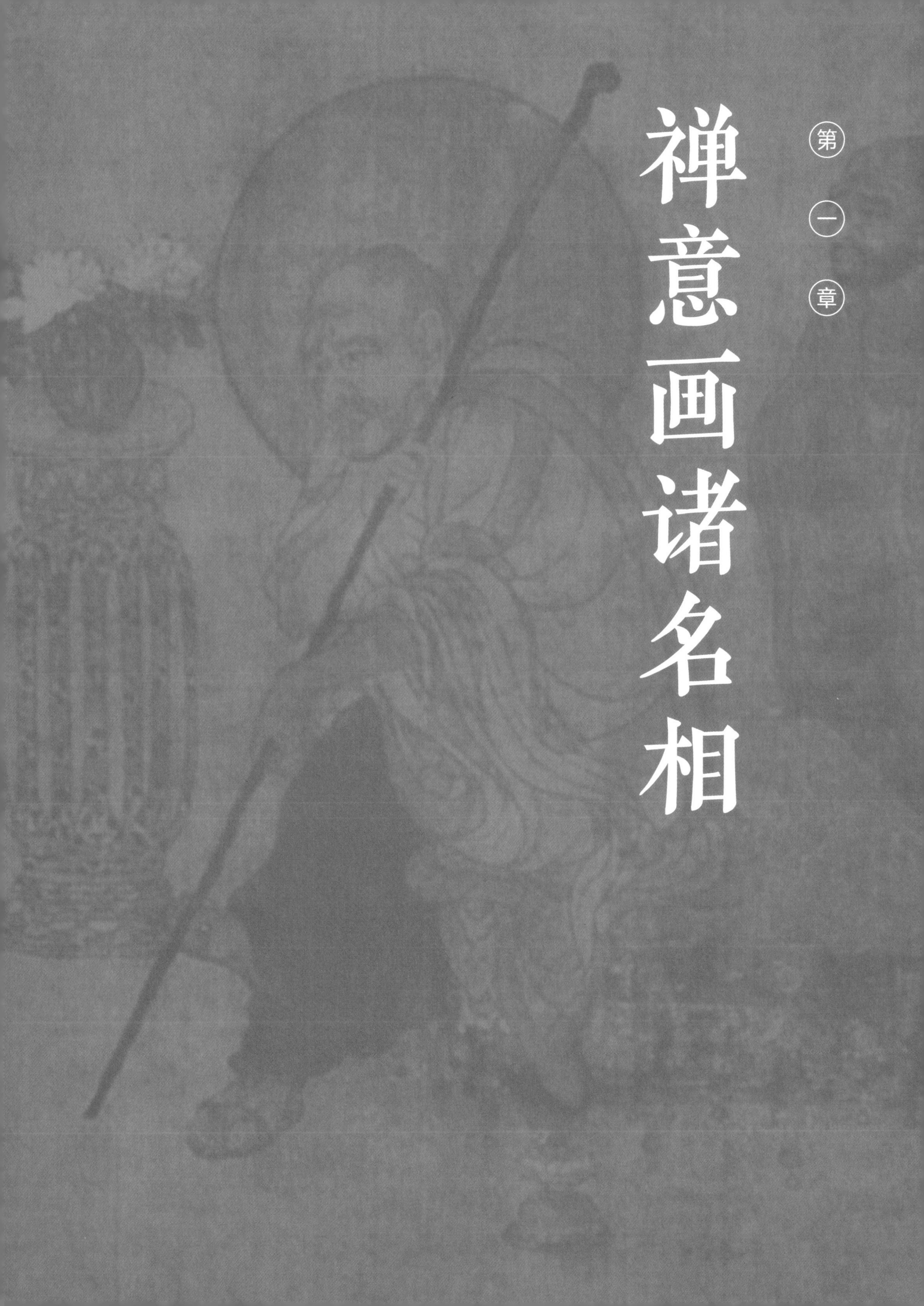

第一章 禅意画诸名相

禅，作为融合了印度佛教与中国玄学的特殊佛教思想，从达摩（？—528 或 536）一苇渡江到六祖慧能（638—713）“本来无一物，何处惹尘埃”的宣言，再到“五家七宗”的分化，甚至于东传日本普化他方，长期以来对以中国为主体的汉文化圈产生了巨大的影响。禅与中国传统绘画艺术的结合，则催生出了王维（701？—761 至 768）、贯休（832—912）、惠崇（？—1017？）、苏轼（1037—1101）、梁楷（生卒年不详）、法常（？—1282）、因陀罗等名家，他们的作品成为中国美术史上风格迥异的一派。有学者将这类受到禅宗影响而产生的作品称为禅画或禅意画，其所特有的美学况味为学界、艺界所称道。

但是，禅画这一饶富深意的词并非中国传统的画学、美学概念。宋以前，画史多以画家的年代、综合评价的品格分类。北宋时期，出于整理宫廷藏画的需要，《宣和画谱》中按画科题材分为道释、人物、宫室、番族、龙鱼、山水、畜兽、花鸟、墨竹、蔬果十门。而在文人士大夫的眼中，又以画家身份分为文人画、工匠画。明代董其昌（1555—1636）则模仿禅门南北宗的“顿”“渐”之别，划分画坛南北宗。画虽分南北，但究其艺术内涵却与禅宗精神并不十分密切。不仅在中国古代画史上没有禅画的专门分科，古人典籍中也不见“禅画”一词，更没有相关的叙述、品评。如禅画的代表性人物法常，其画作风格简明精练，意境深远。其作品《罗汉图》（图 1-1）用凝练的笔墨展现了一位貌甚奇古的罗汉在山间禅定，墨色渲染出云雾缭绕山间的意境，增添了一丝神秘的气氛。元代鉴赏家夏文彦在《图绘宝鉴》中对法常评价为：

图 1-1 《罗汉图》，法常，南宋，绢本水墨，高 106 厘米，横 52.5 厘米，日本静嘉堂文库美术馆藏

赏析：在这幅作品中，一位须发茂盛、深目高鼻的罗汉端坐在山石之间，岩下层层云气，深不可测。罗汉双目紧闭、表情安详，双手隐于腹前，做禅定状。身旁蜿蜒盘旋着一条巨蟒，将头置于罗汉膝上，张口吐信。

喜画龙虎、猿鹤、芦雁、山水、树石、人物，皆随笔点墨而成，意思简当，不费妆饰。但粗恶无古法，诚非雅玩。[1]

夏文彦的点评主要从笔法、风格、传承入手，并称其“诚非雅玩”，认为格调不高。事实上在整个中国古代的画学评价系统之中，绘画与禅宗思想的关系并没有被认识、建立起来。“禅画”这一词及其概念来自与中国一衣带水的日本。

① 陈高华主编：《宋辽金画家史料》，文物出版社，1984 年，第 779 页。

第一节 “禅画”概念的提出

佛教在日本的发展历程中，历代前往中国求法的“留学僧”们起到了不可磨灭的作用。如最澄（767—822）、空海（774—835）、圆仁（794—864）等赴唐求法的高僧，都成为开山立派的祖师。南宋以后，中日间佛教的交流则侧重于禅宗与禅宗文化，如两次入宋学习的沙门明庵荣西（1141—1215）为临济宗黄龙派的传人，回到日本后大力推广临济禅法，被认为是日本临济宗祖师。其再传弟子希玄道元（1200—1253）在中国宁波一带求学，获得了曹洞宗传法印契。希玄道元在日本弘扬曹洞法门时受到了镰仓幕府第五代执权者北条时赖（1227—1263）及武士阶层的大力支持，由此曹洞宗在日本大兴，逐渐成为日本佛教中根基雄厚的一支。

留学僧们在学习禅法时还收集了大量中国佛教艺术品。从现有资料上看，日本所藏的宋元绘画主要来自江南地区，其中杭州、宁波等地的书法、绘画作品数量、品类众多。如1199年入宋学习律法的日本高僧不可弃俊芿（1168—1227），先后在明州（今浙江宁波）雪窦寺、临安径山寺等地求学12年，归国时携带律宗大小部文书327卷、法帖御书堂帖等碑文76卷、水墨罗汉18幅，以及其他佛像、高僧像。[①] 这些带回日本的作品受到了当地民众的喜爱与追捧，逐渐成为商业进口之物。传入日本的绘画作品越多，其影响力越大，不仅产生了雪舟等杨（1420—1506）这样学习中国绘画的日本画家，还在一定程度上

① ［日］木宫泰彦著，陈捷译：《中日佛教交通史》，台湾华宇出版社，1986年。

影响了日本大和绘的美学风格。[①]面对这些东传的美术作品，19 世纪末 20 世纪初的研究人员进行了科学而严谨的思考与探索。根据笔者所获得的资料，1902 年风卷景次郎（1892—1960）在《国华》杂志上发表的文章《梁楷笔醉翁图》中最早使用了“禅画”一词。同一时期，很多学者发表了对于梁楷、法常等人绘画作品的专项讨论。[②]而将这个名词推广到国际视野的则是被誉为“世界禅者”的铃木大拙（1870—1966）。

铃木大拙一生致力于将禅学在世界范围发扬光大。1938 年他出版的英文专著《禅与日本文化》（*Zen Buddhism and Its Influence on Japanese Culture*）一书中有专门的章节《禅与绘画艺术》，从日本的禅宗文化讨论禅宗与绘画的关系。而后北川桃雄选取了其中的六章与《禅与俳句》进行了翻译，合为《禅与日本文化》（《禅と日本文化》），由岩波书店出版。其中，铃木大拙追溯了由留学僧带回的法常、梁楷、马远等人的禅味画对日本产生的重大影响，之后他谈道：

> 在禅的修行即将禅的教义付诸实践的僧院生活中，还有一点非常重要。由于禅院一般在山林之中，禅僧们得以同大自然终日相随。他们同情自然，亲近自然，并发自内心地摹写自然。他们观察着为市井之人所不齿的虫鸟、山兽、岩石和溪流。这种观察的特殊之处就在于深深反映了他们的哲学，反映出了他们的直觉。和那种博物学家式的观察不同，禅僧要在观察中直接契入对象的生命。因此，不管描绘什么，都必定表现出他们的直觉，在他们的作品中，处处都蕴含着“山与云的精神”。
>
> 这种由修行而成的直觉之所以能激发禅僧们的艺术本能，是因为他们对艺术有感受力。直觉只有在同艺术感情密切接触时，禅僧们才能进行美的创造。[③]

铃木大拙的这段论述，最为重要的是涉及禅宗哲学对于绘画的影响，这也是对禅画美学概念最早的阐释。禅对于美术的影响来自三个方面的融汇：一为自然对禅僧的蒙养；二为对物象、生命的观照；三为由修行而成的直觉与艺术

① 兰兰：《从大和绘到水墨汉画——兼论中国禅宗思想对日本绘画的影响》，《文艺争鸣》，2017 年第 6 期，第 200 ～ 203 页。

② ［日］泷精一：《梁楷筆踊布袋図に就て》，《国华》第 152 期，1902 年。［日］浜田青陵：《梁楷の傑作出山釋迦及び山水図》，《国华》第 227 期，1909 年。《梁楷筆六祖図》，《国华》第 229 期，1909 年。

③ ［日］铃木大拙著，陶刚译：《禅与日本文化》，生活·读书·新知三联书店，1989 年，第 27 页。

的结合。三者汇合，最终产生了特殊的美学体验。

铃木大拙之后，禅画作为一种东方哲学与艺术融合的独特产物，受到了学界的重视。特别是其对西方抽象表现主义的影响[①]，使之风靡日本、欧美。而将禅画研究在中国推广的，则是美国加州大学伯克利分校的著名中国美术史研究权威——高居翰（James Cahill，1926—2014）。在其出版的《中国绘画史》第八章《宋代文人画及禅画（11—13 世纪）》中介绍了宋代的禅僧绘画及创作所依赖的直觉：

> 儒家文人比较知性的手法相对于禅僧的直觉手法：禅画家了解，在自然界乍看似乎纷杂的万象底下，隐藏着唯一的真理。他们这种认识，就和禅宗哲学一样，用直接的途径传达给了我们。把它们转化成一般讨论里的知性观念，期望听者再把这些观念转化成类似本能的冲动，这样的过程是无法表达这种认识的。禅画家通常只关键性地点出他的题目，其他部分则保持暧昧。他们使用暗示而更甚于描述的手法，由看画的人自己完成形象。这就像皈依禅宗的人依靠直觉，逐步拼凑出宗师的晦言隐意是一样的道理。[②]

高居翰的“直觉说”显然受到铃木大拙的影响，在此基础上，他倾向于认为禅画是表现真理的一种方式，禅画的创作或欣赏过程是一个接受—转换—传达真理的过程。而这一过程犹如“佛祖拈花，迦叶微笑”。佛祖以拈花来开示，迦叶以见花悟道。禅画则是勾连佛祖与迦叶禅机之间的那朵花。作为一位研究中国传统文化与艺术的西方学者，高居翰能够认识到禅画在接受学与传播学意义上的作用已是非常难得。接下来的问题是：什么是禅画？

① 王小路：《“禅思”与图式——论禅学对美国抽象表现主义绘画的影响》，杭州师范大学硕士学位论文，2013 年。

② ［美］高居翰著，李渝译：《中国绘画史》，台湾雄狮图书股份有限公司，1989 年，第 84 页。

第二节

各家对禅画的定义

对禅画进行定义，指出禅画与非禅画之间的差别，是非常困难的，这正如禅机本身，侧重于个体的体验而非具体的语言、物象。尽管如此，许多从事佛教、佛教艺术研究的学者依然从不同角度尝试着定义禅画，先贤们的工作对我们的研究有很大的启示作用。笔者试举其中具有代表性的观点。

一、禅思传达与接受的媒介

《中国绘画史》完成之后，高居翰在《日本收藏的中国宋元禅宗绘画》一文中对什么是禅画有了更为深入的探讨与说明。

> 就像禅宗本身一样，禅画也是启示性的，而不是说教性的。禅画并不直接告诉观赏者哪些东西他必须知道，而是提供一些暗示，一些可以识别的细节。这些细节都是以一种模糊不清、近乎抽象的手法描绘出来的。
>
> 就像禅宗一样，禅画只能描绘普通的景物，而不描绘那些名山大川。禅宗试图把人的日常生活经验变为一种神秘或者先验的东西。禅画也是如此。
>
> 就像禅宗一样，禅画表现的是一个统一的世界，禅宗要求整体地、直觉地体验这个世界，不需要理智的分析和那种相互对立的感受。禅画也是如此，它所

> 描绘的东西直接诉诸人的感官，而不需要观赏停止这种直觉的自发的感受而去欣赏作品风格或者其他细节。因此，禅画实际上就是禅宗体验世界的一种形象化的途径。
>
> 禅画的笔墨风格体现了画家手与笔的疾速运动，抒发了一种直接和强烈的感受。这与禅宗大师那种突然的自发行为和说教是一致的，这种突然和自发的言行揭示了禅宗悟道的精神状态。
>
> 通过以上的分析，我们可以认识到，禅宗绘画与禅宗教义有一种结构上的类似。因此，不管画家本人的意图如何，观者认为这类作品就是禅画。[①]

高居翰将禅画的特征归结为两个部分：一为画家富有启示性的直觉呈现，这种直觉来自禅宗的体验；二为画作带给观者的启示，这一启示来自观者本身对于禅的认知。从这两点来看，禅画即画家禅思的呈现，同时也给予观者禅体验。在表现手法层面，画家的笔法与禅僧悟道时自发的言语或行为非常接近，同样是参禅悟道的一种体现。表面上看，高居翰本文的讨论更加具体，力图涉及思维、启示、表达、观者几个方面，但是依然没有脱离他在《中国绘画史》中的思维框架。而他提到的以观者为中心判断禅画，确实颇具创新。

二、表现“悟”的境界

这一说法的代表为日本京都相国寺临济宗高僧有马赖底。其在所著《云水禅心》一书中，对禅画定义如下：

> 经过长年累月的刻苦而严格的修炼所获得的“悟”这一境界，换而言之，就是全部生命和全部人格的具体显现。由“悟”这一境界迸发出来的生命力能够超越绘画技法的巧拙而动人心魄，即可以使观赏者产生心灵的震撼，这就是禅画的本质。[②]

① ［美］高居翰著，林小平译：《日本收藏的中国宋元禅宗绘画》，《美术研究》，1983年第2期，第73～74页。
② ［日］有马赖底著，刘建、华海译：《云水禅心》，海南出版社，2014年，第230～231页。

作为禅宗的修行者和实践者，有马赖底强调的是“悟”的境界的表达。这种表达方式禅门可以化现为“菩提本无树”的偈语，可以化现为“应无所住而生其心”的实践，可以化现为无数禅僧的诗偈、大量被记录下的“口头禅”。禅宗修行讲求的即这通达万物、“一朝直入如来地”的瞬间。有马赖底认为，禅画即对这一瞬间的表现与记录。

三、禅僧接引学人的方法

此观点见于中国社会科学院世界宗教研究所王志远研究员主编的《中国佛教百科》第4卷“禅画”条。

> 禅画是修禅者用笔墨表达禅理的绘画。原本是禅师接引学人的方法与手法，禅僧为修道印证，表现禅机，常以简略笔法，演成一系列的“禅画”。禅画不在说明形象描写，而在说明佛教理论，把握实相，描写真实之直观，超越自然表面的形象之美，对象是内在深入无心的境界，捉摸人类精神内在的根元。后来影响到文人画、水墨画之创作。[①]

以图像来参禅悟道，其源头可以追溯到沩仰宗所用的“圆相”。相传此派祖师仰山慧寂（814—890）即由圆相顿悟。

> 圆相之作，始于南阳忠国师，以授侍者耽源。源承谶记传于仰山，遂目为沩仰宗风。明州五峰良和尚，尝制四十则。明教嵩禅师，为之序称道其美。良曰：“总有六名：曰圆相、曰暗机、曰义海、曰字海、曰意语、曰默论。”耽源谓仰山曰：“国师传六代祖师圆相，九十七个，授与老僧国师示寂时。复谓予曰：吾灭后三十年，南方有一沙弥，到来大兴此道。次第传授，无令断绝。吾详此谶事在汝躬，我今付汝，汝当奉持。”仰山既得遂焚之。源一日又谓仰山曰：“向所传圆相，宜深秘之。”仰曰：“烧却了也。”源云：“此诸祖相传至此，何乃烧却？”

① 王志远主编：《中国佛教百科》第4卷，华龄出版社，2008年，第86页。

仰曰："某一览已知其意，能用始得不可执本也。"源曰："于子即得，来者如何？"仰曰："和尚若要重录一本。"仰乃重录呈似，一无差失。耽源一日上堂，仰山出众作○相，以手托起作呈势，却叉手立。源以两手交拳示之。仰进前三步，作女人拜，源点头，仰便礼拜。此乃圆相所自起也。

仰山亲于耽源处，受九十七种圆相。后于沩山处，因此○相顿悟。后有语云："诸佛密印岂容言乎？"又曰："我于耽源处得体，沩山处得用，谓之父子投机，故有此圆相。"勘辨端的，或画此(牛)相乃纵意；或画(佛)相乃夺意；或画(人)相乃肯意；或画○相，乃许他人相见意。或画㊂相，或点破，或画破，或掷却，或托起，皆是时节因缘。才有圆相，便有宾主生杀纵夺机关眼目隐显权实，乃是入廛垂手。或闲暇师资，辨难互换机锋，只贵当人大用现前矣。①

沩仰宗以96种圆相代表参悟、领略佛法的不同之相。这说明以图像来表现佛教理论，让僧众、弟子等观者从观看图像中开悟，在禅门内部确有实践。而后，流传下来的禅僧语录有大量"图赞""画赞"，多是因观看了在禅寺中的图像，如祖师像、菩萨像、罗汉像等所洞悉的禅机。释门之下也有不少擅画者，北宋郭若虚在《图画见闻志》中以"僧附""僧道附"的条目专门记录了僧人画家的生平和重要作品。南宋邓椿的《画继》列有"道人衲子"类，记录两宋时期禅僧画家16人。明代莲儒所著的《画禅》为专门记录佛门画家的著作。此书在元代夏文彦（生卒年不详）的《图绘宝鉴》、明代王世贞（1526—1590）的《王氏画苑》等的基础上辑录而成，共记载了南朝至元代画僧64人。清代官修的《佩文斋书画谱》中也记录了大量僧侣画家的相关信息。从这些记录来看，观画与作画也是某些禅僧修行的方式。

四、用笔墨表达禅思的途径

持这种观点的学者甚多，如我国台湾学者吴永猛先生对禅画的定义是：

① ［宋］智昭集：《人天眼目》卷四，《大正藏》第48册，第321～322页。

> 一般宗教画，是要善导信徒们内心生起恭敬心，导至“诸恶莫作，众善奉行”的说教目的。禅画，除了借用一般绘画的表达，更超越宗教画的意义。因禅家能以无象而有象，衬托出“道象”。换言之，禅家既能善用绘画技巧，推陈出新，又能提升宗教画的境界，掌握性命之本源，无拘无束，收放自如，写出心中丘壑，弘扬佛法。①

以“无象而有象，衬托出‘道象’”的过程与南朝宋时王微（415—453）所提出的“以一管之笔，拟太虚之体”的观念相近，只是要表达的内容并不完全相同。王微的“太虚之体”指的是天地之“道”，而吴永猛的“道象”则为“性命本源”“心中丘壑”，偏重于个人内在的禅思，起到的是弘扬佛法的作用。

再如叶伟夫、叶芃在《中国禅宗绘画及其流派研究》中的叙述：

> 中国禅画是在传统斋戒的基础上，逐渐形成以禅定为思维模式的绘画构思。作品风格在题材与内容方面表象为：以宗教为题材所代表的淡墨线条勾勒的类似速写式的人物淡彩绘画，以枯墨皴擦的山体岩石所表现的自然纹理，以意到笔不到的构图暗示联想画外的意境，及其无法之法、圆通变幻的创作原则。禅画遵循自然规律，是所谓隶属于“外师造化，中得心源”的艺术流派，其特征是种刻意追求精神境界的美术主张。如果说文人画重视书卷气的话，那么，禅画就是重视精神层面的灵感发挥。②

与吴永猛宗教性的内核不同的是，这两位学者的讨论侧重于彰显笔墨的表现力，并认为创作的过程、笔墨本身也是禅的一部分。将禅画归结为“精神层面的灵感发挥”，看到了创作禅画所特有的精神特质。而这种精神特质的来源则是“以禅定为思维模式”，认为禅画创作过程来自禅定思维。这与前文所列的“直觉”“开悟”又有所不同。

类似的观点也见于妙虚法师与孙恩扬合著的《禅画研究》。

> 狭义讲，禅画就是禅者绘画，作者可以是出家人也可以是在家众。

① 郑儒儒：《解析美术史中“禅画”概念的由来》，中国美术学院硕士毕业论文，2015年，第8页。
② 叶伟夫、叶芃：《中国禅宗绘画及其流派研究》，载《中国禅学》第5卷，中国社会科学出版社，2010年，第525页。

> 即使不是僧人，也是生命的行者。禅画如同禅宗诗偈一样是生命主体体悟的呈现，禅画内容与形式是统一的。平常我们所讲的禅画范围很广，广义禅画指描写禅宗题材以及带有禅宗理趣的水墨画样式，一些文人受禅宗影响而创作的绘画也可以称为禅画。有的画者虽然没有修禅，但可以达到禅画审美意趣，符合禅境的画也可以称为禅画，画史许多文人水墨画作品都可以泛称禅画。[①]

在这部以禅画为主题的专著里，作者对于禅画的定义是首先抓住其内核——生命主体体悟的呈现，而后逐步扩展到表现禅宗题材、受禅宗影响、符合禅宗审美几个方面，拓展了禅画的范围。而这种受到禅宗影响、符合禅宗审美的作品即被认为是禅画的观念在现今也是主流。虽然禅僧修行、禅定与民众日常生活渐行渐远，但禅的观念和精神内核早已渗透了社会生活的方方面面，如“禅茶一味”“口头禅”等词语为人们所熟知。在这种情况下，禅画也从禅宗绘画中拓展开来，成为依靠风格、内涵作为判断标准的一门画科。而正如高居翰所说，这种判断可能更多地来自观者（接受者）。

从以上学者对于禅画的定义，可看出他们都看到了禅画表现内容的特殊性，这种特殊性并不局限于题材或者绘画方式，而是作品在形式之外的精神内核，这种内核与禅宗修行的特殊体验有着密切联系，从而使得绘制或观看画作，可获得类似于禅修一般的心理体验。随着禅的世俗化、生活化，禅画也并不囿于禅门之内，作者的身份也不局限于沙门比丘，而其名号，称为禅意画更为合适。

① 妙虚法师、孙恩扬：《禅画研究》，人民美术出版社，2015年，第47页。

第三节 禅意画的美学特征

通过铃木大拙、高居翰等人的研究与宣讲，从20世纪初始，对禅意画的研究与普及逐渐展开，除了在佛教史、艺术史领域对历史上的著名作品进行解读、分析之外，禅意画还影响到了当代艺术的创作。正如铃木大拙深切影响了美国抽象表现艺术家波洛克（Jackson Pollock，1912—1956）那样，禅意画的概念与美学内涵深深陶染了当代东亚文化圈的艺术创作。无数艺术家都以追求禅意、禅味为自己奋斗的目标。通过长期的艺术实践与作品解读，禅意画独特的审美品格逐渐确立，在美学上呈现出如下特征。

一、心中自然

对于自然的追求，是以老庄思想为代表的中国传统玄学赋予禅意画的独特审美品格。“道法自然”蕴含了古人对世间万物独特的体悟。禅宗则将外在的自然内化为心中佛性，以心为出发点观想万物，所谓“青青翠竹尽是法身，郁郁黄花无非般若”[①]。在禅僧的眼中，黄花翠竹皆为佛事，令观者见色即空。在禅意画的创作、表现中同样也是如此，艺术家们往往通过对写实或写意的“外相”来表现自己对佛法的参悟。这些在禅门与世俗中流传的画作，也成为修行禅法的高僧们眼中的“翠竹”“黄花”。如元代著名书法家、画家赵孟頫（1254—1322）

① ［宋］道原：《景德传灯录》卷二十八，《大正藏》第51册，第441页。

擅画墨竹，其名作《秀石疏林图》（图 1–2）左侧题有小诗一首：“石如飞白木如籀，写竹还于八法通。若也有人能会此，方知书画本来同。”此诗探讨了书法与绘画用笔间的关系。这种书、画同源同法的思考，一方面源于实践，一方面源于禅宗“心色本来同”“人空法亦空，二相本来同”[①]的启示。各种用笔、书法与绘画，也不过是“心性”的化现而已。面对赵孟頫的墨竹，禅僧笑隐大欣（1268—1344）从中悟出了人生的如梦似幻，无常永驻：

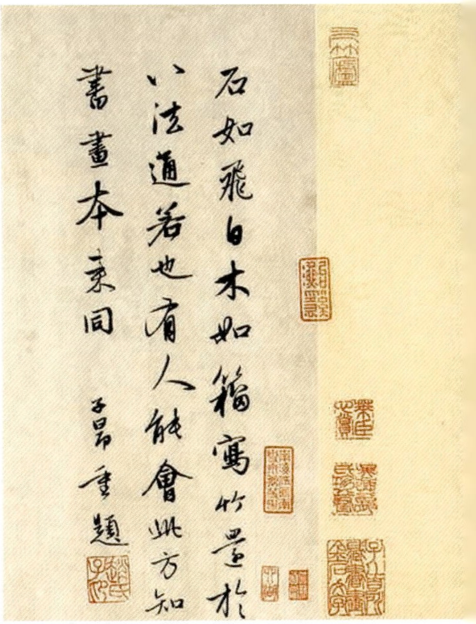

> 竹君石丈旧相忘，直奉王孙直玉堂。碧映罘罳云气合，润侵官砚露华凉。平泉回首班樵牧，艮岳随时化犬羊。犹想胸中丘壑在，龟溪拱木雨浪浪。[②]

二、直观与顿悟

相比其他作品而言，禅意画非常重视画面给观者的直接感受——犹如“当头棒喝”般的冲击效果。故而禅意画家对于画面形式也有着非比寻常的理解。如南宋时著名禅意画家梁楷、法常，一反南宋院体提倡的精致入微的写实，用“逸笔草草”式的简笔绘制佛祖、菩萨、祖师、散圣等人物，画面结构与人物造型富有冲击力，给人造成强烈而直观的视觉冲击。而这样直达心灵的作品却并不为当时的主流审美所认可。梁楷被人称为“梁疯子”，一方面由于其为人的不羁，一方面则是其画作不落俗格。如传为他作的《达摩渡江图》（图 1–3），仅以寥寥数笔勾勒出了达摩“一苇渡江”的身形，简单却震撼人心。禅意画之所以强调直观性的审美感受，与禅宗的核心思想——顿悟有着密不可分的关系。禅僧的生平传记中，常常记录某高僧因一事、一偈恍然大悟。而禅意画正是尝试着图像化这一直击心灵的顿悟瞬间，故而在画面语言之中力求简洁与直观，一眼即达如来地。

---

① ［宋］道原：《景德传灯录》卷十、二十五，《大正藏》第 51 册，第 275、410 页。
② ［元］笑隐大欣：《蒲室集》卷五，《大藏经补编》第 24 册，第 272 页。

图 1–2 《秀石疏林图》，赵孟頫，元，纸本水墨，高 27.5 厘米，横 62.8 厘米，故宫博物院藏

题识：石如飞白木如籀，写竹还于八法通。若也有人能会此，方知书画本来同。子昂重题。

赏析：这幅作品以淡雅的笔墨绘制出了山石、枯木、竹枝搭配成的小景。干枯的淡墨以“飞白”的笔法皴出了岩石结构；以籀书的笔意画出三棵浓淡不一的杂树，枯枝尽显古意；最后用浓墨仿“二王”行书写出片片竹叶：整个画面浓淡、详略得体，层次感丰富。

三、水墨与妍彩

我国台湾著名艺术史学者林保尧在《佛教美术讲座》一书中将禅宗美术定义为“以水墨画表现禅的境界”[①]，点明了禅意画与水墨之间的关系。中国人自古对墨色有着特殊偏爱，从“墨分五色”到“淡墨写精神”，自唐代始，墨与水的融合就在画家的笔下不断被探讨。水与墨在绢纸上创作出的种种形象，本身具有强烈的抒

① 林保尧编著：《佛教美术讲座》，台湾艺术家出版社，1997 年，第 18 页。

题识：折一茎苇，航千仞渊，脚头脚尾，此土西天，浩浩江湖尽浪传。万寿东谷妙光敬赞。

赏析：这幅作品描绘了达摩一苇渡江的场景，画面极其简洁，除了略微晕染了几笔水波之外，几乎没有画背景。达摩身穿白衣，头戴风帽，衣纹简练舒朗，顿挫方折，为梁楷常用的钉头鼠尾描和折芦描。画作可能是梁楷真迹。画面上方的题赞为南宋晚期著名禅僧东谷妙光所作。画作与赞语皆直指人心、饱含禅机。

图 1–3 《达摩渡江图》，梁楷（传），南宋，绢本水墨，高 46.7 厘米，横 26 厘米，美国国立亚洲艺术博物馆藏

情性与随意性，便于抒发作者的思绪、情怀。而在禅意画家的笔下，这种抒情性表达的精神内核发生了变化，由某种情绪或感受转变为对佛法的参悟，这种深刻而自我的体验与水墨相得益彰，笔墨极其丰富的变化彰显了画家独特而自我的禅思，可以说水墨与禅意有着天然的契合。

即使如此，大量色彩妍丽的工笔画也属于禅意画的范畴。特别是两宋时期，寺院中由于日常法事活动需要，张挂了大量以佛祖、菩萨、罗汉、祖师为题材的工笔画。从现存材料上看，这些画作大多由民间画工所为，绘制工细严谨，宁波等地甚至还形成了专门从事佛教绘画创作的作坊。如今藏于日本的一幅工笔画《水月观音图》（图 1–4）就体现出江南地方信仰的特色。从绘制者的角度，通常只是参考固有图本，根据订购者的要求进行绘制，画作与“禅意”一词似乎关系不大，但是在观看者——禅僧的眼中，这些日日接触、观赏的绘画作品则是参禅的绝佳工具。现流传下来的禅门高僧语录中，有相当一部分是面对这类画作参悟的赞文。通过禅僧的体悟、解读，也能够看到精巧妍丽的画作后蕴含的丰富禅理，将这类作品归为禅意画亦是恰当。

四、孤绝与圆满

孤绝是禅意画中较为常见的美学意象。这在一定程度上与参禅体验的私人性紧密相关。尽管从佛陀时代就形成了僧团，汉传寺院体系之中也有完备的丛林制度，但是无论是个人禅观、禅修，还是禅僧语录中的二僧对答，都侧重于个人的心灵体验。这种独一无二的体验反映在视觉图像上，容易呈现出简淡疏离的美感。当这种美达到极致，则表现出孤绝的效果。清初著名僧人朱耷（1626—1705？），由于坎坷的人生经历造成了他内心的孤独与愤世，僧侣的身份又使其从佛学的角度反思人生。他笔下的鱼虫鸟兽多为“白眼向人”，如《古木双鹰图》（图 1–5），画面中的两只雄鹰自顾自地翻着白眼，看似简单的构图营造出强烈的孤绝感。

与彰显个性的孤绝相对应的，则是禅僧普遍追求的圆满。这一究极的境界在语言上体现为弘一法师（1880—1942）临终时的“悲欣交集”；在画作上体现为多不可逾、少不可减的完美性，无论是画面构图，还是笔墨浓淡，无不精妙。画作中每一处的“无心”，恰恰体现了画者独具的“禅心”。

赏析：水月观音这一题材隐喻的是“水月镜花”般的空性，这幅作品却用精细、艳丽的工笔画来进行表现，别具一格。画面中观音坐于凸出的山石间，衣饰华丽，身旁随侍着在江南一带广泛信奉的布袋和尚。山崖下方细线勾勒出大海的波浪，一条龙探出头来望向观音，旁边善财童子立于莲瓣上，双手合十。观音上方的虚空中还有一身体形较小的韦陀菩萨。整件作品使用了大量含金、银元素的颜料，显得非常华美。

图 1-4 《水月观音图》，佚名，元，绢本设色，高 110.6 厘米，横 54.9 厘米，日本奈良元生院藏

赏析：整幅作品大气雄壮，气势动人。两只威武的雄鹰一上一下，立于岩石上；旁边伸出的枯树老干，如同华盖一般张在画面顶部。笔墨的使用粗壮有力，挥洒大气，树石的干枯感与老鹰呈现出的生命力形成鲜明对比。虽然两只老鹰绘制得英姿飒爽，但是依然是朱耷常用的“白眼向人”，并且彼此间没有任何互动，显得高傲而孤独。

图 1–5 《古木双鹰图》，朱耷，清，纸本水墨，高 168 厘米，横 80 厘米，中国国家博物馆藏

第四节 禅意画诸相

从传世作品及典籍记录来看，禅意画在功用上分为两类。一类为在寺院之中张挂、礼拜的画作，如佛祖像、菩萨像、罗汉像等。释迦牟尼佛、弥勒佛、观音、文殊、普贤、地藏、十六罗汉、十八罗汉或一百零八罗汉，在寺院中皆是常见。此外禅宗寺院中还供奉有达摩、慧能和历代本门祖师、佛家散圣，以及与禅门密切相关的居士，如维摩诘、王维、李白、苏轼等。另一类则为参禅悟道之作，如表现禅僧辩论的禅会图、花鸟鱼虫及山水作品。本文择其重要者加以介绍。

佛祖图，常见的有描绘释迦牟尼苦修的《释迦出山图》、图绘涅槃场景的《涅槃图》，以及释迦单尊或三尊的尊像。由于释迦牟尼崇高的地位，故而在禅意画中多遵循传统佛教造像的图像特征。其尚未成佛之前的形象，则常绘成清癯的中年比丘，如在南宋胡直夫的《释迦出山图》（图 1–6）中，苦修的释迦牟尼容颜枯槁，身形羸瘦。其上有南宋高僧西岩了惠（1198—1262）的题赞，道出画面禅机。弥勒佛则明显受到了布袋和尚契此传说的影响，大腹便便、笑口常开的大肚弥勒在北宋以后流行开来，成为禅门绘画中的常见人物。

菩萨图，通常表现为观音菩萨的三十二相之一，尤以白衣观音、水月观音为多。观音菩萨为禅僧所信奉、尊仰，禅门常见经典《金刚般若波罗蜜多心经》即观音菩萨宣说。其中的名句“色不异空，空不异色。色即是空，空即是色”，为“空性”的重要论证。禅意画中的观音通常被表现为慈眉善目的女性，一方面是便于接引世人，另一方面观音菩萨的慈悲愿力也是禅门所积极宣扬的。如元代临济宗比丘绝际永中手绘、他的老师

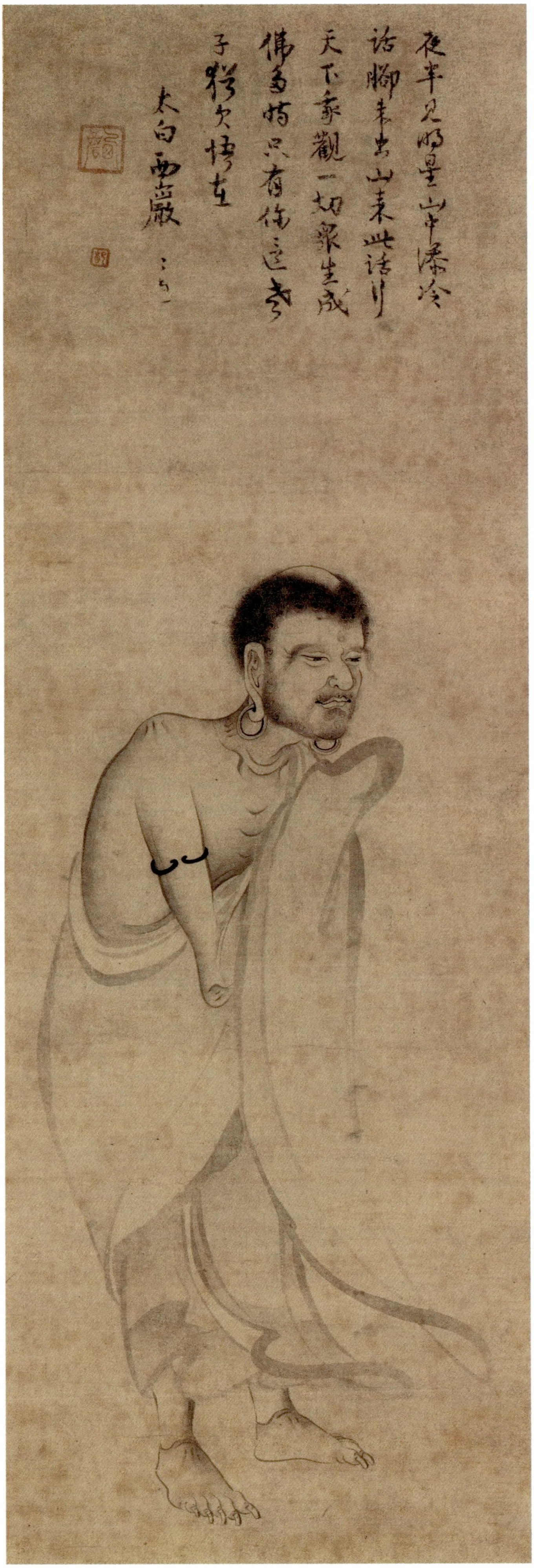

题识：夜半见明星，山中添冷话，脚未出山来，此话行天下。我观一切众生，成佛多时，只有你这老子，犹欠悟在。太白西岩了惠。

赏析：画面以简洁、明快的笔墨绘制了释迦牟尼结束苦修，从山中走出的场景。释迦牟尼做世俗比丘装扮，着袒右臂袈裟，双手合十，身体前躬。其头发卷曲，头顶有肉髻。面部绘制细腻、表情生动，展现释迦牟尼悲天悯人的神情。袈裟、躯体动作的表现则非常精练，仅以粗笔勾绘了外轮廓线，略做晕染即成。展现出禅意绘画清远、孤寂的美学特点。

图 1–6 《释迦出山图》，胡直夫，南宋，纸本水墨，高 92 厘米，横 31.7 厘米，美国国立亚洲艺术博物馆藏

中峰明本（1263—1323）题赞的《白衣观音图》（图 1–7），慈悲中包含着浓浓的禅意。

文殊、普贤、地藏菩萨为汉地寺院中流行供奉的尊像，禅意画中对他们的表现通常以同时期的造像为蓝本，秉承文殊骑狮、普贤乘象、地藏沙门形的特征。

罗汉为佛教之中得“阿罗汉果”位的修行者，从唐代卢楞伽绘制的《六尊者像》（图 1–8）到唐末五代出现的十六、十八罗汉，再到宋代流行的五百罗汉，罗汉的数量在不断增加，人物形象也不断丰富。从早期的胡貌梵相，到后期面容或逐渐汉化或强调异貌，年龄也有了长幼之分。相对于佛、菩萨有较为严格的图像学特征，罗汉画在创作上则相对自由，且到宋代以后数量众多，给了艺术家宽松的创作空间。

自唐代各大佛教宗派建立之后，追溯本门派别的源流，修建祖师堂，在祖师诞辰、忌日举办法事活动成为各宗各派都有的“规矩”。本门祖师的写真像通常张挂在祖师堂中，其形象有生前所绘的肖像，也有身后的追思之作。从现存材料来看，祖师像通常遵循着较为固定的图像模式，一般为结跏趺坐的正面或四分之三侧面像，面容有的具有个性特征，有的则较为程式化，依靠旁边的文字标注其身份。禅门之中，从初祖达摩到六祖慧能的法脉传承是众所公认的，对于他们的表现，有的是单身尊像，有的则是用故事画的方式表现以《楞伽经》传法的过程，如《达摩宗六祖图》（图 1–9）就以故事画的方式展现了早期禅宗的传承。

禅意画中的散圣通常为在民间颇受欢迎的高僧。如寒山、拾得为唐代天台山国清寺的两位僧侣，在历史上本以诗歌而闻名。然民间对他们则有种种传说、故事，或展现神迹，或扶弱济贫，或以优美的爱情故事加以附会，甚至传其为文殊、普贤的化身。他们的艺术形象，常常表现为一对衣着随意、满面笑容的僧侣或居士。有的图中，除寒山、拾得外还会加上他们的师父——国清寺的丰干大师。三人抱虎同眠，谓之《四睡图》（图 1–10），也是禅意画中的常见题材。

佛门居士以维摩诘最具代表。对维摩诘的崇拜来自大乘经典《维摩诘所说经》，这位能言善辩的白衣居士为广大在家修行人的典范。据经典的记载，维摩诘与号称“智慧第一”的文殊菩萨有一场极为精彩的辩论，自南北朝始，维摩诘与文殊菩萨就成为佛教图像中的一对固定搭配。维摩诘常被画为身着白衣、胡须飘动、手持麈尾的汉族士大夫形象。如传为李公麟（1049—1106）所绘的《维摩演教图》（图 1–11）即表现了维摩诘与文殊论辩的潇洒之姿。

题识：正思惟处，那伽定中不存一法；妙契圆通，尘尘刹刹播慈风。幻住明本拜手。

赏析：元代高僧中峰明本自从元贞元年（1295）始，游历江南各地，每到一处就建立一处传法庵室，称为“幻住”。这幅作品的作者、明本的学生绝际永中以极其简单的线条勾绘了一身禅定的白衣观音。观音面容慈悲，身形端庄。明本的赞语中，“那伽定”指的是身变龙而定止于深渊；“妙契圆通”指观音所修的“耳根圆通”为法门第一，赞颂了观音的禅定与慈悲。

图1–7 《白衣观音图》，绝际永中，元，纸本水墨，高 78.7 厘米，横 31.7 厘米，美国克利夫兰博物馆藏

图 1-8 《六尊者像》之第八嘎纳嘎哈拔喇钹襟尊者，卢楞伽，
唐，绢本设色，高 30 厘米，横 53 厘米，故宫博物院藏

题识：第八嘎纳嘎哈拔喇锻襟尊者。卢楞伽进。

论辩与对谈是禅僧领悟禅机的常见方式。流传至今的大量禅僧语录充分说明了这一点。禅僧之间以问答的方式展开彼此对佛法的领悟，机锋毕露。禅会图即表现这一对谈的场景。通常画面中表现两僧对话，夹之以简单的道具、山石树木，再配以书法，讲述因缘或记录禅语，从中可知公案故事，以及禅师观画所得的禅机。

花鸟画与山水画由于北宋以来“墨戏”概念的杂入，成为表达心中意象、参禅悟道的有力工具，画史里对历代画僧的记载，大多数都是擅长花鸟草虫，或是山水。这些自然界的景物在画僧、艺匠们的手里，展现为各不相同又精妙绝伦的大千世界，正如芥子须弥一般。

本书以年代为序，介绍各个时期著名的禅意画家及其代表作品，重点讨论不同时间段禅与艺术的融合与互动，解析作品的美学内涵。

图 1–9 《达摩宗六祖图》，佚名，北宋，纸本水墨，高 30 厘米，横 53 厘米，日本高山寺藏

题识：
第一祖菩提达摩谥圆觉禅师、第二祖为行者时、弟子道□[1]、尼惣持；
第二祖慧可谥大祖禅师、第三祖为行者时；
第三祖僧璨谥鉴智禅师、第四祖年十四遇师时；
第四祖道信谥大医禅师、第五祖年七岁悟道蒙时；
第五祖弘忍谥大满禅师、六祖为行者时、四祖弟子法郎（朗）；
六祖慧能谥大鉴禅师、江西道、六祖弟子南岳怀让禅师。
至和元年十一月初一日，开板入内，内侍省内侍黄门臣陈陆奉二月管内。

赏析：整个画面分为六个场景，共同展现了从达摩到慧能的传法过程。整件作品纯以线条来造型，所用线条流畅、丰富，显然为吴道子传派的艺术风格。画面之中，不只人物细节，就连简易竹灶、山石等都一一配置。每身人物的面容、服饰均不相同，对于不同的人物能够把握其年龄特征，显示出作者高超的技巧。在内容的表现上，作者选择了禅宗六祖传法的过程，通过老者与幼者之间口传心授场景的重复表现，来强调一代代的传承。每个场景之中，又增添了一些典型的、有代表性的细节，如达摩传慧可时，就选择刻画了慧可断臂的场景；在僧璨传法道信时，则刻画了道信侍奉汤药的情节。这些丰富的内容图解了禅宗传灯的谱系，使得东土六祖传灯的过程更为深入人心。据日僧成寻所著的《参天台五台山记》记载，本作品为宋仁宗至和元年（1054）制的版画。熙宁六年（1073），成寻从汴京（今河南开封）传法院院仓借出《达摩宗六祖图》的版画原雕版，用九张原纸印了三铺，将其中的两铺带回日本，一铺送到了岩藏的大云寺，一铺送到了宇治市的平等院。此卷画为版画的摹本。

① 原文有缺漏，后同。

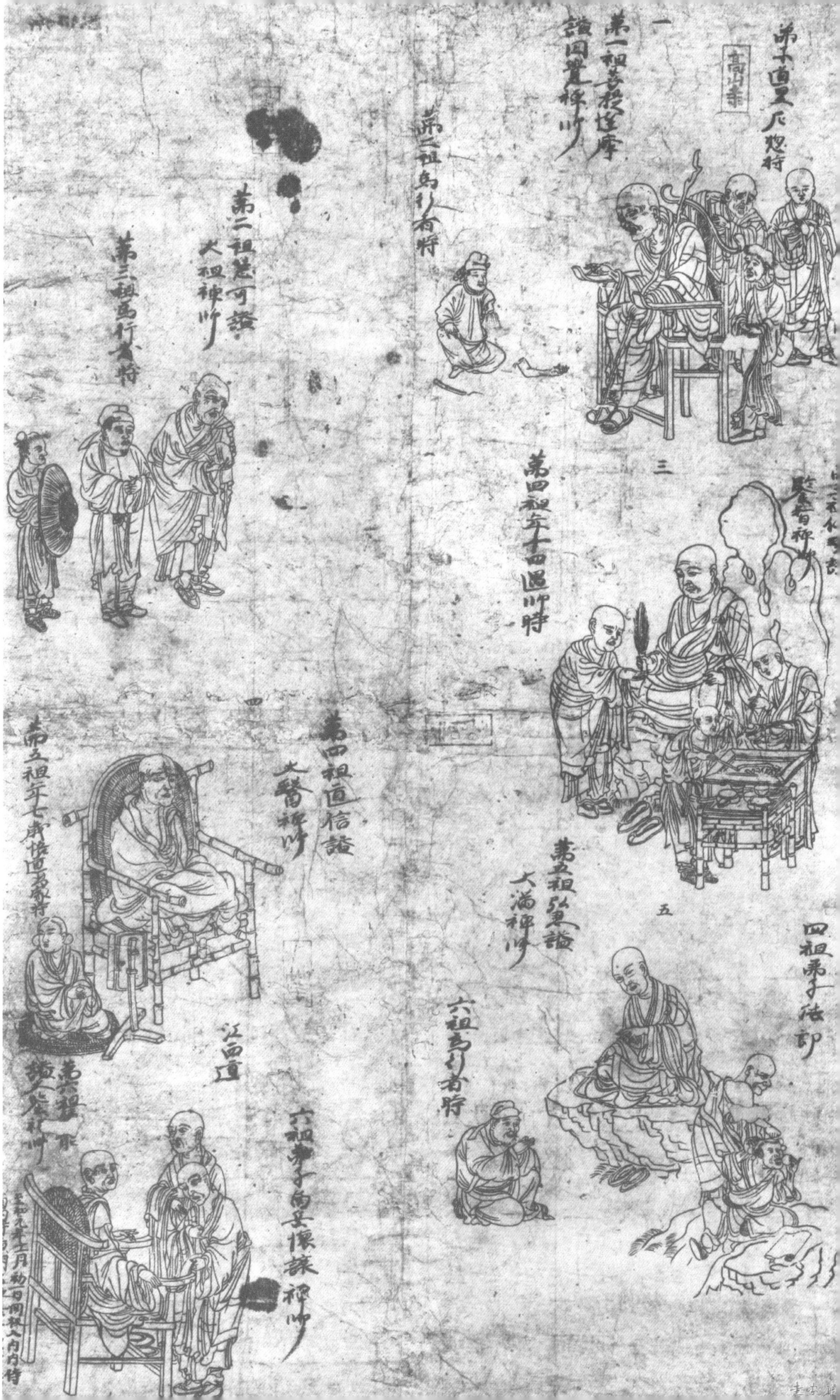
高山寺
一
第一祖菩提達摩
諡圓覺禅師
三
第四祖年十四遇師時
第四祖道信諡
大醫禅師
五
第五祖弘忍諡
大滿禅師
六祖為行者時
江西道
六祖弟子南岳懷讓禅師

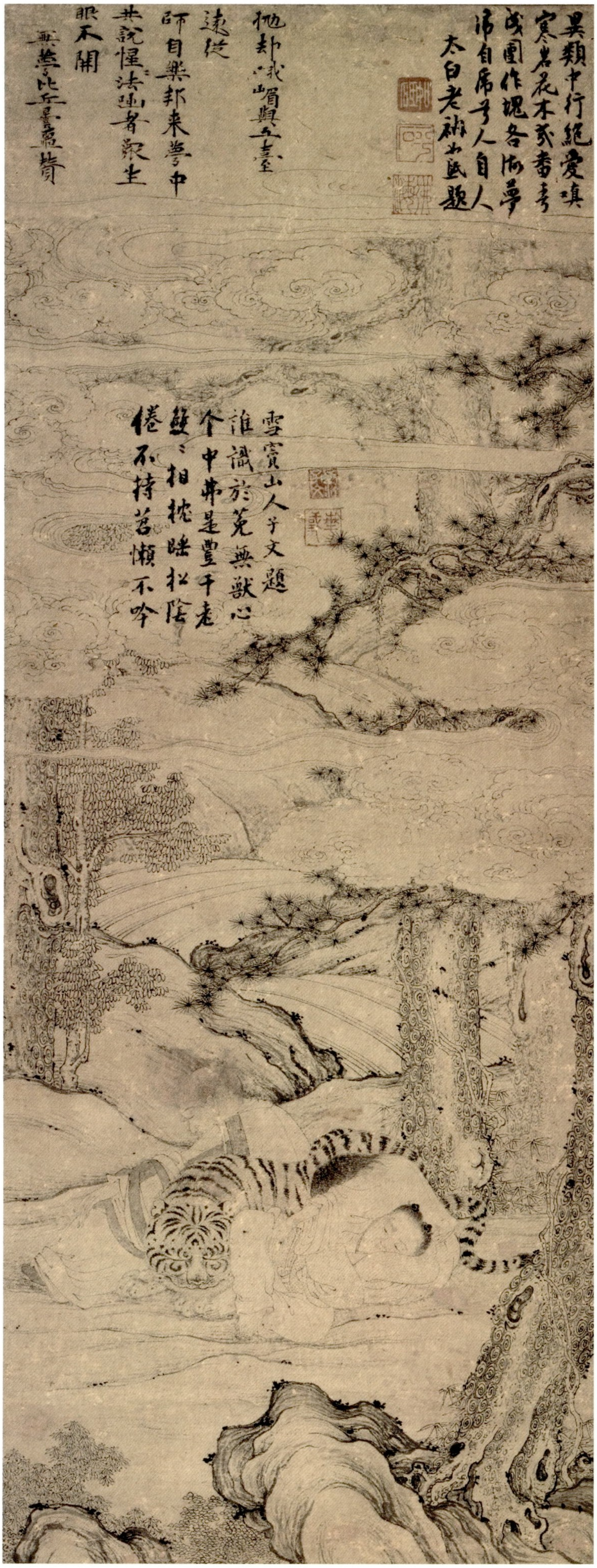

题识：

异类中行绝爱嗔，寒岩花木几番春。成团作块各做梦，虎自虎兮人自人。太白老衲如砥题。抛却峨眉与五台，远从师自乐邦来。梦中共说惺惺法，咄者众生眼不开。无梦比丘昙噩赞。倦不持苕懒不吟，双双相枕睡松阴。个中弗是丰干老，谁识於菟无兽心。雪窦山人子文题。

赏析：这幅作品自上而下景物众多，构图较为复杂。画家以细腻柔软的线条勾勒出溪流边、松树下，寒山、拾得、丰干与老虎相拥而眠的场景。人物动作生动，松树、云彩富有装饰性。“四睡”这一题材南宋时出现于禅宗高僧的语录中，如《禅宗杂毒海》中辑有“丰干拾得寒山子，靠倒无毛老大虫。合火斗头同做梦，不知明月上高峰”，而后禅意画家常以此主题入画。这幅画作上有活动于元明之际的禅宗高僧平石如砥（？—1357）、梦堂昙噩（1285—1373）、华国子文（？—1351）的赞语，其绘制年代当在元至元十一年（1274）之前。

图 1–10 《四睡图》，佚名，元，纸本水墨，高 77.8 厘米，横 34.3 厘米，日本东京国立博物馆藏

中国
佛教美学
典藏

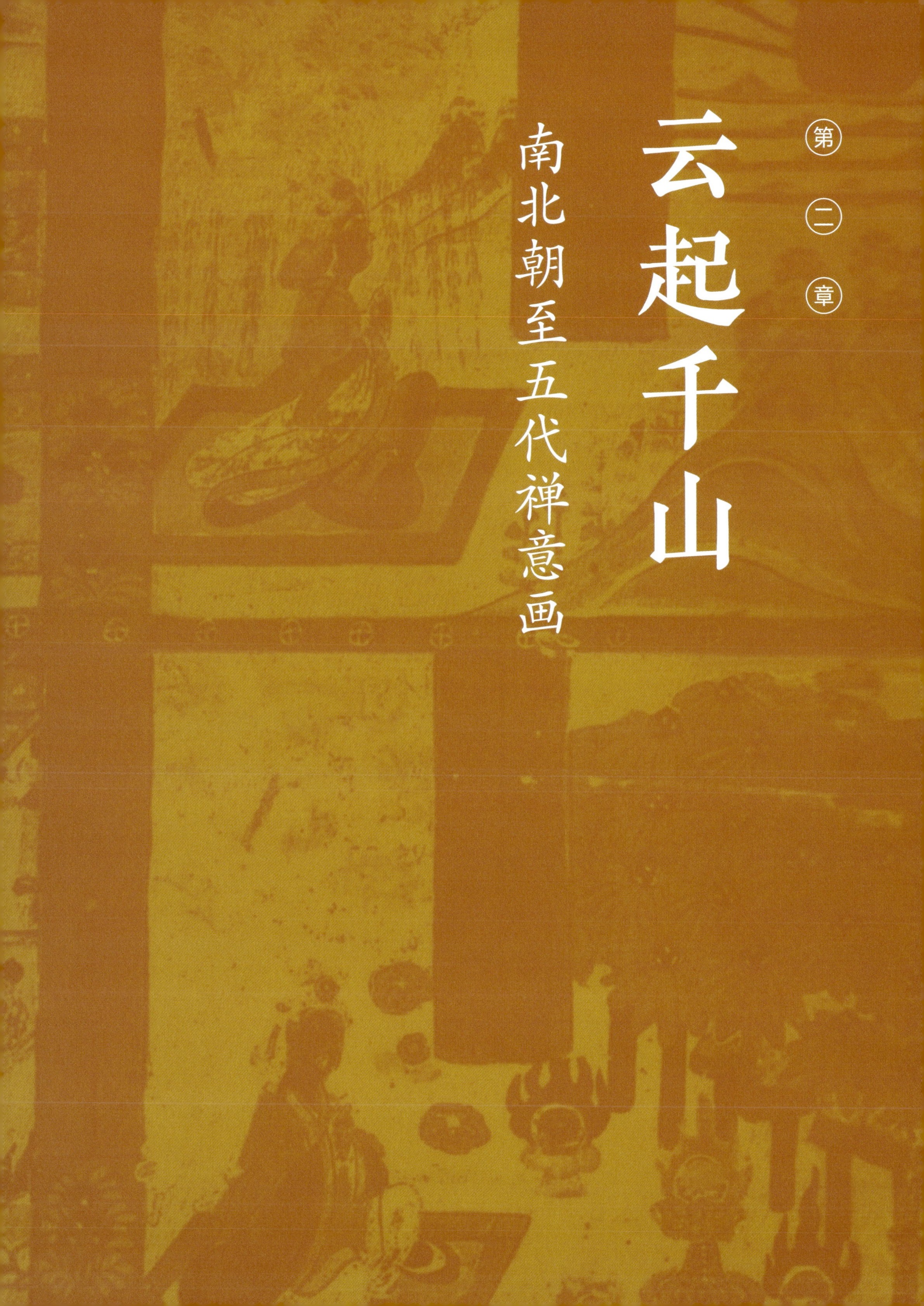

第二章

云起千山

南北朝至五代禅意画

东汉之际，随着佛教东传中国，包括观禅在内的各种禅修法门也传入中原。这种注重内心自省的修行方式与老庄玄学思想相结合，逐渐演变成中国佛教诸多宗派里最具影响力的一支——禅宗。南北朝至五代，禅宗思想逐渐成型，终至发扬光大。与此同时，禅宗思想与中国本土艺术也相互结合，那些擅绘丹青的禅修之士，尝试着将“禅观”“禅思”和“禅境”表现在图画之中。随着诸如王维、贯休等画家的出现，禅意绘画也展现在观者面前。

第一节 禅修与禅观

禅修作为魏晋南北朝时期僧人的修行方式，为诸多高僧大德所重。如后秦时鸠摩罗什（约 344—约 411）翻译了《坐禅三昧经》《禅法要解》《禅秘要法经》《思维略要法》等多部禅经，并在长安城中教授禅法："兴如逍遥园，引诸沙门于澄玄堂听鸠摩罗什演说佛经……沙门自远而至者五千余人。起浮图于永贵里，立波若台于中宫，沙门坐禅者恒有千数。"[①]高僧惠始（？—约 438）、玄高（402—444）、昙曜、僧周、僧达、僧实（476—563）均以禅法闻名。在此风气之下，大量僧人隐居山野，开窟修禅。《禅秘要法经》载"出定之时，应于静处，若在塚间，若在树下，若阿练若处"[②]。阿练若意为寂静处或空闲处，展现了对坐禅的环境要求。北朝时期凿建的石窟，早期多为禅僧行禅之用。如中国现存最早的纪年石窟——建于前秦建弘元年（420）的甘肃永靖炳灵寺第 169 窟（图 2-1），即为修禅之用。

禅修的方法里，观像是非常重要的一类。《坐禅三昧经》载："若初习行人，将至佛像所，或教令自往谛观佛像相好。"[③]《思维略要法》载："人之自信无过于眼，当观好像便如真佛。"[④]通过观看佛的三十二相、八十种好来进行禅修，是早期禅僧们常见的修行法门之一。刘慧达先生在《北魏石窟与禅》[⑤]一文中将北朝石窟中的造像题材与经文进行比对，确定了北朝时常见的禅

---

① ［唐］房玄龄等编撰：《晋书》卷一百一十七，中华书局，1974年，第2984页。
② ［后秦］鸠摩罗什译：《禅秘要法经》卷三，《大正藏》第15册，第251页。
③ ［后秦］鸠摩罗什译：《坐禅三昧经》，《大正藏》第15册，第276页。
④ ［后秦］鸠摩罗什译：《思维略要法》，《大正藏》第15册，第299页。
⑤ 刘慧达：《北魏石窟与禅》，《考古学报》，1978年第3期，第337～350页。

图 2-1　炳灵寺第 169 窟（外景），前秦，宽 26.75 米，高 15 米，深 19 米，甘肃省永靖县

赏析：第 169 窟，是炳灵寺石窟中规模最大的，同时也是目前年代最早的纪年洞窟。它原为距地面 50 米以上的天然洞穴。后有僧人在此修禅，开龛造像。其中最重要的第 6 龛位于窟内北壁，内塑一结跏趺坐佛与二菩萨像。佛像左上方墨书题有"无量寿佛"四字，南侧菩萨右上方墨书"观世音菩萨"，北侧菩萨右上方墨书"得大势至菩萨"。西方三圣的左侧绘有一身释迦牟尼立像，题记"释迦牟尼佛"；其右侧绘一胁侍菩萨，题记"弥勒菩萨"。龛左侧为建弘元年榜题。此外窟内还有大量僧人的供养像，如昙摩毗、法显等，说明十六国时期僧人们曾在此修行、活动。

观造像，分别为：释迦牟尼佛像（包括本生和佛传故事）、释迦牟尼佛与多宝佛在七宝塔共坐像、三世佛和十方诸佛像、无量寿佛像、四方佛像、七佛像、弥勒佛像等。位于河北邯郸的水浴寺石窟就是一处典型的禅窟，为禅宗三祖僧璨与定禅师所造（图 2-2），石窟为中心塔柱式，中心柱南面、西面、东面各开一大龛，内塑一佛二菩萨像，东西壁面布满千佛，合为十方三世佛的格局，为修行“菩萨念佛三昧”的重要法门。

观像之外，《观无量寿经》中记载的十六观也是禅僧常用的观想法门。摩揭陀国阿阇世王子由于“未生怨”欲弑父，其母韦提希夫人伤心失望，释迦牟尼应韦提希夫人之请，在频婆娑罗宫为信众讲述观想阿弥陀佛的身相和极乐净土庄严的十六种方法，分别为日想观、水想观、地想观、宝树观、宝池观、宝楼观、华座观、像观、真身观、观音观、势至观、普观、杂想观、上辈观、中辈观、下辈观。据经中记载，观想这十六种西方净土中的物象可以往生净土。表现韦提希夫人十六观的场景在敦煌壁画中多有体现，如莫高窟第 66 窟的观无量寿经变一侧，就图绘了身着广袖交领衫、双鬟抱面、作盛唐仕女打扮的韦提希夫人面对宝树、宝池等物象观想的场景（图 2-3）。

随着南北朝时期佛教在中国的发展，原本为纯宗教修行方式的禅修逐步与中国本土的老庄思想相结合，特别是般若学的出现，进一步勾连起禅学与审美之间的关系。如僧肇（374 / 384—414）在《肇论》中谈道：

> 内有独鉴之明，外有万法之实。万法虽实，然非照不得。内外相与以成其照功，此则圣所不能同；用也。内虽照而无知，外虽实而无相。内外寂然，相与俱无，此则圣所不能异；寂也。①

僧肇倡导以观照的方式将外物与内心密切联系在一起，在内心自省、自悟的基础上，对外物的万法进行观照，从而完成内心与外物的互动。正如接受学上强调的主客体互动、主客体统一，般若学将内心与外物充分联系起来之后，中国佛教哲学中的审美对象开启了一个新的境界，如同海纳百川一般，山川、日月、河流皆可成为内心观照、领悟佛理的对象。两晋南北朝时期，士大夫间出现了以山水悟道的法门。如南朝宋时的高士宗炳（375—443），曾参加过庐山

---

① ［东晋］僧肇：《肇论》，《大正藏》第 45 册，第 154 页。

图 2-2 《僧璨供养像》，北齐，浅浮雕，高 44 厘米，横 115 厘米，河北省邯郸市水浴寺石窟

赏析：水浴寺石窟正中雕有通窟顶的长方形塔柱，可绕柱行走。中心塔柱四面开有大龛，塔柱的其他位置和窟内壁面上均雕刻有大小不一的佛像。前壁刻有题刻为“昭玄大统定禅师”的供养像。据《隋书·百官志》载：“北齐天保元年，文宣帝诏置‘昭玄大统’，以沙门法‘大统’，令史员置五十余人，所统僧尼四百余万。”可见“昭玄大统”为北齐最高僧官。水浴寺石窟的开凿年代当在北齐武平五年（574）之前。与“昭玄大统定禅师”相对应的一侧，同样有一列供养人像，当前一身比丘题为“僧璨供养佛时”，为禅宗三祖僧璨的供养像。

图 2–3　莫高窟第 66 窟《观无量寿经变》之“十六观”（局部），唐，壁画，甘肃省敦煌市

赏析：十六观又作十六想观、十六妙观、十六正观、十六观门，为念佛行者由忆念弥陀之身与净土，得以往生西方的十六种观想方法。观想念佛，因之得以往生，及蒙种种胜益之相。画面当中，韦提希夫人为盛唐仕女打扮，身着红色外衫，头梳高髻，跪坐在方毯之上，神态虔诚，其面前为宝池、阿弥陀佛等观想对象，画面恢宏艳丽，颇具盛唐气象。

慧远（334—416）主持的白莲社，被誉为“莲社十八高贤”之一。他年轻时曾游历山川，老年因病不得出行，遂图绘山水景物，昼夜观看，称之为“卧游”。在其晚年所著的《画山水序》开篇，就谈到了以山水畅神之用。

圣人含道映物，贤者澄怀味像。至于山水，质有而灵趣，是以轩辕、尧、孔、广成、大隗、许由、孤竹之流，必有崆峒、具茨、藐姑、箕、首、大蒙之游焉。又称仁智之乐焉。夫圣人以神法道而贤者通；山水以形媚道而仁者乐。不亦几乎？余眷恋庐、衡，契阔荆、巫，不知老之将至。愧不能凝气怡身，伤砧石门之流，于是画象布色，构兹云岭。……圣贤映于绝代，万趣融其神思。余复何为哉，畅神而已。神之所畅，熟有先焉。[①]

这段文字充分融合了佛教、道教、儒家的思想，如将山水之游与古之圣贤相互联系，认为山水以其形展现“道”之意等，生动展现了一个好禅悟道的南朝士大夫的哲学思想体系。其中“圣人含道映物，贤者澄怀味像”一句显然包含了以山水悟道的思想。虽然学者们对于宗炳所悟之“道”有众多的解释，但是这句话充分体现出了客观自然对主观思想的影响。结合宗炳本人的宗教实践，所悟之“道”当为佛学上的禅思。宗炳的老师慧远曾作有《庐山东林杂诗》：

崇岩吐清气，幽岫栖神迹。希声奏群籁，响出山溜滴。有客独冥游，径然忘所适。挥手抚云门，灵关安足辟？流心叩玄扃，感至理弗隔。孰是腾九霄，不奋冲天翮。妙同趣自均，一悟超三益。[②]

诗歌中表现的内容可以分为三个层次：第一层为描述山林之美；第二层为描写游人与山林的互动；第三层为领悟到的“理”。就这首诗来看，魏晋南北朝时期已经出现了客观山水、山水作品与主观禅思相交融的萌芽。僧人与文士在欣赏山水美景时，开始在诗歌、文赋中表达自己哲学式的内审与思考。

---

① 卢辅圣主编：《中国书画全书》第1册，上海美术出版社，1993年，第143～144页。
② ［清］净挺编：《学佛考训》卷四，《嘉兴大藏经》第34册，台湾新文丰出版公司，1987年，第10页。

第二节 诗中有画，画中有诗

如果说魏晋南北朝只是禅学与山水美学融合的滥觞期，唐代则出现了大量以山水味禅、以山水参禅的诗歌。其中最为典型的，就是作品被誉为“诗中有画、画中有诗”的王维。

《旧唐书·王维传》载：

> 维弟兄俱奉佛，居常蔬食，不茹荤血，晚年长斋，不衣文彩。得宋之问蓝田别墅，在辋口，辋水周于舍下，别涨竹洲花坞，与道友裴迪浮舟往来，弹琴赋诗，啸咏终日。尝聚其田园所为诗，号《辋川集》。在京师日饭十数名僧，以玄谈为乐。斋中无所有，唯茶铛、药臼、经案、绳床而已。退朝之后，焚香独坐，以禅诵为事。妻亡不再娶，三十年孤居一室，屏绝尘累。……而创意经图，即有所缺，如山水平远，云峰石色，绝迹天机，非绘者之所及也。[1]

过着清心寡欲居士生活的王维，在仕途受阻之后选择了山林与诗画，他的诗歌中透露出强烈的禅意。

> 崇梵僧，崇梵僧，秋归覆釜春不还。落花啼鸟纷纷乱，涧户山窗寂寂闲。峡里谁知有人事，郡中遥望空云山。（《寄崇梵僧》）
>
> 相逢方一笑，相送还成泣。祖帐已伤离，荒城复

① ［后晋］刘昫等：《旧唐书》卷一百九十，中华书局，1975 年，第 5052 页。

愁入。天寒远山净，日暮长河急。解缆君已遥，望君犹伫立。(《淇上别赵仙舟》)

广武城边逢暮春，汶阳归客泪沾巾。落花寂寂啼山鸟，杨柳青青渡水人。(《寒食汜上作》)

这些著名作品以各种物象堆叠出一个寂静、恬然的世界，而仔细阅读又能发现，王维营造的是一个以心观看自然，进而悟道的禅意世界。这里的花开花落、月出鸟啼，都是诗人远离尘世的心境写照，所谓“对境心数起，菩提作么长”。

细究王维生平，可知他与北宗僧人有着密切的关系[①]。王维自幼受到神秀（606—706）、普寂（651—739）一系的禅法影响，强调观心、讲求“凝心入定，住心看净，起心外照，摄心内证”[②]。其弟王缙（700—781）作有《东京大敬爱寺大证禅师碑》，记录了神秀一系的法脉传承。与王维日常交往的僧人有昙兴上人、净觉、惠澄、福禅师、元崇等，皆为神秀传派的弟子，因此观景、观心成为王维诗歌的主要内容。心与景融合而成的禅境在他的诗歌中有着细致体现。

根据画史记载，王维创作的作品多为笔意简淡的山水画作，与初、盛唐时期追求富贵绚烂风格的青绿山水画相比，显得卓尔不群。

其画山水松石，踪似吴生，而风致标格特出。今京都千佛寺西塔院有掩障一合，画青枫树一图。又尝写诗人孟浩然马上吟诗图，见传于世，复画《辋川图》，山谷郁郁盘盘，云水飞动，意出尘外，怪生笔端。尝自题诗云：当世谬词客，前身应画师。其自负也如此。

工画山水，体涉今古。人家所蓄，多是右丞指挥工人，布色原野，簇成远树，过于朴拙，复务细巧，翻更失真。清源寺壁上画辋川，笔力雄壮。常自制诗曰：当世谬词客，前身应画师。不能舍余习，偶被时人知。诚哉是言也。余曾见破墨山水，笔迹劲爽。[③]

从记载来看，王维的画作设色清雅，笔力雄壮。此外他还创作有“破墨”

① 杨娜：《王维画史形象研究》，中央美术学院博士论文，2008年，第14～15页。陈允吉：《王维与南北宗禅僧关系考略》，《文献》第8辑，1981年6月。

② 胡适校订：《新校订的敦煌写本神会和尚遗著两种》，《大藏经补编》第25册，第21页。

③ 陈高华编：《隋唐画家史料》，文物出版社，1987年，第192页。

赏析：此幅山水壁画绘制于盛唐时，纯以水墨绘制。共六条屏，每条屏都是独立的画面，山水景致不相连。此两幅分别展现了深远的山谷与崇山峻岭。左侧一幅近山突兀而出，其下方的山谷蜿蜒向后延展，结束于远山之中，展现出盛唐时山水画对于空间关系的探索。右侧一幅则为高远构图，石质山体宏伟壮观。山顶有一朵祥云，可能包含有升仙的含义。画面中线条变化丰富、晕染适度，山体的阴暗处已经有了皴法的雏形。这组屏风画为我国目前为止发现的最早的水墨山水画，在中国绘画史上有重要意义。

图 2-4 《山水屏风画》(局部)，唐，墓室壁画，陕西省富平县朱家道村唐墓

山水。将水与墨进行融合，拓宽了绘画的技法。王维所处的时代，也正是山水画的笔墨开始进行变革的时候。盛唐时，吴道子开创的“莼菜条”画法打破了以往线条粗细一致的“高古游丝描”“铁线描”，展现了线条丰富的变化性。在此之后，笔、墨的表现力成为山水画的重要内容。如陕西富平朱家道唐墓中的山水壁画（图 2-4），单纯以墨色与笔法来进行绘制，体现了淡雅雄壮之美。

画史中载，王维创作有描绘其蓝田别墅的《辋川图》。相传此图根据二十首辋川诗绘成，画面精到、诗意盎然。此图原绘制于清源寺的墙壁之上，武宗灭佛时寺庙被毁，画亦不存。但是这套作品历代有数个摹本，让我们可以追想创作时的风采。如北宋初期的画家郭忠恕曾临摹有《辋川图》，后以石壁线刻的方式保存了下来。藏于美国大都会艺术博物馆的《仿郭忠恕辋川图》（图 2-5）与《辋川图》的刻石高度相似，画面内容丰富，每个景致旁有小楷点明地点。长卷中景致并列又通过艺术手法互相联系，生动表现了辋川的地理、地貌。山川、屋舍之下，文人、行者点缀其间，展现出一派祥和的田园风貌，与王维的山水田园诗非常契合。

宫槐陌

茱萸沜
木蘭柴

图 2-5 《仿郭忠恕辋川图》，佚名，明，绢本设色，高 31.8 厘米，横 490.2 厘米，美国大都会艺术博物馆藏

题识："华子冈""孟城坳""辋口庄""文杏馆""斤竹岭""木兰柴""茱萸沜""宫槐陌""鹿柴""南垞""欹湖""临湖亭""柳浪""栾家濑""金屑泉""北垞""白石滩""竹里馆""辛夷坞""漆园""椒园""河北郭忠恕摹唐王右丞本"。

赏析：这幅作品仿郭忠恕所临摹的《辋川图》，故而虽然年代偏晚，但依然保留了早期绘画的图式结构与风格特点。画面采取平移式构图，将"辋川诗"中的著名景致一一展示，每一处皆有群山环绕下的屋舍，房屋采用半俯视的视角，部分屋舍还出现"掀屋角"式的结构错误，展现出早期建筑图画的特征。王维的"辋口庄"环绕在群山绿水之中，古朴端庄，别墅外河流缓缓流过，舟楫过往，呈现出一派悠然脱俗的意境。

《辋川图》之外，王维还以擅画雪景而著称。据载，他曾以辋川雪景为内容创作过多幅雪景山水画。明代詹景凤《东图玄览》中记载了两幅王维的《辋川雪图》，评价为："细绢写，小横幅，精极。古松上用粉作积雪，有款。"说明这幅画精致到了极点。明董其昌《画眼》中也记载他曾临摹过多幅《辋川雪图》。今天虽已不见，但是后人在追述王维山水图的成就时，往往强调其雪景山水，擅长画雪景的山水画家也都认为自己宗法王维。如传为燕文贵（967—1044）的《仿王维江干雪霁图》（图 2-6），以淡墨渲染背景、山头留白或敷以白粉，壮阔萧瑟之感油然而生。画作以"仿王维"为题，足见王维对后世的影响。

王维之后，张璪、毕宏、项容等中晚唐山水画家一方面致力于笔墨技巧上的探索，另一方面禅宗思想中对于"心"的重视对他们产生了潜移默化的影响。如擅画松石的张璪以"双管齐下"而闻名。

> 张璪员外，衣冠文学，时之名流，画松石、山水，当代擅价。惟松树特出古今，能用笔法，尝以手握双管，一时齐下，一为生枝，一为枯枝。气傲烟霞，势凌风雨。槎丫之形，鳞皴之状，随意纵横，应手间出。生枝则润含春泽，枯枝则惨同秋色。其山水之状，则高低秀丽，咫尺重深，石突欲落，泉喷如吼。其近也若逼人而寒，其远也若极天之尽。所画图障，人间至多。今宝应寺西院山水松石之壁，亦有题记。精巧之迹，可居神品也。[①]

张璪画技高妙，能同时画出两种完全不同的松枝，而且一气呵成，"势凌风雨"。但是他在画史留名则是源于——外师造化，中得心源。

> 初，毕庶子宏擅名于代，一见惊叹之，异其唯用秃笔，或以手摸绢素，因问璪所受。璪曰："外师造化，中

① 陈高华编:《隋唐画家史料》，文物出版社，1987 年，第 337 ~ 338 页。

得心源。”毕宏于是阁笔。[1]

用秃笔作画、手摸绢素造成画面混沌的艺术效果，在当时看来是不拘于常法的，故而毕宏问其师承来源。张璪的回答则点出了此后中国古代绘画的两个重要来源：造化与心源。造化即客观真实的物象，以造化为师，指的是充分吸收自然万物的滋养，将自然之美融入绘画之中。而心源则点明“心”是万法之源。禅宗五祖弘忍（602—675）在《最上乘论》中谈道：

> 十方诸佛悟达法性，皆自然照燎于心源。妄想不生正念不失，我所心灭故得不受生死。不生死故即毕竟寂灭，故知万乐自归。一切众生迷于真性，不识心本。种种妄缘不修正念故即憎爱心起，以憎爱故则心器破漏。心器破漏故即有生死，有生死故则诸苦自现。[2]

这段论述以“心”为一切的根本，由于不识心之本源，故而众生耽于妄念，流转于生死。张璪的“中得心源”则指出自己的绘画作品也不过是“心”的一种表现，是心性、佛性的自然流露。虽然张璪的作品没有流传下来，但他彰显心性的艺术观，足以说明禅宗思想在中晚唐时已经对绘画产生了直接影响。

① 陈高华编：《隋唐画家史料》，文物出版社，1987年，第338页。
② ［唐］弘忍：《最上乘论》，《大正藏》第48册，第377页。

图 2-6 《仿王维江干雪霁图》，佚名，北宋，绢本设色，高 25.7 厘米，横 144.5 厘米，美国国立亚洲艺术博物馆藏

赏析：这幅作品传为北宋画家燕文贵所作，但从画面风格来看，当是明代绘画。画面以长卷的方式展现了绵延不绝的群山与环山而过的江流。画面中景物疏淡，虬曲、干枯的蟹爪槐营造出冬季的寒冷萧瑟。山体与画面背景笼以淡墨，山头留白，重点位置敷有白粉，大雪纷纷、山河变色的寒意扑面而来，展现出“隔牖风惊竹，开门雪满山”的诗意。

第三节 五代逸品画

王维、张璪等人活动的岁月，禅宗势力日渐壮大，慧能的弟子菏泽神会（686—760）在北上传法的过程中恰逢安史之乱，他以“香水钱”为由，为唐军筹集军饷，受到了朝廷的褒奖。神会故后，贞元十二年（796）德宗皇帝册封慧能为禅宗六祖、神会为禅宗七祖，确立了南宗的正统地位。此后禅门山头林立，而经过南岳怀让（677—744）及其弟子马祖道一（709—788）、青原行思（671—740）及其弟子石头希迁（700—790）等数代高僧的传法，晚唐五代时形成了临济、沩仰、曹洞、云门、法眼一花五叶的局面，禅宗思想得到了空前的发展与繁荣。这一快速发展的阶段，也是禅僧走出山林与达官显贵、文人士大夫密切交游、传禅论道的时期。特别是地方割据势力的节度使、官员的扶持对于禅宗的发展尤为重要。如承德镇节度使王绍懿（？—866）支持了临济义玄（？—867），山南东道节度使李景让（789—860）扶助了沩山灵祐（771—853），江西南平郡王钟传（？—906）援助了曹山本寂（840—901），等等，因此晚唐五代时禅宗的流布也带有一定程度的地域性。其中，西蜀与南唐由于战乱较少、环境和平，许多中原地区的僧侣纷纷前往避难，此两地的禅法亦是大盛。

禅宗的发展，也促使绘画方面出现了新的变革，其独特的美学特征让时人耳目一新。活动于五代末、北宋初期的黄休复在《益州名画录》里把唐代朱景玄《唐朝名画录》中“格外不拘常法”的“逸品”拓展为名列第一位的“逸格”：

> 画之逸格，最难其俦。拙规矩于方圆，鄙精研于

彩绘，笔简形具，得之自然，莫可楷模，出于意表，故目之曰逸格尔。①

简而言之就是得之自然、笔法精简、超出常法。晚唐五代时的“自然”不再是南北朝时所提倡的忠于客观现实，而偏重于外相之中所蕴含的规律。“出于意表”则与禅宗美学所特有的顿悟相契合，顿悟强调的是从事物表象引发的对佛理终极式的领悟，超出意表则是强调超脱于表象之外。在追求超脱这一点上，两者非常相似。我们也能从黄休复眼中唯一符合这一标准的画家身上找到答案。

孙位者，东越人也。僖宗皇帝车驾在蜀，自京入蜀，号“会稽山人”。性情疏野，襟抱超然，虽好饮酒未尝沉酩。禅僧道士常与往还；豪贵相请礼有少慢，纵赠千金难留一笔。惟好事者时得其画焉。光启年应天寺无智禅师请画山石两堵、龙水两堵。寺门东畔画东方天王及部从两堵。昭觉寺休梦长老请画浮沤先生松石墨竹一堵，仿润州高座寺张僧繇战胜一堵。两寺天王部众人鬼相杂，矛戟鼓吹纵横驰突，交加戛击欲有声响。鹰犬之类皆三五笔而成。弓弦斧柄之属并掇笔而描，如从绳而正矣。其有龙拿水汹，千状万态，势欲飞动。松石墨竹笔精墨妙，雄壮气象莫可记述。非天纵其能，情高格逸，其孰能与于此耶？悟达国师请于眉州福海院画行道天王松石龙水两堵，并见存。②

从记载来看，这位放逸不羁的画家与禅僧来往甚密，其作品皆是西蜀重要禅寺的壁画。应天寺为五代时的著名寺院，孙位之后，又有画家景焕绘制天王及其部从图。同样据《益州名画录》的记载，无智禅师写真像绘制在成都著名寺院大圣慈寺的华严阁下，可见其在西蜀佛坛的地位。昭觉寺则是禅宗在西蜀的重镇。休梦长老为慧能下第六世弟子，据《补续高僧传》载：“了觉，号休梦。参石霜洞山诸老，深得禅旨，即宣宗复教对御落发者也。后大阐于昭觉。”在昭觉寺的发展历程中，休梦长老是非常重要的一位。此寺初名建元寺，唐僖宗乾符四年（877）休梦长老任建元寺住持，对寺庙进行了扩建，并改名为昭觉寺。悟达国师知玄为晚唐时的著名高僧，《宋高僧传》见载。其年幼时，祖令咏花，作诗曰：“花开满树红，花落万枝空。唯余一朵在，明日定随风。”展现出对“空性”深刻的领悟。孙位应这些高僧之邀绘制壁画，可见其日常与他们交

① 卢辅圣主编：《中国书画全书》第1册，上海美术出版社，1993年，第188页。
② 同上书，第189页。

往颇多，在画作上难免受到佛学思想的影响。其画作鹰犬简洁，“三五笔而成”，而人物工整。黄休复的论述中点明孙位“情高格逸”，“情高”显然认为画作是其精神的外化，“格逸”则可能源于他受禅僧的影响，在绘画美学上不同寻常。

另一位能充分展现“逸”这一具有禅宗精神的美学词汇的画家当属晚唐五代时活动在西蜀的著名禅僧贯休。

> 禅月大师，婺州金溪人也，俗姓姜氏，名贯休，字德隐。天复年入蜀，王蜀先主赐紫衣师号。师之诗名高节，宇内咸知。善草书图画，时人比诸怀素。师阎立本画罗汉十六帧，庞眉大目者，朵颐隆鼻者，倚松石者，坐山水者，胡貌梵相，曲尽其态。或问之，云：“休自梦中所睹尔。”又画释迦十弟子，亦如此类。人皆异之，颇为门弟子所宝。当时卿相皆有歌诗。求其笔，唯可见而不可得也。太平兴国年初，太宗皇帝搜访古画日，给事中程公羽牧蜀，将贯休罗汉十六帧为古画进呈。[①]

在《益州名画录》以外，昙域的《禅月集序》、赞宁（919—1001）的《宋高僧传》等史料都有关于贯休的记载。这位禅门高僧早年行脚于江浙地区，晚年终老蜀地。《五灯会元》将贯休列入“未详法嗣”条目，可见其传承早已不为人所知。贯休还是著名的诗僧，现存诗歌700余首，其中不少是参禅体悟的禅意诗。如《再游东林寺作五首》其二：

> 宣玄旧辇残云湿，耶舍孤坟落照迟。有个山僧倚松睡，恐人来取白猿儿。[②]

桓玄（369—404）旧辇、耶舍孤坟均是庐山慧远大师创立白莲社的旧事。桓玄曾经舍辇步行参拜慧远大师，耶舍则是白莲社十八贤之一的佛陀耶舍。诗的前两句忆古，后两句则是作者的心境写照。“白猿儿”为佛教中的重要意象——心猿。汉译佛经中，这一意象最早出现在北魏时瞿昙般若流支译的《正法念处经》里。原为比丘禅观时所见：“次复观察心之猿猴……心之猿猴亦复如

---

① 卢辅圣主编：《中国书画全书》第1册，上海美术出版社，1993年，第199页。
② ［清］性乐重编：《禅宗杂毒海》卷五，《续藏经》第114册，台湾新文丰出版公司，1995年，第155页。

是，五道差别如种种林，地狱、畜生、饿鬼诸道犹如彼树，众生无量如种种枝；爱如花叶：分别爱声诸香味等，以为众果；行三界山，身则如窟，行不障碍，是心猿猴。”[①] 唐代《法苑珠林》中则开始以“心猿”指代心性：“众生心性譬若猕猴戏跳攀缘欢娱奔逸，不能冥目束体端心勤意，刚强难化憹戾不调。”[②] 以跳脱活泼的猿猴比喻人难以束缚的心性是非常恰当的。而后这一意象被称为“心宗”的禅宗大加利用，猿猴也成为心性的代表。贯休的诗中，从庐山白莲社的旧景到自己对心性的坚持，用最简单的方式表明了他在日常生活中的禅思。其诗中探讨心性的还有“修心对闲镜，明月印秋池”“若师方术弃心师，浪似雪山何处讨”等句，以心性为师，心如明月。再如贯休最著名的一句诗：

禅客相逢只弹指，此心能有几人知。[③]

短短一句，被后世诸多禅师反复吟咏，成为禅僧之间问答的重要机锋。《景德传灯录》《续传灯录》《圆悟佛果禅师语录》《宏智禅师广录》《天如惟则禅师语录》《月江正印禅师语录》《了庵清欲禅师语录》《无异元来禅师广录》等文献记载了数十位高僧均用此诗参悟禅机。有的直接引用，如泐潭文准禅师（1061—1115）与众人赏雪：“鼓腹讴歌笑不彻，把得云箫撩乱吹，依稀又如杨柳枝。又不觉手之舞之足之蹈之，左之右之。喝一喝云：禅客相逢只弹指，此心能有几人知。”[④] 有的则化而用之，如天如惟则禅师（1286—1354）：“禅客相逢只消道个吽吽，直教他透不得吞不得。”禅客弹指，犹如释迦拈花、迦叶微笑一般，一切都在不可说之中。而贯休在下句中点明了不可说，只能依靠“悟”来觉察的，是禅宗的根本“心”。寥寥数字就直指禅宗修行的根源，前后呼应，故而能为后世禅师掰开揉碎，反复咀嚼。

与贯休的禅诗密切相关的是其绘画作品。他擅画罗汉及弟子像，梵僧古相极为奇崛。尽管黄休复在《益州名画录》中将贯休列为能格，然其画作则是不折不扣的逸作。后蜀著名词人欧阳炯曾撰文赞叹，贯休笔下的罗汉奇形异貌跃然纸上：

① ［北魏］瞿昙般若流支译：《正法念处经》卷五，《大正藏》第 17 册，第 24 页。
② ［唐］道世：《法苑珠林》卷八十四，《大正藏》第 53 册，第 902 页。
③ ［宋］道原：《景德传灯录》卷二十七，《大正藏》第 51 册，第 435 页。
④ ［宋］宗杲集：《正法眼藏》卷一，《续藏经》第 118 册，台湾新文丰出版公司，1995 年，第 48 页。

西岳高僧名贯休，高情峭拔陵清秋。天教水墨画罗汉，魁岸古容生笔头。时帧大绢泥高壁，闭目焚香坐禅室。忽然梦里见真仪，脱下袈裟点神笔。高握节腕当空掷，窣窣豪端任狂逸。逡巡便是两三躯，不似画工虚费日。怪石安排嵌复枯，真僧列坐连跏趺。形如瘦鹤精神健，骨似伏犀头骨粗。倚松根，傍岩缝，曲录腰身长欲动。看经弟子拟闻声，瞌睡山童欲成梦。不知夏腊几多年，一手搘颐偏袒肩。口开或若共人语，身定复疑初坐禅。案前卧象低垂鼻，崖里老猿斜展臂。芭蕉花里刷轻红，苔藓文中晕深翠。硬节筇杖矮松床，雪色眉毛一寸长。绳开梵夹两三片，线补衲衣千万行。林间落叶纷纷堕，一印残香断烟火。皮穿木屐不曾拖，笋织蒲团镇长坐。休公休公逸艺无人加，声誉喧喧遍海涯。①

今日本东京宫内厅所藏的《十六罗汉图》（图 2–7）被认为是最接近于贯休原作的罗汉图。贯休的罗汉图创作之后，民间多有临摹、石刻、传拓，而这组图像与杭州圣因寺的《十六罗汉图》线刻在罗汉的身形、样式上有诸多相似之处，故而两者可能来源于同一母本。整套作品采用工笔淡设色的手法加以绘制，突出了衣纹线条之美。每个画面上罗汉或正面端坐，或斜身依靠山石树干，身形不一。面容或高鼻大眼，或长眉深目，形象诡谲，有的笑意慈祥，有的闭目禅定，有的张口欲言，生动鲜活而充满古意。与同时代的明媚而柔和的人物画相比，这套作品显得卓尔不凡，作者虽然表现的是得阿罗汉果的罗汉，但是他们的面部、动作的刻画却着重表现出了他们各具特色的禅悟境界。正如佛法的八万四千法门，禅僧修行时顿悟的禅机也是多种多样，有的因为一句诗，有的因为一个场景，有的因为当头棒喝，故而在罗汉身上呈现出各不相同且异然俗世的模样。这种对禅意的着力表现，使得作品超逸时代，成为一时杰作。

与贯休相类似的还有活动于五代末宋初的石恪。据《益州名画录》载：

石恪，字子专，成都人也。幼无羁束，长有声名，虽博综儒学，志唯好画。攻古体人物，学张南本笔法。有田家社会图，鳖灵开峡图，夏禹治水图，新罗人较力图，陈子昂、卢藏用、宋之问、高适、毕构、李白、孟浩然、王维、贺知章、司马承祯仙宗十友图，严君平拔宅升

① 卢辅圣主编：《中国书画全书》第 1 册，上海美术出版社，1993 年，第 199 页。

第二尊者　　第十二尊者　　第十四尊者　　第十六尊者

图 2-7 《十六罗汉》(部分)，贯休(传)，五代，绢本设色，
高 90 厘米，横 45 厘米，日本三之丸尚藏馆藏

赏析：贯休的《十六罗汉》有诸多摹本传世，此套作品被认为最接近贯休原作，与西湖圣因寺的《十六罗汉》刻石有多幅相合。画中罗汉形貌诡谲，夸大了罗汉们“梵形胡貌”的特征。衣纹线条绵密，多以并列的圆弧或者波浪绘制，并在衣衫低陷处加以晕染。罗汉们周围的树石则表现方硬，显示出技法的古老。北宋文学家苏轼曾作《敬赞禅月所画十八大阿罗汉·第十四伐那婆斯尊者》，其中有“六尘既空，出入息灭。松摧石陨，路迷草合，逐兽于原，得箭忘弓。偶然汲水，忽焉相逢”，可与第十四尊者坐于山岩间，寂然禅定的状态相对应。

题识：乾德改元八月八日西蜀石恪写，二祖调心图。

赏析：两幅作品以大写意的方式表现了禅宗二祖慧可低头沉思、禅僧丰干拥虎而眠的场景。画面中的线条具有书法的笔意，挥洒自由。人物面部以淡墨写成，衣衫、轮廓则以浓墨粗笔写出，浓淡相宜、对比明显。慧可托腮沉思，袈裟裹住缺失一臂的身躯；丰干俯在老虎身上，闭目欲眠。画家着重刻画了两位禅门高僧静心宁虑的精神状态，简淡而意味隽永。

仙图，五星图，南北斗图，寿星图，儒佛道三教图，道门三官五帝图。虽豪贵相请，少有不足，图画之中，必有讥讽焉。城中寺观壁画亦多，兵火后，余圣寿寺经阁院玄女堂六十甲子神、龙兴观仙游阁下龙虎君，并见存。[1]

从记录上看石恪只是一个擅画寺观人物的画家，但是又能在图画之中蕴含“讥讽”，将自己的主观情感融入画作之中。今传其作品《二祖调心图》(图 2-8)亦是表现了强烈的主观情感。整幅作品单纯以水墨勾勒人物，以线造型、墨块为裳，两册页上各画一老僧，一者交脚支颐而坐，闭目欲睡；一者拥虎而眠，署款为“乾德改元八月八日西蜀石恪写，二祖调心图”。虽然从绘画技法、风格上看，这种简笔人物画直到南宋时才出现，此幅作品定是托名无疑，但是画作中却体现了强烈的禅意与不羁，与历史上人们对石恪的认知相合，故而寄于石恪名下。画面的两位祖师形貌奇异，与贯休笔下的罗汉有一定相似之处。画面构图稳定，无任何背景、环境，单纯依靠勾画人物身体的线条与大面积的墨块形成鲜明的对比，造成强烈的视觉效果，突出了画面的荒诞感，恰似禅僧问答时所蕴含的机锋：门外人摸不着头脑，槛内人会心一笑。

① 卢辅圣主编：《中国书画全书》第 1 册，上海美术出版社，1993 年，第 197 页。

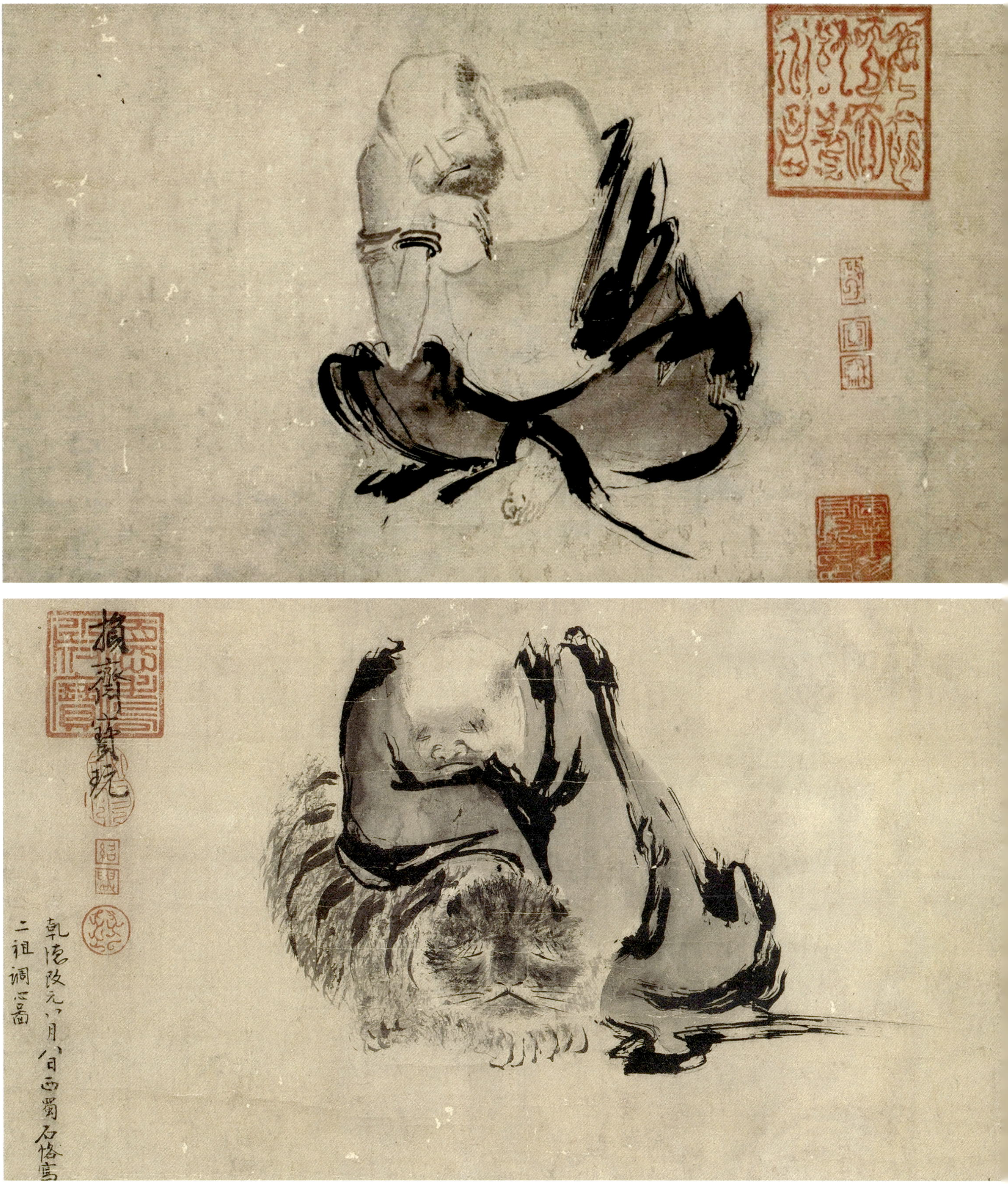

图 2-8 《二祖调心图》，石恪（传），五代，纸本水墨，高 35.5 厘米，横 129 厘米，日本东京国立博物馆藏

中国
佛教美学
典藏

第三章

五叶千灯

北宋禅意画

北宋时期，中国禅宗逐步走向兴旺。永明延寿（904—975）、佛日契嵩（1007—1072）、汾阳善昭（947—1024）、黄龙慧南（1002—1069）、杨岐方会（992—1049）、大洪报恩（1058—1111）等高僧及其弟子们开枝散叶，使得禅门兴旺、弟子众多，名僧大德涌现，极大程度地推动了禅宗的发展。相继兴起的禅宗派别，如法眼宗、云门宗、临济宗、曹洞宗凭借各自的学说，对佛法全新的解读迎合了北宋文人士大夫阶层的精神需求，大量文士有与禅僧交游的经历。禅僧大多具有较高的文化修养，有的精于诗词文学，他们与文士之间的对答、唱和，使得禅宗思想也深入到文化精英的层面。由此在北宋相对和平的社会环境中，在宋仁宗、神宗等帝王的支持下，加上达官显贵、文人儒士的帮扶，禅宗逐渐成为北宋佛教的第一大宗派。而随着禅宗在文人阶层及民间的普及，使得具有禅意的绘画逐步受到文人士大夫的追捧。人们对禅意画的认知也从五代时的超出常俗、“莫可楷模”发展到文人雅士们追求的“笔端三昧”，这也使得中国古代绘画在北宋时悄然发生了变化。

第一节 北宋画僧

如果说五代时的贯休、石恪的画作以诡谲的美感表现了禅宗美学超逸尘俗的一面，由五代入宋的另一位画僧巨然，则在作品中展现了平和天真的佛教世界。据刘道醇的《圣朝名画评》载：

> 沙门巨然，亦江宁人，受业于本郡开元寺，攻画山水。伪唐李煜归命，巨然随至京师，居于开宝寺，投谒在位，遂有声誉。画烟岚晓景于学士院壁，当时称绝。度支蔡员外挺家有巨然画故事山水二轴，而古峰峭拔，宛立风骨。又于林麓间多用卵石，如松柏草竹，交相掩映，旁分小径，远至幽墅，于野逸之景甚备。①

虽然巨然的生平记录极少，所属的宗派亦不见载，但唐、宋时期的江宁地区（今江苏南京）禅宗势力发达、渊源深厚。如著名的禅僧法融（593—657）及其倡导的牛头禅，最初就在江宁一带活动、传播。《景德传灯录》中记录的江宁、润州籍高僧更是数量众多，此地禅宗之盛可见一斑。巨然在汴京居住的开宝寺为皇家寺院，寺内供奉有装藏阿育王佛舍利的福胜塔，北宋帝王曾多次前往瞻仰。该寺院往来僧侣众多，楚圆慈明禅师（986—1039）曾就开宝寺的金刚出汗一事与人问禅。生活在这一环境下的巨然难免受到禅宗影响，并将禅思表现在画作

① 陈高华主编：《宋辽金画家史料》，文物出版社，1984 年，第 198 页。

上。如其传世名作《层岩丛树图》（图 3–1）以长披麻皴表现近、远两处土质山石，旁有溪流、山路蜿蜒绕过山间，将观者的视线引向远方。《湖山春晓图》（图 3–2）仍然是以画家擅用的长披麻皴绘制气脉相连、绵延不绝的山峰，山下则是粼粼湖水，江南春意从捕鱼的渔夫、打盹的文士等细节中体现出来。两幅恬淡、清净的作品向我们展现了一个“明月松间照，清泉石上流”的禅意世界，山石、树木、流水、层云无不和谐而安宁。正如金人元好问（1190—1257）在《元遗山集》中吟咏的那样：“笔端游戏三昧，物外平生往还。为问阿师何在，白云依旧青山。”笔端三昧、物外平生都在白云青山之间，以笔下的自然涵盖世界万象，在这个笔墨世界中，万事万物一片清净。

往来于朝野、山林间的僧侣往往有着较高的修养与造诣，他们眼中的世界无处不透着禅机，有的尝试着将禅思表现于笔墨之中，画僧作为一个艺术群体，出现在了美术史家的视野中。最早对这一群体记录的是北宋郭若虚《图画见闻志》，全书共 6 卷，各科目之下，以“僧附”“ 僧道附”的条目记录了僧人画家的相关情况。根据北宋时的典籍及流传下的画作，本书对北宋画僧群体梳理如下。

楚安，活动于五代末北宋初，四川汉州（今广汉）人，擅画楼阁、山水，擅长大型壁画及小品扇面，有《明皇幸华清宫避暑图》《吴王宴姑苏台图》见载，事见《益州名画录》。

继肇，由南唐入宋，江苏吴地（今苏州）人，山水与巨然相类，“惟峰峦稍薄怯”。《图画见闻志》有录。

德符，由五代后周入宋，河南汴京相国寺僧，擅画松柏，师法张璪、毕宏。曾在相国寺灌顶厅绘一松一柏，观者如织。《图画见闻志》见载。

传古，浙江四明（今宁波）人，活动在宋初，擅长画云龙。据《宣和画谱》载，内府收藏他的画作就多达 31 幅。

惠崇，福建建阳（今南平）人，活动于北宋前期，以画小景闻名，诗文留存较多，有《秋浦双鸳图》《沙汀烟树图》等。《图画见闻志》有载。他的画作在北宋中后期的文人间有较多吟咏，可见其作品在文人士大夫阶层的流行。

仲仁，浙江会稽（今绍兴）人，活动于宋哲宗朝，居衡州花光山，被称为花光仁老、华光老人。曾以墨晕作梅花，为墨梅的创始人。《画继》《图绘宝鉴》有载。

慧洪，一名德洪，自号寂音尊者，江西筠州（今高安）人，活动于北宋，著有《冷斋夜话》。擅画梅、竹，与苏轼、黄庭坚（1045—1105）、晁补之等人交游密切。

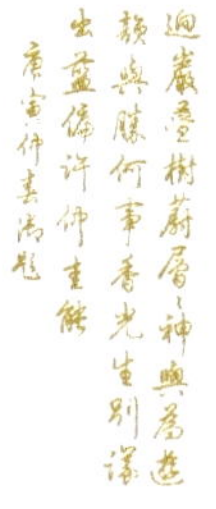

赏析：这幅作品生动表现了烟雨轻岚中的北方山川。画面中墨色润泽，山下墨色堆积成层峦叠嶂，山头云烟缭绕，中间崛起的山峰在云气中若隐若现。前山侧面的小径呈“S”形穿过森林向山后延展，给人以曲径通幽的视觉体验。山石以巨然擅长的长披麻皴绘制而成，展现了北方土质的山水结构，山头施以矾头，形成山石堆积的效果。

图 3–1《层岩丛树图》，巨然，北宋，绢本水墨，高 144.1 厘米，横 55.4 厘米，台北故宫博物院藏

图 3-2 《湖山春晓图》，巨然，北宋，绢本水墨，高223厘米，横67厘米，美国大都会艺术博物馆藏

赏析：这幅作品尺寸巨大，画面内容丰富，以高远的构图方式展现了春日江南的山川、湖泊。画面中占据主体的是山石嶙峋、层次结构复杂的春山，山岩略有变形，具有装饰性。山间白云萦绕、松柏成荫，中间的屋舍中有文士春困打盹，有行人山间悠闲漫步。山脚下，湖水占据画面一角，冰雪已融，湖面上以细线勾勒出微波粼粼，渔人立于汀岸张网捕鱼，一派生机勃勃。

《画继》有载。

择仁，浙江永嘉人，活动年代不详，好酒，擅画松石，酒醉后任性涂抹，酒醒后添补成画。《图画见闻志》有载。

居宁，江苏毗陵（今常州）人，好酒，酒酣后作墨戏草虫，不以形似为上。事见《图画见闻志》。

道宏，四川峨眉人，活动于北宋中后期，受业于云顶山，擅画山水、僧佛。《画继》有载。有《五百应真图》传世，今藏于美国国立亚洲艺术博物馆。

觉心，四川嘉州（今眉山）夹江人，活动于宣和年间，在叶县东禅寺，及州天宁寺、香山寺修行。擅画草虫，人称“心草虫”。《画鉴》《图绘宝鉴》见载。

智永祖绍，活动于宋徽宗朝，常以诗画寓意，曾绘有《潇湘夜雨图》，政和年间，改僧为道的政令颁布，智永叹曰：“生不背佛，而从外道耶？取祠部牒焚之。乃冠巾反俗，斋戒以终身。”其事迹见于《补续高僧传》。

真慧，浙江钱塘人，活动年代不详。擅画山水、人物、佛像等。有《罗汉补衲图》传世，今藏于美国国立亚洲艺术博物馆。

从这些画僧画作、风格的记载中，可见他们的艺术风格完全不同于晚唐五代时期占主流的精妍细致。以惠崇、仲仁、慧洪、择仁、居宁、觉心等为代表的画僧，在绘画题材上不再选择菩萨、罗汉等道释人物，而多选择花鸟草虫、山水小景等易于品玩的题材，而绘画风格上更多是采用随心所欲、相由心发的水墨写意。这种直抒胸臆的绘画方式，有人表现为“醉”，如择仁、居宁；有人称之为禅，如惠崇。《五灯会元·眉州象耳山袁觉禅师》：“尝语客曰：东坡云：‘我持此石归，袖中有东海。’山谷云：‘惠崇烟雨芦雁，坐我潇湘洞庭。欲唤扁舟归去，傍人谓是丹青。’此禅髓也。”[①]这是黄山谷化用苏轼的《惠崇芦雁》中的诗句，惠崇所绘制的芦雁烟雨、潇湘洞庭，在苏轼等俗人眼中是丹青绘画，而在禅门高僧眼中却是写出了禅的精髓。

① ［宋］普济集：《五灯会元》卷十九，《续藏经》第138册，台湾新文丰出版公司，第766页。

第二节 春江小景

关于惠崇，最为脍炙人口的是苏轼题赞的《春江晚景》：“竹外桃花三两枝，春江水暖鸭先知。蒌蒿满地芦芽短，正是河豚欲上时。”除去最后一句话来自作者的想象，前三句用简单的物象构成了一幅春季桃花盛开、游鸭浮水的江南小景。不只是苏轼，留传下的吟咏惠崇画作的诗句或者题画诗都具有很强的画面感。如黄庭坚的“惠崇笔下开江面，万里晴波向落晖，梅影横斜人不见，鸳鸯相对浴红衣”，一幅斜梅鸳鸯图如在目前。惠崇的作品从北宋时起就有颇多赝品，在流传至今榜题为惠崇的画作中，《溪山春晓图》(图3–3)、《秋浦双鸳图》(图3–4)、《沙汀烟树图》(图3–5)是被学者们公认至少接近惠崇风貌的作品。

《溪山春晓图》为一幅平远构图的山水长卷，画面从留白的湖面与杂树汀岸展开，水面上的四只小船将观者引入画面的主体，一处桃花盛开的小山丘，山侧有屋舍一所，两条山溪伴着夹岸的桃花、树木向山后延展而去。明末诗人王叔承（1537—1601）曾于收藏家陈从训处见得此画，感叹云：“自辋川翁后，画分南北二派，评者谓北为劣，惠崇有融汇南北之意，不妨与诗并传。”从画面上看，其构图方式受到了董源（？—962）《潇湘图》的影响，近景的水面、中景的湖岸、远景的群山与烟云一一展开，具有江南水乡移步换景之妙，而山间的桃花、休憩在枝头的禽鸟等细节又颇有院画的精致与细腻，评其融汇南北宗很是得当。

宋人叶梦得（1077—1148）对此画题诗为“惠崇残笔老尤奇，袖里溪山每自随。欲识沧波无限意，此间惟许当家知”。这“惟许当家知”的“无限意”又是什么？画面中用满眼的桃花写尽春色，而桃花在禅门之中又有特殊意义。唐代高僧沩山灵佑的弟子福州灵云山志勤禅师见桃花而顿悟，以一偈呈师："三十年来寻剑客，几回叶落又抽枝，自从一见桃花后，直至如今更不疑。"沩山知其所悟，乃授其印可曰："从缘悟入永无退失，汝善护持。"[1] 灵云跟随沩山修行已久，多年寻觅"剑客"，以求"慧剑"，没想到春去秋来，却由桃花接引而悟，沩山称之为"缘"。对此公案，后世禅师又有诸多评论，言语激发禅机。试举数例：

> 昔日灵云自有知，桃花已落布华夷。寰中拔剑当锋者，未彻横身斩万机。[2]
>
> 二月三月景和融，远近桃花树树红。宗匠悟来犹未彻，至今依旧笑春风。[3]
>
> 云云桃花见亲切，英俊超越古今哲。星蕤孤轮明皎洁，利刃精辉用无绝。
>
> 玄沙敢保君未彻，云水休话个生灭。新罗打铁烧脚热，磨砻还用三尺雪。[4]

这几位禅门高僧围绕着"利刃"与"桃花"展开讨论，利刃象征着勇猛精进，修行者苦修以求斩断"万机"；而桃花则象征着自然万物，暗示着人与天地的圆融无碍。正如《景德传灯录》总结的那样"故灵云见桃花悟道，玄沙谓语燕深谈实相，然则大地皆是悟门"[5]。惠崇巧妙地化用了"桃花"公案，将禅机置于山水天地之间，以景物映射内心之意。禅意在山水间、在桃花间氤氲而生。

另外两幅小型册页《秋浦双鸳图》与《沙汀烟树图》均为尺寸不大的小景图，画面物象简单，但是前后景的经营、花鸟搭配却颇具意味。有趣的是这两幅分别表现秋与春两个季节的作品却给人以与季节完全相反的心理体验。《秋浦双鸳图》画面为一小汀，近景为折枝式的荷叶、蒲苇，中景为一站一卧两相偎依的鸳鸯。虽然鸳鸯边的残荷点明了季节，但是画面最前方圆满的荷叶、鸳鸯回首相望的姿态则展现出一种温柔与和美的意象，与秋风肃杀的寒意截然相反。

---

① ［宋］本嵩述：《华严七字经题法界观三十门颂》，《大正藏》第45册，第694页。
② ［宋］法应集：《禅宗颂古联珠通集》卷二十三，《续藏经》第115册，台湾新文丰出版公司，第278页。
③ ［宋］惠泉集：《黄龙慧南禅师语录》卷一，《大正藏》第47册，第635页。
④ ［宋］仁勇等编：《杨岐方会和尚语录》卷一，《大正藏》第47册，第645页。
⑤ ［宋］刘棐：《景德传灯录》，《大正藏》第5册，第466页。

（局部）

图 3–5 《沙汀烟树图》，惠崇（传），北宋，绢本设色，高 24 厘米，横 25 厘米，辽宁省博物馆藏

赏析：这幅作品以疏简的笔法绘制出了一江两岸的景色。江流以对角线的方式将画面切割开，近景为小汀上三五棵杂树，远景为隐没于轻烟中的树林。江岸边荷叶点点，树木枝繁叶茂，昭示着暮春的季节。然而画面萧瑟、空远，仍给人一分寒意。

馥〻蘭芬鑪
地陳溪山
動植共歷
春摩挲七
百餘年物
潤手桃花
蒂露新
禪宗南北
畫還同六
度中禪屬
惠崇奇蹟
千秋貴得
所真詮拈出
是思翁
箇儂工畫
又工詩妙構
溪山春曉
時若識本
來無一物
溪皴濃抹
更奚爲
乾隆戊寅
御題

（局部）

赏析：这幅作品以长卷的方式绘制江南小景山水，笔法精妙，山峦、树木刻画细腻。画卷由江岸杂树展开，通过波澜的湖面和清淡的远山进入一个桃花灼灼的世界，远处的山林、近处的村落桃花盛放，有的桃树临近水探影，有的则化为山谷中一片烟霞，清丽雅致，见之忘俗。

图 3-3 《溪山春晓图》，惠崇（传），北宋，绢本设色，高 24.5 厘米，横 185.5 厘米，故宫博物院藏

图 3-4 《秋浦双鸳图》，惠崇（传），北宋，绢本设色，高 27.4 厘米，横 26.4 厘米，台北故宫博物院藏

赏析：画家以温暖的色调绘制了一对偎依在溪浦边的鸳鸯。残荷与芦苇以折枝花的方式被表现出来，颇具装饰效果。鸳鸯毛色艳丽，显然因为冬天将至，羽毛丰厚蓬松；一只眺望远方，一只回首，显得温情脉脉。整幅作品以细线勾绘物象的外轮廓，晕染设色细腻，如荷叶中心的青绿到边缘的枯黄，颜色的过渡极其自然，展现出画家对季节更替、自然变化的洞悉。

而《沙汀烟树图》明写春天的一江烟雨，采取一江两岸的对角线式构图，近处为风中摇曳着的枝叶茂密的树木，远处为寥寥数笔勾写的树林远景，一道宽阔的江水横于近景、远景之间，赋予画面强烈的空间感。画面中浓墨近景与萧疏远景形成鲜明的对比，虽然树木枝繁叶茂，但浓淡、疏密、远近强烈的对比却让人有春寒料峭之感。如此观看体验不得不感佩画者对审美心理的巧妙运用。正如王安石（1021—1086）在《惠崇画》中赞叹的那样："断取沧州趣，移来六月天。道人三昧力，变化只和铅。"用水墨、铅粉就能表现出地域、季节的变换，其能量的来源则是画家禅定修习之力。关于这一艺术创作的来源，惠崇本人也是承认的。据《卢溪先生文集》载，惠崇曾自言："我画中年后有悟入处，岂非慧力中所得圆熟故耶！"[①]禅僧与画僧的身份，使得惠崇在中年以后得以画艺纯熟，将所悟的禅机运用于所画之中。稍晚于惠崇的王庭珪（1079—1171）称其画作："老崇学画如学禅，中年悟入理或然；长江未落凫雁下，舒卷忽若无丹铅。定自维摩三昧里，半幅生绢开万里；不用并州快剪刀，断取铁围山下水。"[②]定自维摩三昧则万象俱生，生绢半幅即表现江山万里。正是因为画面中的禅意易于体味，惠崇的画作不仅成为好佛谈禅的文人雅士吟咏、题赞的对象，禅师也运用其作品进行禅修，南宋时的希叟绍昙禅师（？—1297）曾有禅语：

> 一径直，二周遮，眉毛眼睫，地角天涯。云门胡饼赵州茶，惠崇芦雁赵昌花。会则星河秋一雁，不会砧杵夜千家。[③]

由惠崇的芦雁进行观修，若是悟了便是"星河秋雁"的禅情画意，若是不悟则如"千家砧杵"般心神烦躁。

① 陈高华主编：《宋辽金画家史料》，文物出版社，1984 年，第 226 页。
② 同上。
③ ［宋］绍昙撰，自悟等编：《希叟绍昙禅师语录》，《续藏经》第 122 册，台湾新文丰出版公司，1995 年，第 171～172 页。

第三节 又移梅影上窗纱

惠崇之外，仲仁、慧洪这两位擅画墨梅的画僧也颇值得注意。

仲仁，又被称为华光老人、花光仁老，被认为是墨梅的创始人。据元人吴太素撰写的《松斋梅谱》载：

> 墨梅自华光始。华光者，乃故宋哲宗时人也，尝住持湖南衡州华光寺，人以华光而称之也。爱梅，静居丈室，植梅数本。每发花时，辄床于其树下终日，人莫能知其意。值月夜见疏影横窗，疏淡可爱，遂以笔戏摹其状，视之殊有月夜之思。由是得其三昧，名播于世。山谷见而叹曰："如嫩寒清晓行孤山篱落间，只欠香耳。"于是士大夫往往求请，有历数年而不得者，有不求而自与之者。画时必先焚香默坐，禅定意就，一扫而成。人或戏之曰："昔子猷好竹，师何癖于梅乎？"师正色曰："真趣岂轻薄子之所知耶！"问者悚然。师年衰，传其学者六七人，独补之精通妙理，号逃禅居士是也。仁老平生所作，止一千二百余枝，流传于世。临终写披风、洗露二枝寄山谷，为之绝笔。[1]

以水墨去描摹梅花的影子不得不说是匠心独具，而难得的是仲仁将禅定"三昧"融入绘画之中，其绘画过程也是先默坐禅定，从修行中取得与绘画相通的刹那心境，然后一挥

① 陈高华主编：《宋辽金画家史料》，文物出版社，1984年，第593页。

而就。可以说仲仁的墨梅与参禅悟道有着直接而密切的关系。正因如此，无论是禅门还是好佛求禅的北宋文人，对仲仁的梅花都是极为追捧。北宋文人邹浩（1060—1111）曾写诗道："碧潭秋霁禅师笔，白月天空论主形。是幻是真分不得，为人重说《华严经》。"将梅花与墨梅置于真与幻的对立统一中，试图依靠《华严经》的读诵、修持来解读仲仁的墨梅。北宋著名诗人黄庭坚更是多次写诗赞叹，如"雅闻花光能画梅，更乞一枝洗烦恼""写尽南枝与北枝，更作千峰倚晴昊"。"洗烦恼"一词源自南梁时僧伽婆罗所译的《文殊师利问经》，为修行成佛的过程之一。唐代释道宣（596—667）在《净心戒观法》中则明确提出了"定水洗烦恼"。之后，以"定"来洗去烦恼也成了禅僧的修行法门。黄庭坚的诗里，求得仲仁的墨梅来洗去烦恼，可见这枝从禅定中来的梅花与"定水"有着同样的功效。不仅如此，黄庭坚还将华光老人的墨梅评价为：

> 比过鹜山，会芝公书记还自岭表，出师所画梅花一枝，想见高岭。乃知大般若手能以世间种种之物而作佛事，度诸有情，于此荐得，则一枝一叶，一点一画，皆是老和尚鼻孔也。[1]

他将仲仁称为大般若手，称其墨梅为"度诸有情"，上升接引众生的境界。从"以世间种种之物而作佛事"一句来看，黄庭坚认为仲仁墨梅是禅修的产物，禅宗大德的画笔之下，一枝一叶皆可度人。

禅门之中，受到仲仁最直接影响的当为北宋中期的著名诗僧慧洪。其人身世坎坷，生平见《续传灯录》，曾皈依真净克文禅师（1025—1102）研究心法，议论精博才情极高，圆悟佛果禅师（1063—1135）称其"笔端具大辩才不可及也"。有诗文及禅语集《石门文字禅》流传于世。这部禅语与诗歌的合集里就有多首赞颂仲仁墨梅的诗：

> 南岳有云留不住，东归结伴过湘湄。解将疏影横斜句，不换垂珠的皪诗。癯甚鸢肩寒入画，清哉鹤骨老难医。定知入岭风烟暮，正及追胥馈岁时。（《光上人送墨梅来求诗还乡》）
>
> 一枝已清妍，交枝更媚妩。见之已愁绝，那复隔烟雨。钱塘千顷春，想见西津渡，他日到南屏，莫忘孤山路。（《书华光墨梅》）

① 陈高华主编：《宋辽金画家史料》，文物出版社，1984 年，第 595 页。

荒寒扫横斜，稀疏开未遍。烟昏雨毛空，标格终微见。吴姬风鬟乱，睡色余妒面。谁令种性香，风味极不浅。道人三昧力，幻出随意现。塞管玉纤寒，无劳写哀怨。（《仁老以墨梅远景见寄作此谢之二首·其一》）①

这些题画诗多是仲仁赠画后的应和之作，在赞叹墨梅的风骨之余，将精彩绝伦的梅花归结为仲仁的“三昧力”幻化而出。这正是《华严经》中所讲的“唯心所现，唯识所变”，认为世间的万物都是心性所化。仲仁笔下的梅花更是如此，以心性投射到绘画上，禅意也从墨色与笔意中自然生长而出。

慧洪自己亦擅丹青，其记载见于邓椿的《画继》：

慧洪觉范，能画梅、竹。每用皂子胶画梅于生绢扇上，灯月下映之，宛然影也，其笔力于枝梗极遒健。②

显然，慧洪在仲仁的基础上对绘画材料、技法有了新的探索。与熟绢相比，生绢更为吸墨，水与墨在生绢上能交融出墨分五色的视觉效果，更易于画家心性的抒发。而绘画的目的也不再是临摹、写实外在物象，因为在禅僧的眼中，外在物象皆是空幻，唯有自身的心性才是真实的，所以绘画的目的也当变为抒发自己的心性。

在不求形似、强调抒发的道路上，走得更远的是择仁与居宁两位好酒的禅僧，郭若虚在《图画见闻志》中有载：

永嘉僧择仁，善画松，初采诸家所长而学之，后梦吞数百条龙，遂臻神妙。性嗜酒，每醉挥墨于绡纨粉堵之上，醒乃添补，千形万状，极于奇怪。曾饮酒永嘉市醉甚，顾新泥壁取拭盘巾濡墨洒其上，明日少增修为狂枝枯枿，画者皆伏其神笔。③

僧居宁，毗陵人，妙工草虫，其名藉甚，尝见水墨草虫有长四五寸者。题云：居宁醉笔。④

---

① ［宋］慧洪：《石门文字禅》卷十二、八、一，《嘉兴大藏经》第23册，台湾新文丰出版公司，1987年，第632、613、579页。
② ［宋］邓椿：《画继》，人民美术出版社，1964年，第58页。
③ 卢辅圣主编：《中国书画全书》第1册，上海美术出版社，1993年，第483页。
④ 同上书，第485页。

不饮酒为《百丈清规》中明令的僧戒之一，但在禅师的语录之中，禅僧常常借酒说禅。如《汾阳无德禅师语录》中有这样一段公案：

> 上堂举先石门和尚初开堂。僧问："知师久酝葡萄酒，今日为谁开？"石云："琼浆一滴异，普济万机迷。"僧便问："如何是和尚一杯？"师云："饮者非常味，得味乐哈哈。""不饮不醉时如何？"师云："截耳卧长街。"①

这段问答之中，禅师以酒喻佛法，以饮酒后身心俱迷的状态比喻参悟佛法后的怡然自在。用相类似的心理体验说法，加深了未解脱者对佛法的认知与体悟能力。酒与禅在身体、心理体验上的相似之处，可以作为渡人之舟，可解人之谜。而在早已超脱世俗的禅门高僧眼中，饮酒也不过是世间幻象，是需要突破的"我执"。如这段记载于《景德传灯录》、托名慧可的故事：

> （慧可）大师付嘱已，即于邺都随宜说法，一音演畅四众归依。如是积三十四载，遂韬光混迹变易仪相。或入诸酒肆，或过于屠门，或习街谈，或随厮役。人问之曰："师是道人何故如是？"师曰："我自调心何关汝事？"②

慧可调心，出入酒肆、屠门皆无所谓。禅宗二祖的放逸之态展现了心放俗外的修行方式，从中禅门对于饮酒的看法也可见一斑。就择仁与居宁两位画僧而言，酒与画很可能是他们修禅、悟禅的工具，通过这两者达到不为尘俗所束缚、身心的完满与自由。故而，呈现出来的作品不拘泥于外形，直达心性。

① ［宋］楚圆集：《汾阳无德禅师语录》，《大正藏》第47册，第600页。
② ［宋］道原：《景德传灯录》卷三，《大正藏》第51册，第221页。

第四节 东坡墨戏

对于北宋禅意画的研究，除了禅门内部画僧，还有另一条与之相互缠绕的线索。这就是以苏轼、黄庭坚、文同（1018—1079）、米芾（1051—1107）等人为代表的北宋中期文人集团。这群有着极高的文学、艺术修养的士大夫崇佛好道，与当时社会上的著名禅僧多有来往，如云门宗的大觉怀琏、金山宝觉、佛印了元、净慈法涌，临济宗的东林常总、南华重辩，曹洞宗的南华明禅师等。[1]这群文人士大夫与禅僧在书画相赠、诗词互和的交游过程中，使得文士深受禅学影响，创作出意境高远的绘画作品。而文人士大夫的加入，也直接导致了禅意画在观念上发生根本的变革。

前文已述，自晚唐始，由于禅宗思想的渗入，一些画家开始在作品中加入自我心性的表达，对于需要表现的物象本身则逐渐弱化。这一现象最先出现于禅门内部，由禅僧在社会上的活动、与文人雅士的交往逐渐扩散开去。在社会上形成广泛而深入的影响。以苏轼、黄庭坚等为代表的北宋文人对这一艺术现象进行了归纳与总结，形成了独特而影响深远的艺术观念。这就是“不求形似”的墨戏。

“不求形似”的主张见于苏轼的《书鄢陵王主簿所画折枝二首·其一》：

> 论画以形似，见与儿童邻。赋诗必此诗，定非知诗人。诗画本一律，天工与清新。边鸾雀写生，赵昌

① 杨曾文：《宋元禅宗史》，中国社会科学出版社，2006年，第575页。

花传神。何如此两幅，疏淡含精匀。谁占一点红，解寄无边春。

鄢陵王主簿的姓名、生平早已消逝在历史之中，但是这首诗在中国绘画史、美学史上却弥足重要。诗中第一句就将形似的重要性彻底抹去，认为追求形似只是儿童的做法。接下来讨论到诗与画共同的美学情趣：天工与清新。再与以形似、传神而闻名的边鸾、赵昌花鸟做对比，盛赞了王主簿折枝花寄托无边春色的美好。长久以来，这首诗歌作为苏轼的重要画论，也是中国绘画观念中的重要转折点，被众多学者们反复研读，而使得苏轼产生这一观念的内在动因则与北宋中期临济宗黄龙派的禅法密切相关。

黄龙派的创始人黄龙慧南平时常以三句话考问弟子，被称为“黄龙三关”，《建中靖国续灯录》载：

师室中常问僧出家所以、乡关来历，复扣云：“人人尽有生缘处，那个是上座生缘？”又复当机问答，正驰锋辩，却复伸手云：“我手何似佛手？”又问诸方参请宗师所得，却复垂脚云：“我脚何似驴脚？”三十余年，示此三问，往往学者多不凑机。丛林共目为三关。[1]

这三个问题直接指向禅宗的根本问题之一：“真如”与“万相”。“真如”，据丁福保《佛学大辞典》解释为：“真者真实之义，如者如常之义，诸法之体性，离虚妄而真实，故曰真；常住而不变不改，故曰如。”为诸法归一，而万相则是真如的映射，各生缘起，如同人手与佛手、人脚与驴脚。因此要从万相之中参透真如。而黄龙慧南认为参悟真如、领悟自性的法门都是来源于对自身佛性的领悟：“人人尽握灵蛇之珠，个个自抱荆山之璞，不自回光返照，怀宝迷邦。”[2]

黄龙慧南的两位高徒东林常总、真净克文充分继承了老师的禅法，常总认为：“大法冲虚，非言象之所诠，非文墨之能解，弥纶三有，囊括大千，性一切心，印诸法相。”[3]即佛法是无法用言语、笔墨来解释的，但是世间的一切又印照着法之诸相。克文则擅用诗偈表达禅意，如：“鹤白兼乌黑，心为造化元。二仪

① ［宋］惟白集：《建中靖国续灯录》,《续藏经》第136册，台湾新文丰出版公司，1995年，第116页。
② ［宋］惠泉集：《黄龙慧南禅师语录》,《大正藏》第47册，第638页。
③ ［宋］惟白集：《建中靖国续灯录》,《续藏经》第136册，台湾新文丰出版公司，1995年，第183页。

虽有象，一气本无言。万物遂其性，四时归所存。秋花与春艳，香每满兰轩。”① 优美而诗意化的语言阐述了万物有佛性，不论太极两仪，还是秋花春艳，都只是佛性的外化。

东林常总、真净克文这两位高僧分别与苏轼、苏辙兄弟过往密切。庆历五年（1045），苏轼曾到庐山参访，住于东林寺。在此期间与常总结识并产生了深厚的友谊，写下了“溪声便是广长舌，山色岂非清净身。夜来八万四千偈，他日如何举似人”的偈语。广长舌即佛的三十二相之一，清净身为法身。显然此时苏轼已经领悟到了世间万物为佛法所化的禅理，但是他的疑惑在于如何把所悟的佛理传达出去。这一问题在常总陪同苏轼参观西林寺时，苏轼用一首著名的诗进行了自我解答：“横看成岭侧成峰，远近高低各不同。不识庐山真面目，只缘身在此山中。”因为自己身在尘世，故而对佛法的理解只能是片面的，只有自我超越了外物之相，才能把握佛学之理。因此，并不存在“举似人”的问题。与苏轼和常总的情谊相比，苏辙和克文的交往更为持久、深入。元丰三年（1080）苏辙因苏轼“乌台诗案”受牵连，谪贬筠州。在此居住的五年间苏辙与克文经常诗词应和，对谈禅法。克文过世后，其禅法语录《宝峰雪庵真净禅师语录》也由苏辙作序。可见，苏轼、苏辙兄弟很可能深受黄龙慧南一系禅法的影响。

再回到苏轼的题画诗中，“论画与形似，见与儿童邻”“边鸾雀写生，赵昌花传神。何如此两幅，疏澹含精匀”，对追求形似的高手边鸾、赵昌花鸟的贬低，不禁让人想到真净克文投身禅门的因缘：

> （克文）年二十五试所习剃发受具足戒，学经论无不臻妙。游京洛讲席，因经行龙门殿庑间，见塑比丘像冥目如在定。翻然自失谓其伴曰：“我所负者如吴道子画人物，虽尽其妙然非活者。”于是弃去曰：“吾将南游观道焉。”②

克文以为吴道子的作品虽然具有很高的写实性，然“非活者”，如同之前自己所学的经论一样，无法达到佛学的本质，于是南下求禅，最终成为一代大师。克文眼中的吴道子作品“比丘像冥目如在定”，这种忠于现实的表现显然和禅宗追求的“空性”不合。同样，苏轼的“论画以形似，见与儿童邻”也是如此，在对写

① ［宋］赜藏主集：《古尊宿语录》，《续藏经》第118册，台湾新文丰出版公司，1995年，第762页。
② ［明］居顶编撰：《续传灯录》，《大正藏》第51册，第565页。

实性强烈反对的背后，也是对这一禅宗美学的支持。只是克文着眼于禅机，苏轼立足于绘画。

不仅是对写实性艺术的批判，苏轼赞扬的“天工与清新”也是克文语录中的常见意象。

> 言句清新便谓春，平常为实用安神。希望成道不求悟，更把糟糠教授人。(《和开福长老送强禅者七偈》)
>
> 诗句清新已出尘，西来祖道更能亲。虽然头戴乌纱帽，心是莲花社里人。(《和杨川秀才见别》)[①]

从字面上看，克文似乎是在讨论诗文词句的创作，而这种具有“清新”特点的诗句却包含着朴实而广大的哲理，能够经由看似平常的语言、字句悟道。这种对自然、朴素未经雕琢的艺术美的推崇，显然与苏轼如出一辙。

由此可以看到，北宋中期由苏轼为首的文人集团提出的绘画上“不求形似”，反对吴道子等人的写实性，崇尚自我抒发的写意性，其根源可能与北宋时禅宗的发展、禅僧与文人的交往密切相关，禅宗的宗教思想渗透进了绘画美学思想，从而使得中国艺术发生了根本性的变革。

苏轼在赞扬他人绘画的“清新”时，在自我艺术创作上，也开展了对写意艺术的探索。苏轼的好友黄庭坚在《题东坡水石》中以墨戏称之：

> 东坡墨戏水活石润，与予草书三昧，所谓闭户造车，出门合辙。[②]

关于东坡墨戏更详细的记载见于邓椿的《画继》：

> 所作枯木，枝干虬屈无端倪。石皴亦奇怪，如其胸

① ［宋］赜藏主集：《古尊宿语录》，《续藏经》第118册，台湾新文丰出版公司，1995年，第763、765页。
② 陈高华主编：《宋辽金画家史料》，文物出版社，1984年，第390页。

中盘郁也。……米元章自湖南从事过黄州，视见公，酒酣，贴观音纸壁上，起作两行，枯树、怪石各一，以赠之。山谷枯木道士赋云："恢诡谲怪，滑稽于秋毫之颖，尤以酒为神，故其觞次滴沥，醉余颦呻。取诸造化之炉锤，尽用文章之斧斤。"又题《竹石》诗云："东坡老人翰林公，醉时吐出胸中墨。"先生自题郭祥正壁，亦云："枯肠得酒芒角出，肺肝槎牙生竹石。森然欲作不可留，写向君家雪色壁。"则知先生平日非乘酣以发真兴，则不为也。[1]

苏轼以酒激发内心的情性，以不同寻常的笔墨绘制枯木怪石，抒发胸中盘郁，将绘画的抒情性发挥到了极致。如同前文所述的居宁、择仁等嗜酒禅僧的做派，以酒味禅，将禅境表现在画纸之上。这种产生于酒、产生于"肺肝"的树石，抛却了固有的外形，集中表现了作者的思想、感情。所幸的是，苏轼创作的一幅《枯木怪石图》（图 3–6）流传了下来。画面当中以卷云皴绘制出一块粗壮的石头，旁边探出一只"丫"字形、状如鹿角的干枯树枝。整个画面以渴笔皴擦而成，可以看出作者对毛笔表现技法的掌握熟练。整个画面脱离了构图、透视等绘画技巧，仅仅以简单的两个物象就表现出了作者内心之感。这种表现方式依靠的是观者对于枯树、怪石这些物象，以及干枯的笔墨固有的审美体验构建而成的。观者在观看作品时自然就带入了预先对于这些元素的心理感受，画面越是简单，对于观者的视觉冲击则越强烈。从禅宗的角度而言，这种外物与思想的共情往往是诱发顿悟的关键点。譬如佛陀拈花、迦叶微笑，佛陀拈花使得迦叶尊者油然顿悟，花就是这一关键点。从北宋时期大量禅僧的传记、语录中可以发现，某著名高僧得悟往往源自某件看似平常的事、物，或是师父的某句法语，或是一棵树、一株草，甚至是师父的当头棒喝。苏轼的画作正是抓住了这令人开悟的关键点，从而引人入"三昧"。

① 陈高华主编：《宋辽金画家史料》，文物出版社，1984 年，第 385 ~ 386 页。

图 3-6 《枯木怪石图》，苏轼，北宋，纸本水墨，高 26.5 厘米，横 50.5 厘米，私人收藏

赏析：这幅画作以渴笔绘成，画面简洁舒朗，卷云皴绘制出石头的纹理结构，搭配鹿角状的枯树印成。从中可见枯笔变化的丰富性，怪石坚实、枯木遒劲，富有笔意。这件作品看似随心，实则展现出作者对笔、墨、纸等材质的了解与掌握，非擅书者不能作。

第五节 游戏自在

与苏轼的绘画方式相类似的还有其表兄文同、好友米芾、米芾之子米友仁（1074—1153），以及主要活动在南宋时期的扬无咎（1097—1171）。

> 文臣文同，字与可，梓潼永泰人。善画墨竹，知名于时。凡于翰墨之间，托物寓兴，则见于水墨之戏。顷守洋州，于篔筜谷构亭其上，为朝夕游处之地，故于画竹愈工。至于月落亭孤檀栾飘发之姿，疑风可动，不笋而成，盖亦进于妙者也。或喜作古槎老枿，淡墨一扫，虽丹青家极毫楮之妙者形容所不能及也。盖与可工于墨竹之画，非天资颖异而胸中有渭川千亩气压十万丈夫，何以至于此哉？官至司封员外郎，充秘阁校理。①

擅画墨竹的文同虽然与自然之竹“朝夕游处”，昼夜观察，能得物象的精髓，但其本质为托物寓兴的水墨之戏。《墨竹图》（图 3-7）即一幅兼具写意抒情与真实描摹的精彩画作。画家以平视的角度绘制一枝由上而下呈“S”形伸展的竹枝，竹竿、竹节、竹叶一一刻画细致，叶片以浓淡墨色分染前后、向背，使画面具有一定的空间感。书法式的用笔使得画面具有很强的抒情性。这种兼具自然与自我的作品，在同时期的高僧眼中，宛若佛法。东京城中的净照禅师（1014—1093）曾经涂白方丈室

① 陈高华主编：《宋辽金画家史料》，文物出版社，1984 年，第 360 页。

图 3-7 《墨竹图》，文同，北宋，绢本水墨，高 131.6 厘米，横 105.4 厘米，台北故宫博物院藏

赏析：中国传统文化中，竹是君子的象征，传统文人画偏爱竹、梅、兰、菊这样的题材。文同的这幅作品绘制出一枝倒垂的竹枝，并呈“S”形弯曲，显得富有弹性和张力。竹叶浓密，每个叶片富有笔意，如同书写一般，叶片的向背用浓墨、淡墨区分，但并不杂乱，使得画面增添了节奏感与韵律感。

的西壁，请文同绘制墨竹于墙壁之上，谓人曰“吾使游人见之心自清凉，此君盖替我说法也”[①]。“清凉”是佛门中的常见意象，佛经之中常用之比喻人闻得佛法的感受，如《佛说除盖障菩萨所问经》载：“而炎渴人，若亲诣彼有水之处，于其池中饮其水已，是人乃能除去炎渴，内自清凉。”[②]而在净照禅师的眼中，文同的墨竹也有同样的效果，竹本为僧众、文人所喜爱之物，以浓淡相宜的墨色为之，则更增其味，望之则身有凉意。在此寺院中，雪壁墨竹、禅师讲法之间产生了清凉的通感，构建了从视觉效果到心理体验的桥梁。而文同的墨竹之所以达到这种境界，好友苏轼认为原因在于：“斯人定何人，游戏得自在。诗鸣草圣余，兼入竹三昧。”（《题文与可墨竹》）短短两句，苏轼就揭示出了文同墨竹中的禅意的来源，一方面来自“游戏得自在”，一方面“兼入竹三昧”。“游戏自在”出自北凉时高僧昙无谶所译的《悲华经》：“是诸菩萨以禅定力师子游戏得自在故，作种种供具，以供养佛。”[③]在禅宗高僧们的眼中，“游戏自在”是修习禅法的极高境界。如和苏轼交好的北宋禅师慧洪觉范在《石门文字禅》中赞华严居士“医国法门笔端三昧，奋迅出入游戏自在”[④]，与苏轼的夸赞如出一辙。“三昧”在此指的是物象的精髓，文同把握住了物象，又兼具诗书，最终达到了“游戏自在”的境界。此外，文同与楞严道人、崇寿禅师等为方外友，亦是深谙佛法之人，故而能将佛理融入画理，在禅僧眼中自然别有“清凉”。

如果说文同的墨竹还兼具了竹之物象，米芾、米友仁父子则更侧重于笔墨之戏，在他们的生平中，以“游戏”的状态进行绘画创作似乎成了彰显个性的标签。

米芾，字元章。天资高迈，书法入神。作画喜写古贤像，山水其源出董源。天真发露，怪怪奇奇，枯木松石，自有奇思。[⑤]

米南宫多游江湖间，每卜居，必择山水明秀处。其初本不能作画，后以目所见日渐模放之，遂得天趣。其作墨戏，不专用笔，或以纸筋，或以蔗滓，或以莲房，皆可为画。纸不用胶矾，不肯于绢上作一笔。今所见米画或用绢者，皆后人伪作，米父子不如此。[⑥]

米友仁，字元晖，元章之子。能传家学，作山水清致可掬，略变其父所为，成一家法。烟云变灭，林泉点缀，草草而成，不失天真，意在笔先，正是古人作画妙处。每自题其画曰：“墨戏。”晚年多于纸上作之。[⑦]

---

① ［明］居顶编撰：《续传灯录》卷九，《大正藏》第 51 册，第 519 页。
② ［宋］惟净译：《佛说除盖障菩萨所问经》卷十一，《大正藏》第 14 册，第 731 页。
③ ［北凉］昙无谶译：《悲华经》卷一，《大正藏》第 3 册，第 171 页。
④ ［宋］慧洪：《石门文字禅》卷十九，《嘉兴大藏经》第 23 册，台湾新文丰出版公司，1987 年，第 670 页。
⑤ 陈高华主编：《宋辽金画家史料》，文物出版社，1984 年，第 559 页。
⑥ 陈高华主编：《宋辽金画家史料》，文物出版社，1984 年，第 574 页。
⑦ 陈高华主编：《宋辽金画家史料》，文物出版社，1984 年，第 559 页。

米芾为人潇洒不羁，书法和绘画上亦是如此。其书法张扬自如，富有生气和活力。从文献记载上看，他以纸筋、蔗滓、莲房为笔，以不加胶矾、吸墨较强的纸为材料进行绘画创作，这些材料的写意性与弥漫性较强，一般画者难以控制。但米芾则另辟蹊径，以写意为尚，以笔墨为戏，尽可能地抒情畅怀。如其流传至今的唯一作品《珊瑚笔架图》（图 3–8），他为夸耀自己的收藏之作，在信笔写出自己近日所得的藏品之后，随手画出了珊瑚笔架的形状。珊瑚笔架呈三叉戟形，样式简单，形象简洁。米芾用笔放松、灵动，书法与绘画皆草草写成，拉近了两者间的距离。

米芾之子米友仁在父亲狂放不羁的书风、画风基础上略微进行了调整。点簇的笔法表现江南烟雨。其作品近看为苔点的堆积，远观才是雨水润泽的山丘、水汽氤氲的烟霞、水天相连的长河。米友仁自称其作为墨戏，显然延续了苏轼和其父的观点与艺术主张。但比之两人，他还是更多地参照了客观景物。笔下画作看似不经意，却在笔墨、位置上独具匠心。如其名作《潇湘奇观图》（图 3–9），写远山连绵的南方小景一段，近处以浓墨点染树木，远处以淡墨、留白渲染烟云，笔墨变化极其丰富，综合运用并彰显了水、墨各自的绘画性特点，在“墨分五色”的墨色探索上进行了深入的研究与实践。整个画面给人以水墨淋漓而淡雅可爱的清新之感。与之同类的还有《云山图》（图 3–10），同样为表现山、云的长卷，侧重于探讨留白产生的层次与空寂感。画面以表现变化多端的层云为主，云的表现又分为留白、淡色线条勾勒轮廓、淡墨轻轻渲染几种，使得画面有变化万端之感。淡青色的山头出没于云霞之间，山色的浓淡、云气的缭绕，拉开了山与山的距离，使得整个画面有强烈的纵深感和空间感。此画有米友仁题记：“好山无数接天涯，烟霭阴晴日夕佳。要识先生曾到此，故留笔戏在君家。”题记上直接称呼自己的画作为“笔戏”，足见他对苏轼、米芾绘画精神的继承。

如此作品，在高僧们的眼中，更是禅机独具，如活动年代略晚于米友仁的虚堂智愚禅师（1185—1269），在《虚堂和尚话语录》中直言：

> 发挥多古迹，优彼色丝辞。逸少观鹅处，元晖纵墨时。室虚蛟自触，神久树生悲。得处何机感，寻披当尔思。[①]

他认为王羲之的字、米友仁的画所创造出的意境正是寻觅禅机之处。同样活动于南宋时期的希叟绍昙禅师则对米友仁的《山水图》题诗赞曰：

> 簇簇烟林挂酒帘，山藏古寺寂无僧。瘦筇便欲幽寻去，隔岸小舟呼不应。[②]

① ［宋］释妙源编著：《虚堂和尚话语录》卷七，《大正藏》第 47 册，第 1036 页。
② ［宋］释绍昙撰、释自悟等编：《希叟绍昙禅师语录》卷七，《续藏经》第 122 册，台湾新文丰出版公司，1995 年，第 309 页。

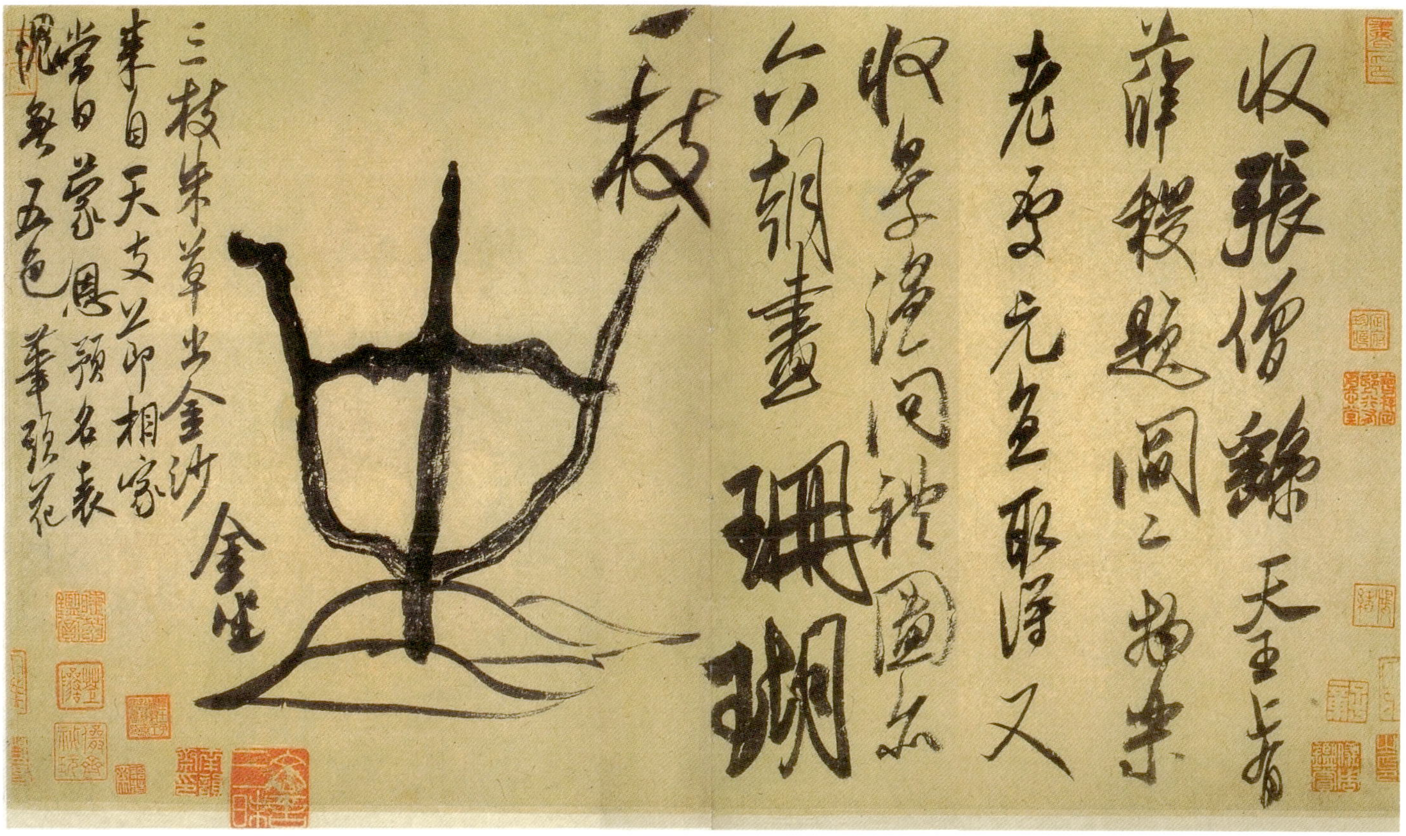

图 3-8 《珊瑚笔架图》，米芾，北宋，纸本水墨，高 26.6 厘米，横 47.1 厘米，故宫博物院藏

题识："收张僧繇天王，上有薛稷题。阎二物，乐老处元直取得。又收景温问礼图，亦六朝画。珊瑚一枝。""金坐""三枝朱草出金沙，来自天支节相家。当日蒙恩预名表，愧无五色笔头花。"

赏析：这件书、画相结合的作品为米芾获得收藏之后的率性而为。他先是记录了所获藏品的名字，又随手画出了珊瑚笔架的外形。整件作品字迹飘逸，神韵天成，珊瑚笔架图像虽然至简，但是这种随意之作却包含了作者的心性，从中可以感到作者轻松与喜悦的心态。

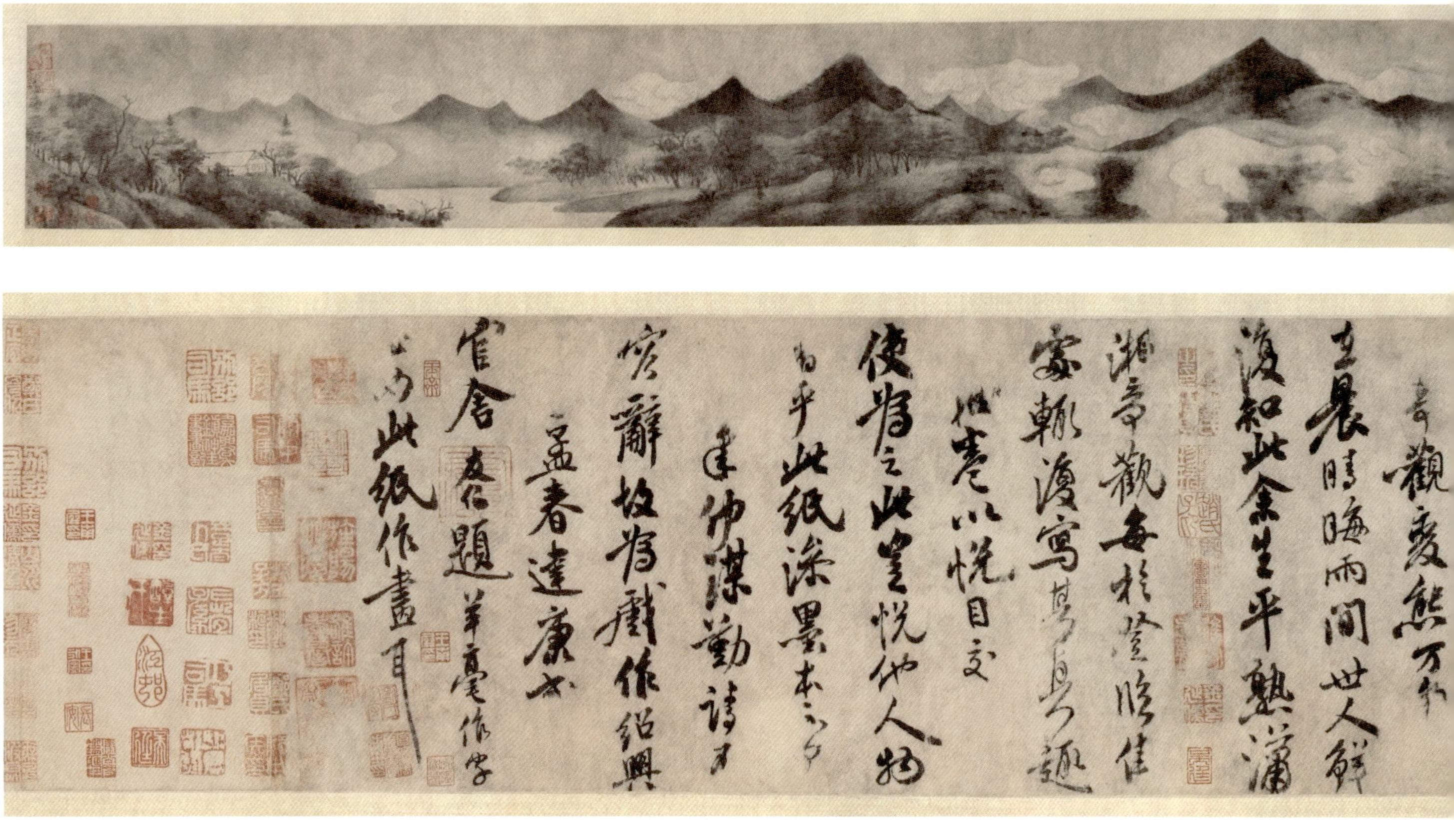

图 3–9 《潇湘奇观图》，米友仁，北宋至南宋，纸本水墨，高 19.8 厘米，横 289.5 厘米，故宫博物院藏

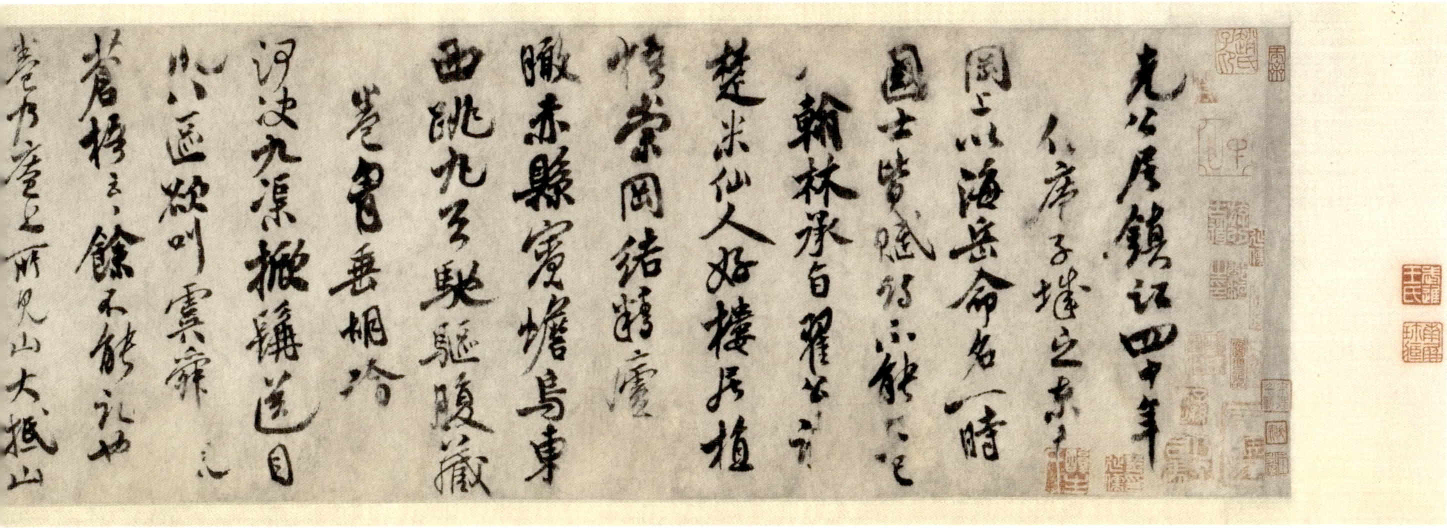

题识：先公居镇江四十年，作庵于城之东南冈上，以海岳命名。一时国士皆赋诗，不能尽记。翰林承旨翟公诗：楚米仙人好楼居，植梧崇冈结精庐。下瞰赤县宾蟾乌，东西跳丸天驰驱。腹藏万卷胸垂胡，论□□河决九渠。掀髯送目□八区，欲叫虞舜□苍梧，云云，余不能尽记也。此卷乃庵上所见，大抵山水奇观，变态万层，多在晨晴晦雨间，世人鲜复知此。余生平熟潇湘奇观，每于登临佳处，辄复写其真趣，□长卷以悦目，□□□□使为之，此岂悦他人物者乎？此纸渗墨，本不可运笔，仲谋请，不容辞，故为戏作。绍兴□□孟春，建康官舍友仁题。羊毫作字，正如此纸作画耳。

赏析：这幅作品绘制于1135年，米友仁回忆与父亲米芾居镇江时的景物风貌而作。整幅作品紧扣“戏作”二字，包括采用的茧纸也只是一次偶然的尝试。但是这种“渗墨”的材质却将墨色的晕染效果充分展示，突出了“米点云山”之美。画面从水、墨晕染开来的江湖烟雾开始，逐渐展开烟雨迷蒙的江南山水，山川秀丽、草木润泽，米友仁以横点点簇而成远山，层次非常丰富，望之如同山间披覆着浓重的植被；近景的屋舍、树木被烟云笼罩，一片混沌。对于云雾的表现，米友仁采用了留白、淡墨渲染、轻勾云朵轮廓几种方式，展现了云烟的不同视觉感受，也拉开了空间距离。

图 3-10 《云山图》，米友仁，北宋至南宋，绢本水墨，高 43.7 厘米，横 193 厘米，美国克利夫兰美术馆藏

题识：好山无数接天涯，烟霭阴晴日夕佳。要识先生曾到此，故留笔戏在君家。庚戌岁辟地新昌作。元晖。

赏析：这幅作品创作于南宋建炎四年（1130），米友仁56岁之时，故而笔法、构图俱见老辣。题识中虽点明“笔戏”，但是远山的层次、近山的树木、溪桥、船舶等景物还是能看出画家对传统小景山水的熟练化用。淋漓的水墨尽写云烟与水汽的变幻之色，近景草木浓重、远景则笼罩在层层云雾之中，飘忽不定的低云使得远山仅露出大小不一的山头；山脚下与湖泊相连的则是浓厚烟云，缥缈不清。大大小小的“米点”虽不是对具体物象的描摹，但是将江南雨景的精髓尽写纸上。

在这幅具有“深山藏古寺”“野渡无人舟自横”意境的画作中，禅师看出了画面中的孤绝之感，“寻幽”正是对孤寂禅意的向往。正如日本著名学者铃木大拙所说的那样：“孤绝的意象可以产生于秋暮的渔村之间，亦可以产生于早春的青草之间——而这似乎更能表现‘寂’或‘佗’的观念。”[①]

从苏轼、米芾这批北宋文人画开始，中国绘画艺术逐渐从追求物象的写实转向了墨戏式的写意。而写意的目的正如《法苑珠林》中所载：“夫神理无声，因言辞以写意。”[②]释门以言辞表现神、理之意，隋唐五代之间，画家侧重于以笔墨表现蕴含于物象之内的神、理，如五代画家荆浩在《笔法记》中所言的“度物象而取其真”。苏轼、米芾等人表现的神、理则不再是物象之“真”，而是来源于自我对于物象的认知，充分肯定自我之“意”。如米芾在《答绍彭书来论晋帖误字》中所言：“何必识难字，辛苦笑扬雄。自古写字人，用字或不通。要之皆一戏，不当问拙工。意足我自足，放笔一戏空”。虽为谈书法，但究其画作，亦是表现“意足我自足，放笔一戏空”。以笔墨之戏表现“自我”“意”，而其根本乃是“空”。这种充分肯定自我之“意”，当是受到禅宗思想的影响。《坛经》对此有充分的论述：

> 一切经书及文字，小大二乘十二部经，皆因置，因智惠性故，故然能建立我。若无智人，一切万法本无不有。故知万法本从人兴，一切经书因人说有。缘在人中有愚有智，愚为少故，智为大人。问迷人于智者，智人与愚人说法，令使愚者悟解深开。迷人若悟心开，与大智人无别。故知不悟即是佛是众生，一念若悟即众生不是佛。故知一切万法尽在自身心中，何不从于自心顿见真如本性。[③]

“一念若悟，即众生是佛”“一切万法，尽在自身心中”，是《坛经》乃至禅宗的核心观点。众生即佛的前提是自我的一念开悟。世间的万法存在于“自身心中”。在此，佛法不再是释迦宣说、后世流传的佛经，而是自我对于佛教、世间一切物的吸纳与顿悟，充分肯定了修行者个人。苏轼、米芾等人的墨戏之举正是将由自身而发的心性、情绪图像化、笔墨化，强调了作者的主体意识。由此可见，唐宋以来禅宗的流行，使得文人、画者逐步重视了自己作为本体的位置与功能，绘画的目的也由描摹客体转换为表现主体，其功用也发生了根本性的变革。

---

① ［日］铃木大拙著，徐进夫译：《禅与艺术》，北方文艺出版社，1998 年，第 10 页。
② ［唐］道世：《法苑珠林》卷九，《大正藏》第 53 册，第 351 页。
③ ［唐］法海集：《南宗顿教最上大乘摩诃般若波罗蜜经六祖惠能大师于韶州大梵寺施法坛经》（《六祖坛经》），《大正藏》第 48 册，第 340 页。

第六节 为梅传神

主要活动在南宋高宗、孝宗时期的扬无咎与苏轼等人间隔了半个多世纪，以至于后人常对他们生不同时感叹。如元代吴师道（1283—1344）就称："东坡一代宗工，使补之早及其门，被赏识岂减文与可、李伯时辈哉！"[①]但是其作品所流露出的文人化、禅意化倾向，使得美术史家们常常将他们书写在一起。这位屡诏不仕的文人字补之，号逃禅老人，关于他生平的记载极少，但他却留下了清雅遒丽的诗词与同样不沾人间烟火气的梅花。

扬无咎的梅花取法于墨梅的创始人仲仁和尚的传人。

> 绍兴初，花光寺僧来居清江慧力寺，士人扬补之、谭逢原与之往来，遂得其传。补之所作后益超出，格韵尤高。然觞次醉余，虽倡优墉壁肯为之，他有求者，往往作难。逢原每不乐补之所为，而墨花实不逮，唯长于平远，遇志同气合者始为作之。若以游艺请，则牢辞固拒，如不愿闻。故其画亦不多见，人亦不知其名也。[②]

靖康之乱后，士人南渡，仲仁和尚所在花光寺（又称华光寺）的僧人也将墨梅的技法带到了江南。扬无咎作为花光寺僧优秀的传人，一面长于技法，画作精良；一面率性而为，数量极少。这导致在南宋朝时其画作奇货可居。

① 陈高华主编：《宋辽金画家史料》，文物出版社，1984年，第682页。
② 同上书，第677页。

补之尝游临江城中一倡馆，作折枝梅于梁上矮屋，至今往来士夫多往观之，倡籍以壮门户。端平间为偷儿窃去其壁，车马顿稀。今江西人得补之一幅梅，价不下百千匹。①

其画作在民间有如此盛况，足见其墨梅雅俗共赏，受到上至文人士大夫，下至贩夫走卒的喜爱。扬无咎高洁的品格、梅花脱俗的气质、墨梅优雅的形式，三者相得益彰。在禅师的眼中，扬无咎的墨梅已经成为高度人格化、精神化的产物，如元代临济宗虎丘派传人天如惟则禅师就感叹道：

人皆谓补之画梅，宫苑梅千树万树，泼撒琼瑶堆。天香国艳发乎本然之富贵，非比疎枝冷蕊，困蛮烟蜑雨之摧颓。画成曾献群仙府，求者黄金贱如土。仲谦山翁何处得两株，照耀林壑，见者惊相呼。一若罗浮山下水南之独树，气条无数华无数。一若成都十丈偃蹇之卧龙，身隔重云尾梢露。玉甲鳞鳞水底明，水面鸳鸯啣落英。上有飞来双白鹭，疑是雪坡天夜晴。山翁有时坐梅间摇麈拂，寒日清辉射窗壁，恍忽天人为法来，满林新雨花狼籍。吾然后知补之能为梅写真，梅华又为翁传神。翁比梅华更清绝，眼光烁破珊瑚月。②

这篇禅语文字极其优美，描写落梅如雪般的辞藻，将扬无咎的梅花写真图、山间梅花、天如禅师自己的“神”融为一体，让人分不清哪里描写的是扬无咎的画作、哪里是真实的梅花、哪里是禅师心境的写照。而这种自然之境与内心之境的双重结合，正是源自天如禅师倡导的“唯心净土，本性弥陀”思想。

所谓十方微尘国土者，唯吾心中之土也。三世恒沙诸佛者，唯吾心中之佛也。知此则知无一土不依吾心而建立，无一佛不由吾性而发现。然则十万亿外之极乐独非唯心之净土乎？极乐国中之教主独非本性之弥陀乎？又当知唯此一心具含十界，身土融通重重无碍，又当知心佛众生三无差别，生佛互现，念念交参。所以言诸佛心内众生尘尘极乐，众生心中诸佛念念弥陀。③

把净土与弥陀建立在自己的心性之上，一心则涵盖十方世界，这种观念将宋元时期佛教最为流行的两大宗派“禅”与“净”合二为一，禅宗所倡导的心性是一切的基础，净土与弥陀则是修

① 陈高华主编：《宋辽金画家史料》，文物出版社，1984年，第675页。
② ［元］释善遇编：《天如惟则禅师语录》卷五，《续藏经》第122册，台湾新文丰出版公司，1995年，第891页。
③ ［元］天如惟则：《净土或问》，《大正藏》第47册，第294页。

行的目的。了解到这一点，再反观天如禅师对扬无咎墨梅的禅语，就会发现这是一个由禅师内心建构出的宛如净土般的梅花世界：寒日清晖、花雨狼藉。而这一切的起点，则是源自天如禅师观看扬无咎梅花所产生的心理体验。禅师由画作引发心理体验，进而建构出梅花世界，层层深入，由禅画引发禅机，由禅机引入禅思。

扬无咎的传世作品《四梅图》（图 3–11）也如禅师参悟那样，通过绘画、诗歌、书法建构季节的轮回、人生的轮回，抒发自己面对大千世界、匆匆流转时光的思考。画面表现了一枝梅花从含蕊到初发，再到盛放，最后凋零的过程。以浓墨点染树干，以飞白绘制细枝，以淡墨书写梅花的形态，从梅花形态的变化让观者深切感受到时光从花瓣间擦过，光阴转瞬即逝。根据画上的榜题，这幅作品为乾道元年（1165）扬无咎 69 岁时应朋友范端伯之请绘制的，画末扬无咎自题《柳梢青》四首，以梅花、美人自比：表面上以美人的红颜易老比喻梅花的兴盛、凋零，实际上以委婉哀怨的词句暗喻自己怀才不遇、人生将尽。这种“香草美人”的意象从战国时期的屈原即已开始大量使用，历代文士常以香花、美人指代自己的怀才不遇，写下了大量精彩的诗词歌赋。禅门之中，也有不少禅诗咏叹人生难得，生命易逝。如北宋时高僧清远佛眼禅师（1066—1120）就有“况是人生易老，寿命几何？或若生死现前，毕竟将何支准？不见古德道，若不安禅静虑，到这里，总须茫然，久立”[①]。与扬无咎的《柳梢青》相比虽一者感叹青春，一者感叹生命，但都展现了在匆匆而逝的时光前的无力。禅师选择“安禅静虑”以立命，而扬无咎选择“赖有毫端，幻成冰彩”，通过写真来记录。两宋时期，禅师常将写真像称为“幻真”。如南宋高僧无准师范（1177？—1249）就在自己赠送给日本僧人圆尔辨圆的写真像上，题有“日本久能（寺）尔长老，写予幻真，请赞”的字样。扬无咎的“幻成冰彩”说明这一画作也不过是水月镜花般，一瞬间的幻象。

以上对五代至北宋禅意画的梳理，可以发现这是一条由禅僧创作开始，进而影响与之交往、有禅学修养的文人士大夫的发展脉络。在这个过程中，人们对于绘画作品中包含的“禅意”的认知也越来越清晰，从巨然层岩丛树的禅境到惠崇的桃花悟道，再到华光和尚仲仁的梅花“三昧”，画僧与画家试图从表现佛教人物、禅宗公案、山水、花鸟等题材来体现画面中所蕴含的禅机。苏轼、文同、米芾等人则将自己所感所悟以“不求形似”的图像表现出来，用笔墨把需要表现的物象都建立在自己的主观情感之上，强调了禅宗的根本——心性。这一时期开始，中国古代绘画从刻求形象的准确转移到对自我的表现与情感的抒发之上。而促进这一关键性转变的，则正是禅宗对北宋时期文人士大夫思想上的影响，对心性的肯定，对主观“我”的肯定，对“空”的思考，这些都在绘画上有所体现。中国绘画艺术进入到一个新的时期，以表现自我为主的写意画，在文人士大夫的推动下，逐渐成为主流。

① ［宋］赜藏主集：《古尊宿语录》，《续藏经》第 118 册，台湾新文丰出版公司，1995 年，第 513 页。

图 3-11 《四梅图》，扬无咎，南宋，纸本水墨，高 37.2 厘米，横 358.8 厘米，故宫博物院藏

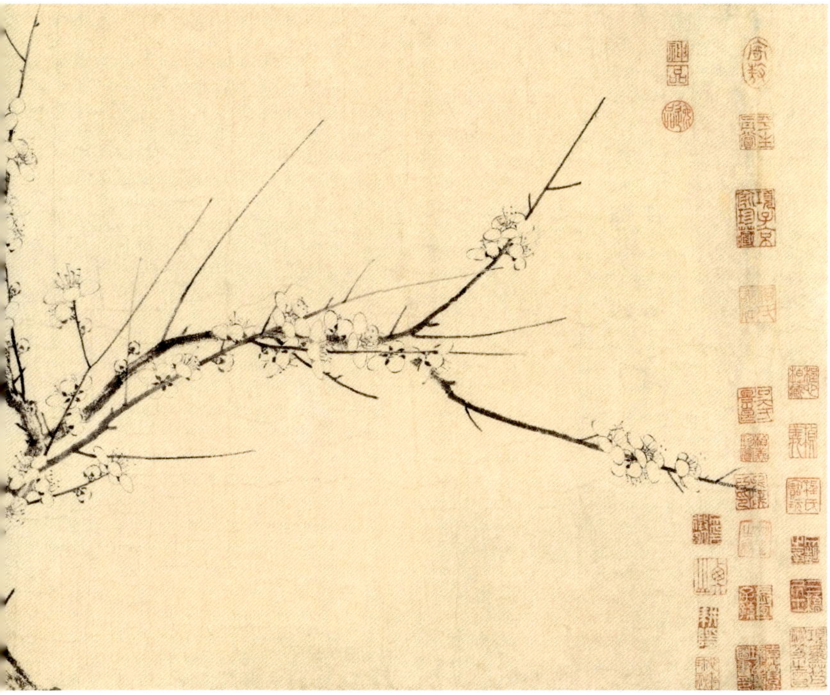

题识：

渐近青春，试寻红瑠，经年疏隔。小立风前，恍然初见，情如相识。为伊只欲癫狂，犹自把、芳心爱惜。传语东君，乞怜愁寂，不须要勒。

嫩蕊商量，无穷幽思，如对新妆。粉面微红，檀唇羞启，忍笑含香。休将春色包藏，抵死地、教人断肠。莫待开残，却随明月，走上回廊。

粉墙斜搭，被伊勾引，不忘时霎。一夜幽香，恼人无寐，可堪开帀。晓来起看芳丛，只怕里、危梢欲压。折向胆瓶，移归芳阁，休熏金鸭。

目断南枝，几回吟绕，长怨开迟。雨浥风欺，雪侵霜妒，却恨离披。欲调商鼎如期，可奈向、骚人自悲。赖有毫端，幻成冰彩，长似芳时。

范端伯要余画梅四枝：一未开、一欲开、一盛开、一将残，仍各赋词一首。画可信笔，词难命意，却之不从，勉徇其请。予旧有柳梢青十首，亦因梅所作，今再用此声调，盖近时喜唱此曲故也。端伯弈世勋臣之家，了无膏粱气味，而胸次洒落，笔端敏捷，观其好尚如许，不问可知其人也。要须亦作四篇，共夸此画，庶几衰朽之人，托以俱不泯耳。乾道元年七夕前一日癸丑，丁丑人扬无咎补之书于豫章武宁僧舍。

乾道元年七夕前一日癸丑，丁丑人扬无咎补之书于预章武宁僧舍

赏析：此幅作品通过描绘一枝折枝梅由含苞待放到残花败蕊的变化，展现了时间的流转。以书法般的笔意绘成的梅枝遒劲，转折顿挫，飞白与积墨自然呈现出树干的体积感。墨线圈成的梅花、浓墨点就的梅蕊角度各异，疏密得当，清韵十足。

中国
佛教美学
典藏

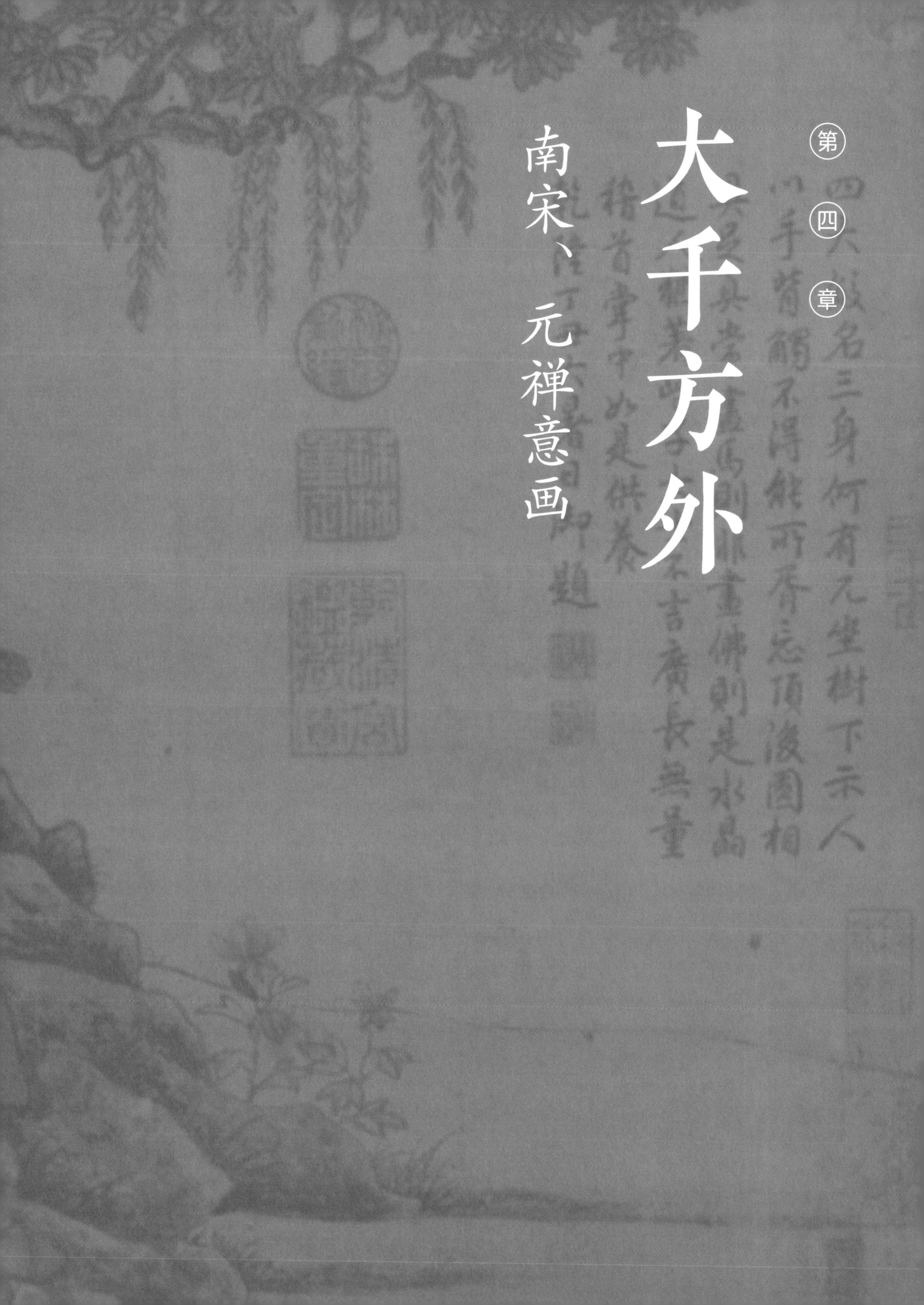

第四章

大千方外

南宋、元禅意画

高宗南渡以后，以杭州为中心的江南地区在文化、艺术领域的发展达到了空前的高度。禅门之中，临济宗与曹洞宗发展迅速，逐渐成为禅宗主流。嘉定年间（1208—1224）由史弥远奏请的“五山十刹”制度成为中央政府管理和规范释门的新方法。“比仕官之九棘三槐，仍分禅教，如文武班，僧必出小院，声华彰著，拾级而升”[①]。将江南地区的重要寺院先分禅、教、律等类别，再分级管理，由朝廷宣授最高等级寺院的住持，加大了政府对于释门的把控与治理。而成为“五山十刹”的寺院在政府的支持下则成为当地的佛教中心，极大提高了自身的地位。据明代田汝成（1503—1557）《西湖游览志余》载，余杭径山寺，钱塘灵隐寺、净慈寺，宁波天童寺、阿育王寺为禅院五山；钱塘中天竺寺，湖州道场寺，温州江心寺，金华双林寺，宁波雪窦寺，台州国清寺，福州雪峰寺，建康灵谷寺，苏州万寿寺、虎丘寺为禅院十刹。元朝建立之后，对汉传佛教予以支持，同样沿用了“五山十刹”制度，作为中央政府管理禅林的有效手段。

禅寺林立、高僧辈出。南宋初期，受靖康之乱的影响，活跃在北方的僧人或南下，或避乱蜀中，如圆悟克勤（1063—1135）、大慧宗杲（1089—1163）、虎丘绍隆（1077—1136）、真歇清了（1090？—1151）、宏智正觉（1091—1157）等活跃于北宋、南宋之际的高僧皆终老于南方，他们的法脉在江南延展开来，灯火相传、千灯续焰。南宋中期之后，社会环境

① ［明］广宾：《上天竺山志》，江苏广陵古籍刻印社，1996年，第383页。

稳定，江南名寺之中香火旺盛、拜佛求法者众多。密庵咸杰（1118—1186）、松源崇岳（1132—1202）、无准师范、天童如净（1163—1228）等高僧或游历各处或住锡一地，成为南宋禅林的中坚力量。元代高僧云峰妙高（1219—1293）、笑隐大欣、高峰玄妙（1238—1296）、中峰明本、天如惟则等禅师，延续前代传承，将禅宗发扬光大。

第一节 传法日本与日本禅宗绘画思想

南宋、元时期，是中日禅宗交流史上最为浓墨重彩的一笔。北宋时，日本为藤原氏的势力主宰，禁止国人私自渡海，海贸衰退，日本著名学者木宫泰彦在《中日佛教交通史》中整理了70次发生于中日间的交通往来，皆为宋舶；有20余名僧人入华求法。而到了南宋，“宋人有宋人之特别文化，能应日本新起武家之好尚，因而日人又极力吸收宋人文化，与遣唐使时代移植唐之文化者同”[①]。南宋社会高度发达的文化艺术成为日本新兴阶层仰慕的对象。《中日佛教交通史》中载有85名南宋时期到达中国的日本僧侣[②]，元代尽管存在时间短暂，却有153名日僧入华求法[③]。江南地区便捷的交通、繁荣的佛教使得大量日僧驻留于此，跟随高僧学习。他们经过长年修习、取得印可之后，返回日本传法。如1187年第二次入宋的明庵荣西就入天台山万年寺虚庵怀敞禅师门下，嗣临济宗黄龙派法脉，获宋孝宗颁“千光法师”称号。他重返日本后将临济宗予以推广，人称日本的临济宗初祖。其徒孙希玄道元（1200—1253）1223年来到中国，游历江南天童寺、阿育王寺、径山寺等名刹，而后随侍天童如净三年，受曹洞宗禅法，为洞山第十四代法嗣，归国后则成为日本曹洞宗的创始人。此外还有天台宗、净土宗等宗派也都同日本僧人展开交往。两国僧侣间的传法活动，还伴随有经书、绘画的传播。日本僧侣在归国时往往携带大批在汉地求购的经

① ［日］木宫泰彦著，陈捷译：《中日佛教交通史》，台湾华宇出版社，1986年，第124页。
② 同上书，第178～189页。
③ 同上书，第263～287页。

卷、造像、佛画，如明庵荣西第一次归国时携有《天台宗章疏》等30余部；日本律宗僧人不可弃俊芿携带有经、律、疏等两千余卷及佛舍利，他的弟子闻阳湛海得白莲社的佛舍利归国等。这使得宋元时期大量佛教绘画随着日僧们的活动东传日本。正是这一批作品，奠定了日本禅宗绘画的研究基础。

尽管五代时的逸品画流露出了禅的气息，北宋时画僧与部分崇佛参禅的文士笔下已经出现了较为明确的禅意画。但是以日本学者为主体的既往研究认为：具有独特画风的禅宗绘画在南宋时方才出现。前文已述，“禅画”一词为日本传入中国的舶来品，在中国学者重新审视绘画史之前，日本的禅宗绘画研究已颇为悠久。学者们将佛教宗派与绘画风格结合在一起，构建出禅宗绘画的独特美学特征。

日本学者海老根聪郎以研究禅宗绘画而闻名，他曾指出：

> 禅宗教団と絵画との関係は，二つの点で他の仏教諸宗派とは異なっている。一つは，絵画の造形主体が教団の一員である画僧であるということであり，他の一つは，ほかの宗派のようにの立宗のよりどころである所依の経典を持たないことから，経典に説かれた尊像ではなく，現に生存しているか，かつて活動していた禅宗祖師·散聖を主題とする。こうした主題を描く禅宗画僧の絵画活動は，北宋時代から散発的にはじまっているが，それが独特な画風を確立したのは，かつて島田修二郎氏が明らかにしたように，南宋はじめの画僧智融によってであった。彼の画風は，当時，罔両画と呼ばれていた。罔両とは影の影，妖怪，頼りないさまなどの意味であるが，要約すれば存在の不確かなものというほどの意であろう。智融の作品は残っていないが，記録によると，罔両画という名称どおり全体が消え入りそうな極度の淡墨で描かれ，その中に眼睛（瞳）·口辺·鼻穴などの細部にわずかに濃墨が点じられていること，背景などの説明的な環境描写がないことなどを特徴としていた。

（译文）禅宗僧团与绘画的关系，在两点上与其他教派不同：一是参与绘画创作的主要是作为教团一员的画僧；二是由于没有可依的经典，创作的主题不再是经典中描述的尊像，而是以禅宗祖师、高僧等散圣为主。北宋时即已零星出现表现这些主题的禅宗绘画活动。这种独特画风的确立者，据岛田修二郎的研究明确指出，当为南宋初的画僧智融，他的画风，在当时被称为“罔两画”。罔两是影子的影子、妖怪、虚无的鬼的意思，概括起来就是不确定存在的东西。智融的作品没有保留下来，但根据记载，其全部画面以几近消失的淡墨绘制而成，只是在眼睛、嘴角、鼻孔等细节处有少量浓墨，并且有少量（或者没有）背景与环境的表现。①

海老根聪郎以画家的身份、创作的主题等为依据，将禅宗绘画与其他宗派分离开来，并阐述了以智融为代表的禅宗绘画风格：笔墨简淡，仅面部表现略用浓墨。

关于智融的文献，画史中只有寥寥数笔记载。据楼钥的《攻媿集》记录，智融本居开封，北宋末年南渡临安，行医出仕；50岁时于灵隐寺出家为僧，晚年居奉化雪窦山；擅画牛，自号老牛智融。其画作以“精深简妙”为特点。

遇其适意，嚼蔗折笔蘸墨以作坡岸岩石，尤为古劲。间作物像，不过数笔，寂寥萧散，生意飞动。或极力摹写，亦有形似，而遽不及远甚，此自是悟门，非积学所能及也。始知向来幽寻之时，山林云气，四时万变，到眼入心，一寓笔端，游戏点化，自然高胜，前无古人，超出翰墨畦珍，略不可以画家三尺绳之。……作诗不多，语意清绝，字画亦无俗韵。②

这种以甘蔗渣为笔、惜墨如命、寥寥数笔、生意飞动的画作由“悟”而来，四时万物“到眼入心，一寓笔端”，充分体现了自然、禅思与艺术三者间的互相观照。虽然智融的传承不见记载，但是结合他的人生经历，与他所秉承的物我之思的观点，很难不将他与真歇清了及其倡导的“休歇”禅法联系在一起。

真歇清了为活动在北宋末、南宋初的曹洞宗高僧，南宋初期活动于临安、明

① ［日］海老根聪郎：《水墨人物画——围绕着朽》（《水墨人物画——朽をめぐって》），《世界美术大全集 南宋·金》，小学馆，2000年，第143页。
② 陈高华主编：《宋辽金画家史料》，文物出版社，1984年，第710页。

州、台州等地，与智融几乎同时生活在雪窦山的高僧——雪窦智鉴（1105—1192）就是他的法脉。真歇清了的语录里，存在着大量内心对自然观照的诗句，如：

> 柳眼争芳，风烟混秀。未露处密移春色，不萌时暗染溪光。寒岩樵子歌谣，野渡渔人鼓腹。所以道正则龙衔异宝，偏则鹤宿银笼。且道不落偏正作么生相委？（良久云）万机休罢处，一曲韵无私。
>
> 虚玄及尽，见处偏枯。明湛不摇，想中渗漏。是以千峰泻翠，万谷流春。灵苗秀而气未萌，瑞彩分而天欲晓。光融水月，影混空潭。叶照忘痕，如何辨异。木龙吟子夜，妙在未闻前。[①]

前段以自然景物的不同比喻“道”的偏、正，后段则以万物明事物的本源为“未闻前”的空。他所提倡的“休歇”禅法则是通过彻底的休歇、坐禅达到“离心意识，达本忘情。千圣顶𩕳，拨开万象。根源彻透，当明隐照”的境界。这个过程中有独特的心灵体验：“机回明位，妙尽转身。一梦青山，满船白月。子夜云收碧汉，中秋露混银河。芦花深处蓦相逢，谈笑饮茶无处避。”[②] 正是禅法与自然圆融一体的过程。讲求人与自然的统一本是庄子的观点，只是庄子，将之置于“道”上，而禅门将之放在“心”中。智融的绘画过程如同真歇清了的禅法一样，以万物参禅，通过“悟”到达“心”与自然合而为一的过程。这一禅化、心灵化后的自然诉诸笔下，则“游戏点化，自然高胜”。

时人眼中，智融的画作“以其微茫淡墨不足以永久，遂目之曰：罔两画”[③]。“罔两”一词源于《庄子·齐物论》，意为影子外的阴影，足见这种画作的微渺淡泊。而这种淡泊则正是真歇清了禅语中顿悟后的体验：“雪山香草秀，不见白牛踪。”禅法无踪，模拟禅法的绘画自然以简淡为上。

但是如果按日本学者的定义，将目光仅聚焦于禅僧画作或禅宗主题，显然有“弱水三千只取一瓢”之嫌。这种具有笔墨简淡、精简深妙、饱含禅意特点的作品，在南宋至元这一时间段的山水画、人物画、花鸟画中都有体现，画家身份也有僧侣、宫廷画家、文士多种，显然禅宗绘画之美已经扩散开来，洋溢在宋元画坛各处，饱含简淡之美的禅意画流行一时。

---

① ［宋］德初、义初编：《真州长芦了和尚劫外录》卷一，《续藏经》第124册，台湾新文丰出版公司，1995年，第620～621页。
② 同上书，第624页。
③ 陈高华主编：《宋辽金画家史料》，文物出版社，1984年，第713页。

第二节 佛像马家

邓椿在《画继》中对宫廷画家马贲的记载为："河中人，长于小景，作百雁、百猿、百马、百牛、百羊、百鹿图，虽极繁夥，而位置不乱。本'佛像马家'之后，写生驰名元祐、绍圣间。"据故宫博物院杨新先生考证，"佛像马家"为从事宗教画创作的职业画工，自马贲进入宫廷之后，这一家族以父子相传的方式，连续五六代为宫廷服务。著名的画院待诏有南宋光宗、宁宗朝的马远（1140—1225）、马远子马麟、孙马公显。[①]

据《画继》《图绘宝鉴》记载，马氏子孙，山水、人物、花禽俱擅，以"佛像马家"为名，道释人物自是一绝。南宋晚期的文士周密（1232—1298）曾在《齐东野语》中记载了马远所绘的《三教图》："黄面老子则跏趺中坐，犹龙翁俨立于旁，吾夫子乃作礼于前。"此图为奉旨而作，表现了南宋理宗尊释、道，轻儒的局面。此外画史中还著录有《布袋和尚图》(《吴其贞书画记》)、《参禅高士图》(《珊瑚网》）等佛教题材作品，直到清代，宫廷内府还收藏有马远绘制的《一佛二菩萨图》《竹林僧弈图》(《秘殿珠林石渠宝笈汇编》)。

传世作品中，故宫博物院藏的《寒山子》册页（图 4–1）堪称其佛教人物画的代表。这幅作品一改北宋时期佛教绘画的工整与细腻，纯粹以笔墨写之，具有浓厚的书法性。画面中寒山蓬头衲衣，侧身立于汀岸边，手持扫帚。画面背景极简，仅以淡墨染出河岸，小草二三。寒山面部绘制细腻，衣衫则以粗笔浓墨勾勒外部轮廓，线条粗硬，遒劲有力，与人物细腻的面容形成鲜明的对比。寒山原为天台山国清寺僧人，后被奉为禅宗散圣，其行为桀骜不羁。马远用笔的狂放与人物性格相得益彰。

① 杨新：《佛像马家的最后传人马公显》，《故宫博物院院刊》，2013 年第 5 期，第 6 页。

图 4-1 《寒山子》，马远，南宋，绢本水墨，高 24.2 厘米，横 25.8 厘米，故宫博物院藏

赏析：画面中大量空间做留白处理，寒山子布衣披发，行走于江边。人物形象简练，线条硬朗，多用橛头钉描，给人干脆利落之感。

这幅作品之外，还有3幅东传日本的禅宗高僧像，也被认为是马远的真迹，即今日本东京国立博物馆、东京天龙寺分别藏的《洞山渡水图》(图4-2)、《清凉法眼禅师像》(图4-3)、《云门大师图》(图4-4)。3幅作品尺寸相仿、风格相同，可能为一组三扇屏风式绘画。画面上方还有宁宗皇后杨妹子的题诗，以及“坤宁之殿”印。宁宗杨皇后雅好书画，马远的现存作品上多有她的题字。这3幅作品背景大量留白，近景以树、石点缀，画面中仅有的一二人物也以简笔写成，整个画面疏阔清朗，笔墨简练劲爽。

《洞山渡水图》表现的是曹洞宗的祖师洞山良价（807—869）渡水悟道的因缘。

> 师临行又问云岩：“和尚百年后，忽有人问还邈得师真否？如何只对？”岩曰：“但向伊道，只这是。”师良久。岩曰：“价阇黎承当个事，大须审细。”后因过水睹影，大悟前旨。因有偈曰：切忌从他觅，迢迢与我疏。我今独自往，处处得逢渠。渠今正是我，我今不是渠。应须与么会，方始契如如。[1]

云岩昙晟禅师（782—841）为洞山良价的老师，从洞山良价与云岩昙晟关于身后邈真的对话中，可以看出洞山还在执着于“我”。而渡水见自己的身影，方知“渠今正是我，我今不是渠”，参透了“我”为“空”，不存在所谓的“本我”，由此顿悟。“我”与“空”是禅宗哲学乃至佛教哲学中极为重要的问题，禅宗中讲求“一切皆空”“四大（道、天、地、人）皆空”，而“我”不过是水影一般的幻象。洞山良价正是通过自己水中的倒影完成了“我”即“空”的终极认知，因而开悟。马远同样用极简的手法表现了洞山良价拄杖渡水时观看倒影的刹那，即他证悟的一瞬间：双目紧盯水面，嘴角露出微笑。宁宗杨皇后的榜题，写于画面上方的留白处：“携藤拨草瞻风，未免登山涉水。不知触处皆渠，一见低头自喜。”前两句以跋山涉水喻求道的艰苦，与后两句证悟的欢喜形成鲜明的对照。

《清凉法眼禅师像》则是表现两人一问一答的禅会图。讲的是法眼宗祖师法眼文益（885—958）与他的老师罗汉桂琛（867—928）之间的公案故事。法眼文益年轻时与同伴参访福州长庆寺，入地藏院拜见罗汉桂琛禅师。

---

① ［日本］慧印校订：《筠州洞山悟本禅师语录》卷一，《大正藏》第47册，第508页。

题识：携藤拨草瞻风，未免登山涉水。不知触处皆渠，一见低头自喜。

赏析：此幅作品以简单而个性突出的形象表现了洞山良价低头见影而欢喜顿悟的场景，人物动作、面部表情刻画精细，背景处理极为简单，但却有向后延伸的纵深感，反映出马远高超的空间表现能力。

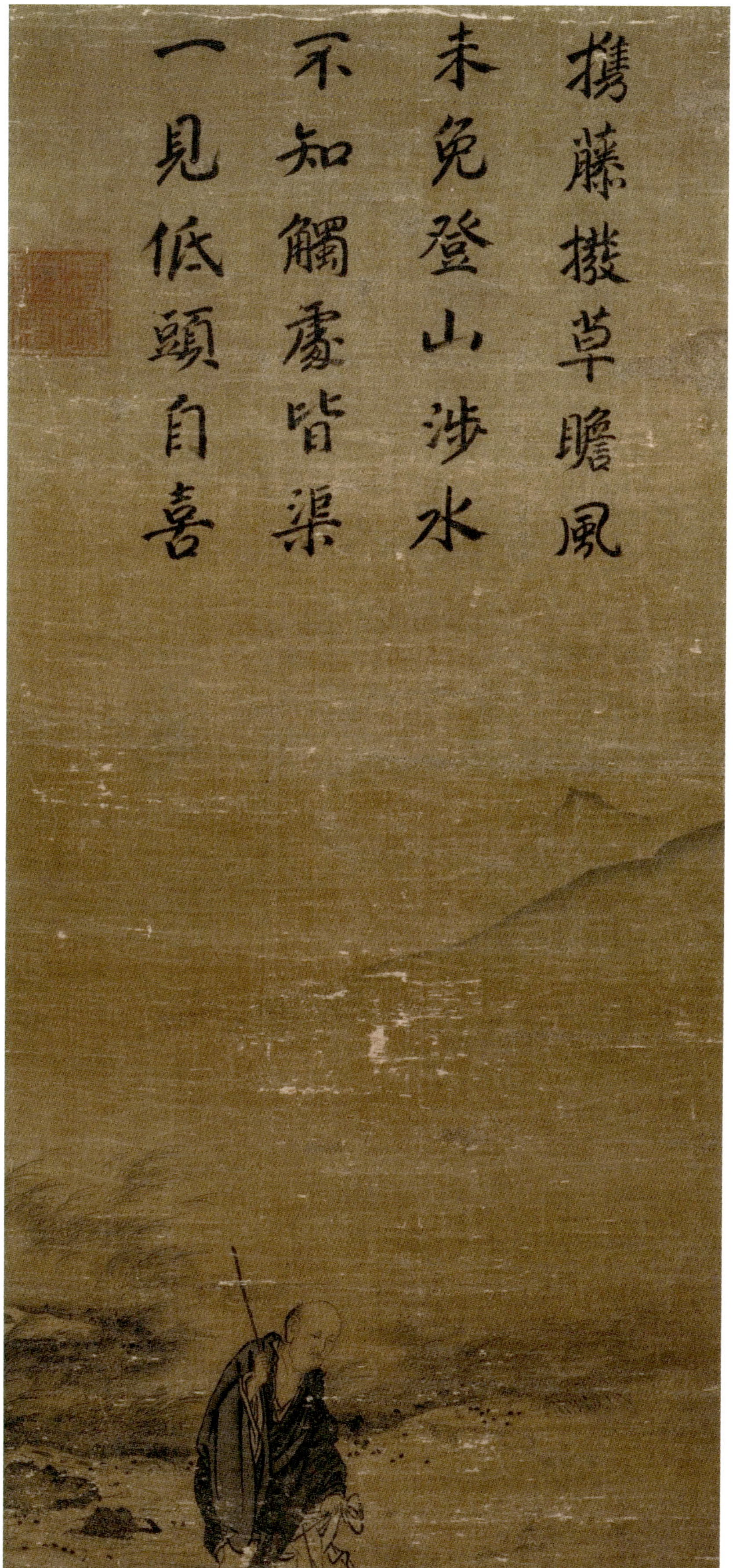

图 4-2 《洞山渡水图》，马远，南宋，绢本水墨设色，高 77.8 厘米，横 33.1 厘米，日本东京国立博物馆藏

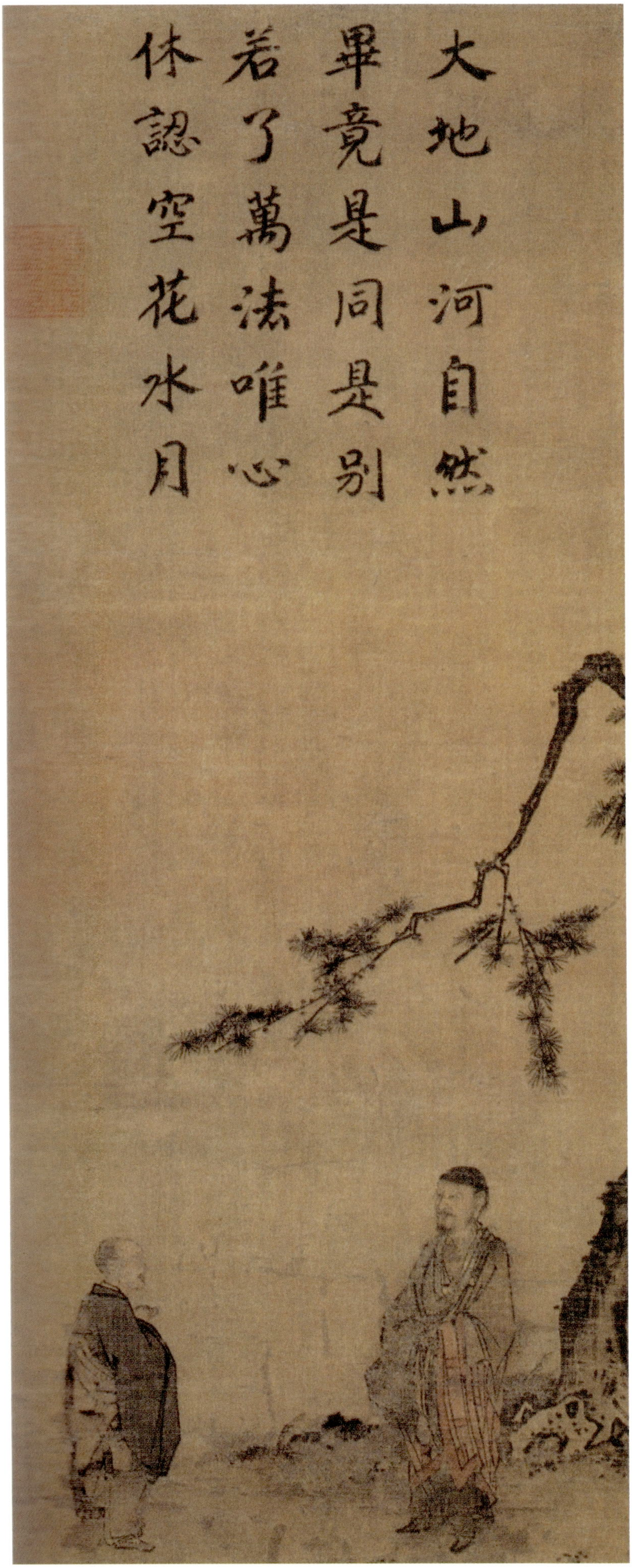

题识：大地山河自然，毕竟是同是别。若了万法唯心，休认空花水月。

赏析：画面中法眼文益和罗汉桂琛做对谈状。人物衣着精细，线条细腻，展示作者高超的人物刻画功底，仅一松枝作为布景，颇具南宋小品画的意味。

图 4-3 《清凉法眼禅师像》，马远，南宋，绢本水墨设色，高78.9厘米，横32.9厘米，日本天龙寺藏

题识：南山深藏鳖鼻，出草长喷毒气。拟议总须丧身，唯有韶阳不畏。

赏析：马远参考禅宗公案，将《云门大师图》绘制成师徒问答式的禅会图，体现了云门文偃嗣法雪峰义存的过程。背景处理上只在画面一侧绘一道淡淡的远山，具有空寂淡然的视觉效果。

图 4-4 《云门大师图》，马远，南宋，绢本水墨设色，高 78.4 厘米，横 32.9 厘米，日本天龙寺藏

地藏问："此行何之？"师云："行脚去。"地藏云："作么生是行脚事？"师云："不知。"地藏云："不知最亲切。"又同三人举肇论，至天地与我同根处。地藏云："山河大地，与上座自己，是同是别？"师云："别。"地藏竖起两指。师云："同。"地藏又竖起两指，便起去。雪霁辞去，地藏门送之。问云："上座寻常说三界唯心，万法唯识。"乃指庭下片石云："且道，此石在心内在心外？"师云："在心内。"地藏云："行脚人，着什么来由安片石在心头。"师窘无以对，即放包依席下。①

这段法眼文益拜师的因缘，处处暗含机锋。山河大地与自身是同是别的问题，同样讨论的是禅宗的"我"。在禅师眼中，自我与山河大地皆是空幻，自是相同。"石在心内在心外"则是讨论禅宗的另一个重要概念："心"。禅宗又称心宗，讲求即心即佛，心中开悟即可成佛。一切由心而起，而心又不能执着于外界的物象，无所执着，自然升起。即《金刚经》中所讲述的"应无所住，而生其心"。故而石头不能安住于心间。宁宗皇后在画面上的题记将这段公案释读为："大地山河自然，毕竟是同是别。若了万法唯心，休认空花水月。"点出了万物同空、万法唯心的关键点。马远则将这段发生在佛院中的故事移至山水之间，法眼文益的同伴也被省略了，只留下一老一少二僧，在松树下问答。甚至松树也只表现了一枝，背景简化。人物则是水墨设色的细笔勾绘，罗汉桂琛的形体略大，袈裟施彩，双手拢于袖中。法眼文益则双手合十，表情恭敬，显然对老师心悦诚服。

《云门大师图》与《清凉法眼禅师像》采用了同样的构图方式，只是主要人物为一坐一立、一老一少二僧。长者杵杖坐于石上；少者双手合十，躬身站立，如有所语。这种一坐一立的双人对谈，自北宋起，常被用来表现师徒授受。如北宋至和元年所刻的《达摩宗六祖图》就是以这种方式表现禅宗初祖达摩至六祖慧能的传承。这幅作品同样表现的是师徒二人：云门宗的创始人云门文偃（864—949）和他的老师雪峰义存（822—？）。事见《雪峰义存禅师语录》：

师示众云："南山有一条鳖鼻蛇，汝等诸人切须好看。"长庆出云："今日堂中大有人丧身失命。"僧举似玄沙，沙云："须是棱兄始得，然

① ［明］郭凝之编：《金陵清凉院文益禅师语录》卷一，《大正藏》第47册，第588页。

虽如此，我即不与么？”僧云：“和尚作么生？”沙云：“用南山作么？”云门以拄杖攛向师面前，作怕势，张口吐舌。[①]

这件禅宗公案被称为“雪峰看蛇”或“雪峰鳖鼻蛇”，讲述雪峰义存以鳖鼻蛇来考验自己的三个弟子，长庆即长庆慧棱，玄沙即玄沙师备（835—908），云门即云门文偃。师徒三人的问答，却是禅机交锋的刀光剑影。雪峰义存以鳖鼻蛇开示，喻自身讲授的佛法；长庆顺应老师之语，表示佛法威力无边；玄沙指出，佛法无处不在；云门则“以身作蛇”，表示即身即佛。

后世禅僧对于这个著名的公案也各有看法，如雪窦重显（980—1052）赞叹云门文偃对雪峰义存的契证：

象骨岩高人不到，到者须是弄蛇手。棱师备师不奈何，丧身失命知多少。韶阳知重拨草，南北东西无处讨。忽然突出拄杖头，抛对雪峰大张口。大张口，同闪电，剔起眉毛还不见，如今藏在乳峰前，来者一一看方便。师高声喝云：看脚下。[②]

宏智正觉则对三位弟子都有点评：

玄沙太刚，长庆少勇，南山鳖鼻死无用。风云际会头角生，果见韶阳下手弄。下手弄，激电光中看变动。在我也能遣能呼，于彼也有擒有纵。底事如今付阿谁，冷口伤人不知痛。[③]

而马远在绘画创作中把公案中的长庆慧棱、玄沙师备删掉，只剩下云门文偃一人，突出了云门继承雪峰法脉的过程。同时，杨皇后的题赞“南山深藏鳖鼻，出草长喷毒气。拟议总须丧身，唯有韶阳不畏”，赞叹了云门文偃的无所畏惧，诗与图的结合，使得原本多人的禅宗公案故事变成了师徒相续的传法图。

在佛像人物、禅宗故事之外，马远的山水画作亦受到了禅宗的影响。所谓

① ［明］林弘衍编：《雪峰义存禅师语录》卷二，《续藏经》第119册，台湾新文丰出版公司，1995年，第967页。

② ［宋］法印集：《禅宗颂古联珠通集》卷二十八，《续藏经》第115册，台湾新文丰出版公司，1995年，第352页。

③ 同上。

“马一角”的边角之景，历史学家解读为残山剩水的现实写照，艺术史家分析成空间探索。而从画面体现的美学特点上看，不难发现禅宗对其绘画的影响。如其著名的册页《水图》(图4–5)，共有12册页。第一段无名，其余名称为：洞庭风细、层波叠浪、寒塘清浅、长江万顷、黄河逆流、秋水回波、云生沧海、湖光潋滟、云舒浪卷、晓日烘山、细浪漂漂。全部作品不画山景、人物，只以线条表现水波的万千变化。

在禅门之中，水亦有特殊意义。禅师修行、观禅，常常以水为禅机依托。如唐代禅宗高僧青原行思就有著名禅语：

> 老僧三十年前未参禅时，见山是山，见水是水。及至后来，亲见知识，有个入处，见山不是山，见水不是水。而今得个休歇处，依前见山只是山，见水只是水。①

山与水的三重境界常常被看作是禅修的境界，甚至是人生的境界。山与水是人生的参照物，通过修行、阅历，人生由简单至复杂，再返璞归真。水的形态的千变万化犹如世间种种，各尽其态又万法归一。故而与马远活动在同一时期的曹洞宗高僧天童如净有言：“然观水必观澜，涉大海从津涯，故舍其言，无以求其奥也。”②马远的这套《水图》用细腻的笔法，模拟了水的形态，契合了天童如净的话语，波涛之中富有无穷奥妙。

比如《云生沧海》中雪浪成排，近处厚重，远处则与烟云融为一体，恰与法演禅师的“风送好云归碧洞，水潮沧海助波涛”③有异曲同工之妙。再如《湖光潋滟》，以稀疏的细线勾画出浪花的模样，向左右两个角度延展开去，将人们的视线集中在画面下方正中，如同宏智禅师的“钓丝午夜休拈弄，风拭湖光水月秋”一样，富有诗意与禅意。《幻浪漂漂》以鱼鳞纹波浪写水波之缥缈，而波涛的沉浮在禅僧眼中恰如虚幻的人生感受，如丰干禅师曾有“一身如云水，悠悠任去来。逍遥绝无闹，忘机隆佛道。世间歧路心，众生多烦恼。兀兀沉浪海，漂漂轮三界”④的感叹。观马远空蒙而悠远的画作，亦有人生随波，如梦似幻之感。

① ［宋］普济集：《五灯会元》卷十七，《续藏经》第138册，台湾新文丰出版公司，1995年，第670页。
② ［宋］素文编：《如净和尚语录》卷一，《大正藏》第48册，第121页。
③ ［宋］良才编：《法演禅师语录》卷一，《大正藏》第47册，第654页。
④ ［明］王沐宗编：《寒山子诗集》，《嘉兴大藏经》第20册，台湾新文丰出版公司，1987年，第669页。

马远之子马麟以画花鸟而闻名，其佛教人物画流传于今的有《祖师图》（日本群马县立近代美术馆藏）、《寒山拾得图》（日本末延道成藏），均是墨写人物，禅意浓厚。马远之孙马公显，擅画花鸟、人物、山水，“自得家传”。其传世作品《药山李翱问答图》（图4-6）与马远所作的两幅禅会图在构图、用笔上都非常接近。同样是松树之下，二人一立一坐，相向对谈。只是根据故事情节，两个人物为一俗一僧：中年官员与耄耋老僧，为唐代元和年间（806—820）的朗州（今湖南常德）刺史李翱（约772—841）与禅宗高僧药山惟俨（737—834）。事见《宋高僧传》：

> 元和中李翱为考功员外郎，与李景俭相善。俭除谏议荐翱自代，及俭获谴，翱乃坐此出为朗州刺史。翱闲来谒俨，遂成警悟。又初见俨执经卷不顾，侍者白曰：“太守在此。”翱性褊急，乃倡言曰：“见面不似闻名。”俨乃呼翱应唯，曰：“太守何贵耳贱目？”翱拱手谢之，问曰：“何谓道邪？”俨指天、指净瓶曰：“云在青天水在瓶。”翱于时暗室已明，疑冰顿泮。①

“云在青天水在瓶”是这段公案的禅机所在。药山惟俨以万物各归其所、各自遵循各自的法则，回答了李翱“何谓道邪”的问题。这一答案充分显示了佛教在中国化的过程中对道家思想的吸收与继承。《道德经》有云：“人法地，地法天，天法道，道法自然。”“云在青天水在瓶”是对自然现象的忠实表述，即物象化的“道法自然”。“自然”在药山惟俨的禅法中有特殊意义，据载，他修行不重读经、不重坐禅，唯重自然，从自然中参悟。马公显的画作依据文本将经函、水瓶等重要道具一一再现，药山和尚以手指天，满面笑容，正是向李翱开示的关键时刻。

马远与马公显的禅意画作，都喜欢将人物或重要物象集中在画面下方或边角之处，画面上方或轻染重岚或干脆留白，来表现深邃的空间。人物的衣衫颇具写意感，主要线条可见疏朗的顿挫、锐利的转折。以墨为主的皴染则显得较为随意，突出了衣衫的轮廓。人物面部依然写实，眉眼、胡须皆表现清楚，体现出了传统的工笔人物画向写意人物画的转折。

① ［宋］赞宁：《宋高僧传》卷十七，《大正藏》第50册，第816页。

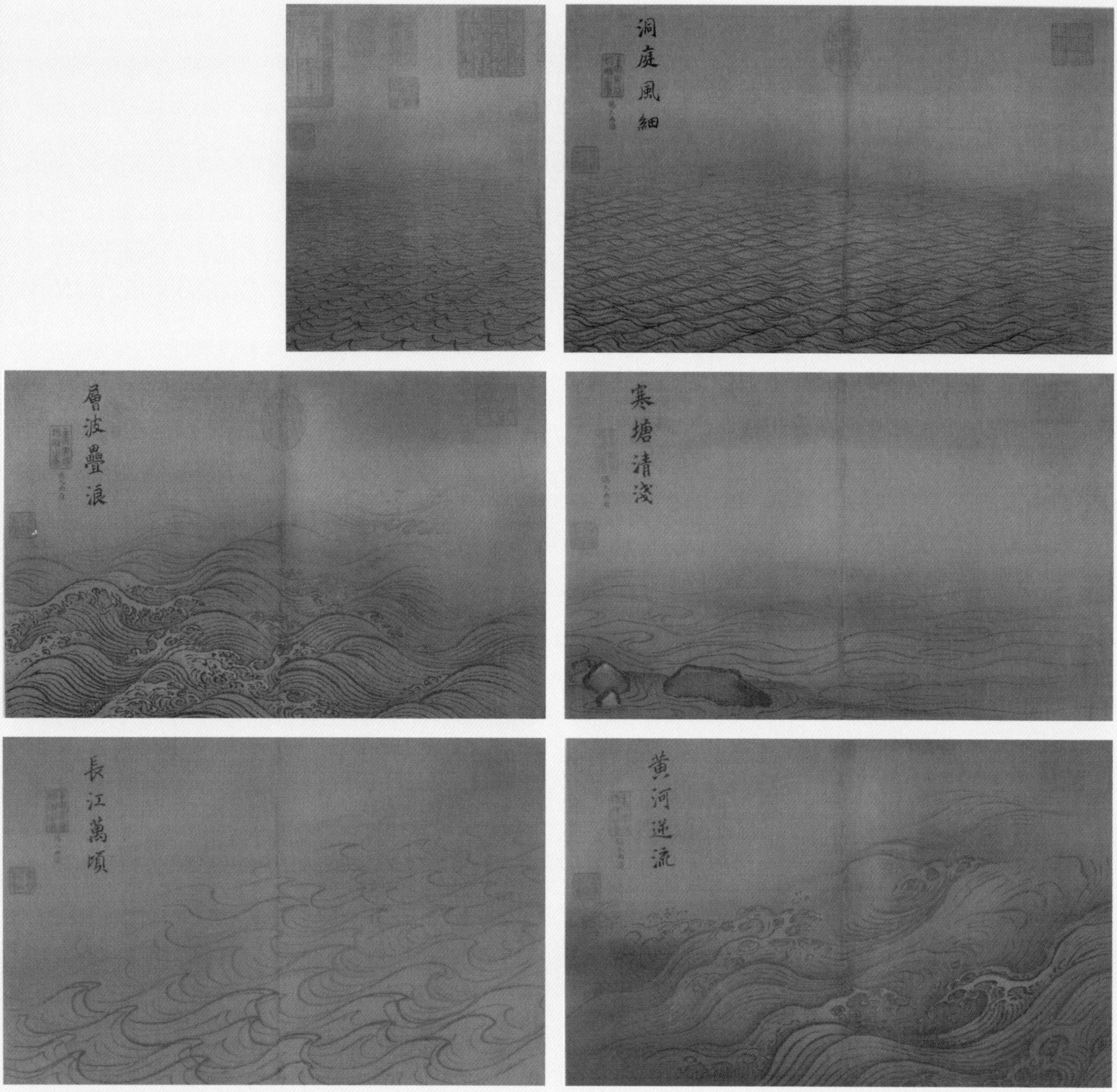

图 4-5 《水图》，马远，南宋，绢本淡设色，册页，高 26.8 厘米，横 41.6 厘米（第一段横 20.7 厘米），故宫博物院藏

赏析：这组《水图》为马远的代表作，以各不相同的线条画出水的万千之姿，体现了马远高超的线条表现力和对自然现象的细致观察力，为中国古代绘画史上表现水流、波浪的巅峰之作。观之如同观心：“镜含万象海纳百川，收之兮神潜方寸。舒之兮光充大千，变化自在作用无边。”（北宋择瑛法师语）

赏析：画面右下角有“马公显”款。此幅画作中的松树、石桌、禅椅等细节刻画细致，松树的表现方式颇有南宋画家李唐之风，但人物的线条依然为马远式的橛头钉描，线条舒朗有致，人物刻画鲜活，特别是药山惟俨的动作、表情极其生动，展现出悟道者的满心欢喜。

图 4-6 《药山李翱问答图》，马公显，南宋，绢本淡设色，高 48.5 厘米，横 25.9 厘米，日本南禅寺藏

第三节 减笔人物

彻底将人物画转向写意与抒情的，是与马远同时期活动在南宋宫廷的梁楷。作为南宋宁宗时期的画院待诏，他以跅弛不羁的行为和高妙的技艺名动一时。

> 梁楷，东平相义之后，善画人物、山水、道释、鬼神。师贾师古，描写飘逸，青过于蓝。嘉泰年画院待诏，赐金带，楷不受，挂于院内，嗜酒自乐，号曰梁风子。院人见其精妙之笔，无不敬伏，但传世者皆草草，谓之减笔。①

从现存作品来看，梁楷的人物画确有“细笔”与“减笔”两种类型，前者为白描或工笔淡设色，如道教题材的《黄庭经图》，佛教题材的《释迦出山图》《八高僧图》；后者则是“逸笔草草”，以大泼墨或极简的线条表现祖师或散圣。不论是“细笔”还是“减笔”，梁楷的绘画大多以禅宗人物或故事为主题。虽然关于梁楷的生平记录较少，但是从其画作的主题与艺术风格上看，他与禅宗僧团之间应当保持着密切的联系。

比如《八高僧图》（图 4–7）以禅宗典籍《景德传灯录》等文献为蓝本，选取了八位著名禅僧的故事进行图写。画面共有8段，每一个画面都附有一段明初人写的题记，讲述故事因缘并记录禅语。8幅图分别为《达摩面壁 · 神光参问》《弘忍童身 · 道逢杖叟》《白居易拱谒 · 鸟窠指说》《智闲拥帚 · 回睨竹

① 陈高华主编：《宋辽金画家史料》，文物出版社，1984年，第720页。

林》《李源、圆泽系舟·女子行汲》《灌溪索饮·童子方汲》《酒楼一角·楼子参拜》《孤蓬芦岸·僧倚钓车》。其中在第二、三、五、八幅的树石或船等隐处，均有细楷题款“梁楷”，可知为其真迹。故事在山林、水畔展开，每幅画1至4个人物，绘制笔法精细、设色古雅。梁楷运用其高超的绘画艺术的表现力，将禅宗故事与禅意展现在画卷之上。

试举数例。

第一幅《达摩面壁·神光参问》讲述的是神光立雪，向达摩求法的故事。

> 时有僧神光者，旷达之士也。久居伊洛，博览群书善谈玄理。每叹曰：“孔老之教礼术风规，庄易之书未尽妙理。”近闻，达摩大士住止少林，至人不遥，当造玄境。乃往彼晨夕参承，师常端坐面墙，莫闻诲励。光自惟曰：“昔人求道敲骨取髓刺血济饥，布发掩泥投崖饲虎。古尚若此，我又何人？”其年十二月九日夜天大雨雪，光坚立不动，迟明积雪过膝。[①]

画面中枯木为林，淡墨渲染，烘托出雪色的白净。黑白之间，达摩裹红色风帽，面壁闭目而坐，身后神光穿玄色袈裟，双手合于胸前，表情坚毅。神光即禅宗二祖慧可。慧可立雪，断臂而得达摩心授，是禅宗史上的著名佳话。整个画面对冬季荒野肃杀之感的营造，昭示了慧可舍身求法的果决与勇气。画面中多层次的水墨与达摩的红衣形成鲜明对比，烘托出了禅宗之祖的地位。

第三幅《白居易拱谒·鸟窠指说》表现的是鸟窠道林禅师（741—824）与白居易（772—846）交往的禅话。

> 杭州鸟窠道林禅师……后见秦望山，有长松枝叶繁茂盘屈如盖，遂栖止其上，故时人谓之鸟窠禅师。复有鹊巢于其侧自然驯狎人，亦目为鹊巢和尚……元和中白居易出守兹郡，因入山礼谒，乃问师曰：“禅师住处甚危险。”师曰：“太守危险尤甚。”曰：“弟子位镇江山，何险之有？”师曰：“薪火相交，识性不停，得非险乎？”又问：“如何是佛法大意？”师曰：“诸恶莫作，众善奉行。”白曰：“三岁孩儿也解与么道。”师曰：“三岁孩儿虽道得，八十老人行不得。”白遂作礼。[②]

① ［宋］道原：《景德传灯录》卷三，《大正藏》第51册，第219页。
② 同上书，第230页。

白居易认为，鸟窠道林禅师身居树上非常危险，而鸟窠禅师则告诉他，人世间薪火交织，本身就是危险的。这一观点来自佛教中对“苦”的认知。《佛地经论》云：“逼恼身心名苦。”同样是在人世间浮沉，一城太守并不会比居住在树上的僧人安全。“诸恶莫作，诸善奉行”源自《增一阿含经》，是佛教因果观、善恶是非观的表现。但是这一朴素的观点却是知易行难。这幅作品依然采用禅会图的构图方式，一僧二俗，一坐二立，鸟窠禅师禅定坐于树干之上，一手前指，若有所语。白居易带着侍从合十而立，面容虔诚。

第五幅《李源、圆泽系舟·女子行汲》与其他画面表现禅宗高僧传法或顿悟不同，这是一幅表现僧人与文士深刻情谊的作品。事见《东坡禅喜集》：

> 洛师慧林寺，故光禄卿李憕居第。禄山陷东都，憕以居守死之。子源少时，以贵游子豪侈，善歌闻于时。及憕死悲愤，自誓不仕、不娶、不食肉，居寺中五十余年。寺有僧圆泽，富而知音，源与之游甚密，促膝交语竟日，人莫能测。一日，相约游蜀青城峨眉山，源欲自荆州泝峡，泽欲取长安斜谷路。源不可曰：“吾已绝世事。岂可复道京师哉？”泽默然久之曰：“行止固不由人。”遂自荆州路。舟次南浦，见妇人锦裆负罂而汲者，泽望而泣曰：“吾不欲由此者为是也。”源惊问之，泽曰：“妇人姓王氏，吾当为之子。孕三岁矣，吾不来，故不得乳。今既见，无可逃者。公当以符咒助我速生。三日浴儿时，愿公临我，以笑为信。后十三年中秋月夜，杭州天竺寺外当与公相见。”源悲悔，而为具沐浴易服，至暮泽亡而妇乳。三日，往视之，儿见源果笑。具以语王氏，出家财葬泽山下。源遂不果行，反寺中问其徒，则既有治命矣。后十二年。自洛适吴赴其约，至所约闻葛洪川畔有牧童扣角而歌之，曰：“三生石上旧精魂，赏月吟风不要论。惭愧情人远相访，此身虽异性长存。”呼问：“泽公健否？”答曰：“李公真信士，然俗缘未尽，慎勿相近。惟勤修不惰，乃复相见。”又歌曰：“身前身后事茫茫，欲话因缘恐断肠。吴越山川寻已遍，却回烟棹上瞿塘。”遂去，不知所之。[①]

① ［明］徐长孺辑：《东坡禅喜集》卷七，《大正藏补编》第26册，第746页。

图 4-7 《八高僧图》，梁楷，南宋，绢本设色，高 26.6 厘米，每幅横 64.7 厘米，上海博物馆藏

（局部）

题识：

《达摩面壁·神光参问》：僧神光闻达摩住少林，乃往参承，师端坐，不闻励诲。光曰："诸佛印法可得闻乎？"师曰："诸佛印法匪从人得。"光曰："我心未宁，乞师与安。"师曰："将心来，与汝安。"光曰："觅心了不可得。"师曰："与汝安心竟。"

《弘忍童身·道逢杖叟》：五祖弘忍大师，蕲州黄梅人也。姓周氏，生而岐嶷。童游时逢一智者，叹曰："此子缺七种相不逮如来。"后遇信大师得法嗣化于破头山。

《白居易拱谒·鸟窠指说》：鸟窠道林禅师居钱塘时，白居易入山谒师，曰："禅师住处甚危险！"师云："太守危险尤甚！"白曰："弟子位镇江山，何险之有？"师云："薪火相交，识性不停，得非险乎？"又问："如何是佛法大意？"师云："诸恶莫作，众善奉行。"白曰："三岁孩儿也解与么道。"师曰："三岁孩儿虽道得，八十岁老人行不得！"白遂作礼而退。

《智闲拥帚·回睨竹林》：邓州香岩智闲禅师一日芟除草木，偶抛瓦砾击竹作声，忽然醒悟。遂归沐浴焚香遥礼沩山，赞曰："和上大慈恩逾父母，当时若为我说破，何有今日之事？"乃有颂曰，一击忘所知，更不假修持云云。

灌溪閑禪師路逢一
童子汲水師乞水飲
童子曰乞水不妨某
甲一問且道水具幾
塵師云不具諸塵
童笑負水而去曰不

樓子和尚名善津平
江人姓楊氏初浮浪
於肆市一日至承天
寺聆法有省即出家
受具偶至酒樓聞歌曰你
既無心我便休樓前拜云
非此樓則不知有此事

（局部）

《李源、圆泽系舟·女子行汲》：李源与圆泽法师游眉山，舟次南浦，见一女子锦裆花袴负罂而汲，泽泣曰："我当托孕于此女，避之不可得，后十八年八月十五日当会君于杭州天竺山中。"言毕而卒。后源如期往天竺见一牧牛儿，云："李源真信人也！"源即应声云："圆泽□恙。"牧儿遂歌曰三生石上旧精魂云云。歌罢拂袖而去。

《灌溪索饮·童子方汲》：灌溪闲禅师路逢一童子汲水，师乞水饮，童子曰："乞水不妨，某有一问，且道水具几尘？"师云："不具诸尘。"童笑负水而去，曰："不得污阹水。"

《酒楼一角·楼子参拜》：楼子和尚名善，津平江人，姓杨氏。初浮浪于肆市，一日至承天寺聆法，有省，即出家受具。偶至酒楼闻歌曰："你既无心我便休！"楼前拜云："非此楼则不知有此事。"

《孤蓬芦岸·僧倚钓车》：福州玄沙备禅师，闽之谢氏子。幼垂钓于南台江甫，三十出家，从夫容训禅师落发受具，兄视雪峰而师事之。峰一日曰："备头陀何不遍参去？"师曰："达摩不来东土，二祖不往西天。"峰然之。师尝示众有：直饶得似秋潭月影，静夜钟声，随扣击以无亏，触波澜而不散，犹是生死岸头事，道人行处如火烧冰。

赏析：这套表现禅宗高僧的作品在画法上与南宋院体颇为相近，构图舒朗，人物多居于画面两侧或对角，中间留白或点缀景物。有些人物呈"半身"状态来展开故事，这在中国美术史中是非常罕见的，足以见梁楷对画面高超的掌控能力和卓尔不群的构思。树石的刻画苍劲有力，多用大斧劈皴展示山石坚硬的结构，树木枝叶、枯枝老干则表现细腻。水面做留白处理，展示了纵深的空间关系。人物衣纹以"折芦描""行云流水描"为多，显得刚柔相济。设色淡雅、细腻，"达摩面壁""女子行汲"等处用红色提亮画面，点出画的精神所在。整套作品气韵流动，禅意盎然。

李源与圆泽相交多年，圆泽不舍情谊，迟迟不愿转生，以至于他来世的母亲怀孕三年。在见到汲水女子后，圆泽不得不去，与李源约定十三年后再次相见。这则感人至深的因缘感通故事在佛教典籍中是很罕见的，它表现的是僧人的世俗情感。自古僧侣与文人士大夫多有交游，互相唱和，共证禅机。但是这样寄托生死的情感，却少有提及。一般来说，此类题材的绘画作品也如禅会图一般，描绘二人相对而语。而这幅作品却别出心裁，对角线的江流将画面分为两部分，左上角画怀孕三年的女子在河边汲水，右下画轻舟一角，一僧人一文士抬头上望。汲水女子的服饰、动作、神情刻画细致，显然为画面的重点。画作以母亲的艰难，衬托出圆泽与李源分别的不舍。画面简洁，但是如同故事一般深切动人。

梁楷的另一幅作品《释迦出山图》（图 4–8）也体现了明显的世俗性。这幅作品表现的是释迦逾城出家之后，结束六年苦修从伽阇山中走出的时刻。作为佛传中的重要情节，释迦苦行见诸古籍，如《僧伽罗刹所集经》《大智度论》，讲述释迦生平经历的《佛本行集经》亦有记载。对于苦行模样的描述可参见《方广大庄严经》的记载：

> 我昔唯食一麦之时，身体羸瘦如阿斯树，肉尽肋现如坏屋椽，脊骨连露如筇竹节，眼目欠陷如井底星，头顶销枯如暴干瓠，所坐之地如马蹄迹，皮肤皱趱如割胸形，举手拂尘身毛焦落，以手摩腹乃触脊梁。又食一米乃至一麻，身体羸瘦过前十倍，色如聚墨又若死灰。[1]

对释迦苦修的形象表现，公元 1 世纪的犍陀罗地区即已出现。南北朝时期，这一题材在我国境内也流行一时，敦煌石窟、云冈石窟等地均有塑像、壁画留存。释迦苦修像的再次流行，则是在两宋时期，与禅宗的兴盛密不可分。

禅宗寺院之中，十二月初八的释迦成道日，常常要举行隆重的仪式。需要由寺院住持亲自率领僧众上香、诵经。《百丈清规》该环节中对释迦生平的追记特别提到了"复北渡恒河至伽阇山静坐，六年苦行。日食一麻一米以续精气，复自念若以羸身而取道者。彼外道则言自饥是涅槃因"[2]。足见对此情景的重视。禅寺之中也常常供奉有"释迦出山像"，不少高僧大德观此像而有所悟。

① ［唐］地婆诃罗：《方广大庄严经》卷七，《大正藏》第 3 册，第 581 页。
② ［元］德辉重编：《敕修百丈清规》卷二，《大正藏》第 48 册，第 1116 页。

赏析：这幅作品以大斧劈皴和干枯的树枝勾勒出萧瑟的冬季景色，显示出释迦苦修的艰辛。浓郁的沉黑间，释迦身穿的红色袈裟成为天地间唯一的亮色，自然将观者的视线集中在释迦身上。“钉头鼠尾描”“蚯蚓描”等软、硬线条的综合使用使得人物形象古意盎然。释迦披发、满面胡须，容颜清瘦却表情安宁，微微躬身、合十的形态在空寂的环境中营造出悲天悯人的肃穆感。“御前图画梁楷”六字隐于画面左侧的山石之间，是南宋画家署名的一种常见方式。

图4-8《释迦出山图》，梁楷，南宋，绢本设色，高119厘米，横52厘米，日本东京国立博物馆藏

正觉山前折却本，三七日内心头闷。却来鹿苑讨便宜，好与拽翻椎一顿。（大慧宗杲）[①]

脱屣金轮只等闲，六年痴坐碧孱颜。出山不了些儿事，何似当年莫入山。[②]

入山去，何所图？出山来，胡为乎？早知今日事，悔不慎当初。[③]

在禅师的眼中，释迦生平、入山、出山的缘由皆可作为参悟的动机，而在画家笔下，如何表现经历了六年苦行的释迦？梁楷的《释迦出山图》，背景用水墨渲染的山峰与层云将画面以对角线的方式一分为二，构图极险，再以上下呼应的枯树将视觉中心集中在画面右侧。山石深处隐藏有“御前图画梁楷”六字，可知这幅作品是梁楷任待诏期间的作品。释迦以细腻的工笔手法绘制而成，与粗犷的背景形成鲜明的对比。披发，高鼻深目、胡须卷曲，穿红色袒右袈裟，双手合十于袈裟之中，躬身前行。显然，这不再是具有三十二相、八十种好尊像式的释迦牟尼佛，只是一个清癯的、饱受风霜的梵僧。这种以世俗形象来表现释迦，正是禅宗对佛教人物画的深远影响。禅师面对佛像的思考、“呵祖骂佛”式地对佛经故事的追问，在一定程度上加剧了佛教艺术的世俗化，禅师与画家更需要的是直击心灵的作品。

若论关照心灵，比《释迦出山图》走得更远的是梁楷的减笔人物画。今流传于世的作品有：《布袋和尚图》、《泼墨仙人图》、《李白行吟图》（日本东京国立博物馆）、《六祖斫竹图》（图 4-9）、《祖师破经图》、《寒山拾得图》（日本热海美术馆）、《布袋图》等。这些作品皆不绘背景，不着颜色，人物着意于神情、动作，不再局限于写实的限制。面部、动作、衣衫纹理用变化丰富、具有书法意味的线条勾写而成，有的作品甚至采用了大面积的泼墨手法，彻底发挥了笔、墨所独具的艺术性，体现了在禅宗思想影响下，画家对于绘画再现性的打破，对于心性的抒发与张扬。

《六祖斫竹图》这幅以禅宗六祖慧能为主题的画作，其中慧能的形象不再是宝相庄严、正襟危坐的传法祖师，而是一位背对观者、面容模糊的布衣老者。梁楷以其富有特色的“折芦描”用短直线勾勒出人物的轮廓、着装，重点强调

① ［宋］蕴闻编：《大慧普觉禅师语录》卷十二，《大正藏》第 47 册，第 858 页。
② ［宋］大观编：《北磵居简禅师语录》卷一，《续藏经》第 121 册，台湾新文丰出版公司，1995 年，第 160 页。
③ ［宋］宗会、智折编：《无准师范禅师语录》卷五，《续藏经》第 121 册，台湾新文丰出版公司，1995 年，第 950 页。

赏析：梁楷的这幅作品在白描人物画的基础上进行了大量的精简，从而形成了新的人物画风格。以最为简练的线条与简单的人物表现了禅宗六祖慧能的形象。背景只有两笔枯墨皴擦而成的山石，人物动态鲜明，“折芦描”绘制的衣纹干脆利落，寥寥数笔而成，展示出画家高超的艺术水平。大量“减笔”的使用，使得画面的核心思想更为直接明了。

图 4-9《六祖斫竹图》，梁楷，南宋，纸本水墨，高 73 厘米，横 31.8 厘米，日本东京国立博物馆藏

了人物激烈的动态。“六祖斫竹”源自《坛经》中对慧能拜见五祖弘忍的因缘追溯：

慧能慈父，本官范阳，左降迁流岭新州百姓。慧能幼小，父亦早亡。老母孤遗移来南海。艰辛贫乏，于市卖柴。忽有一客买柴，遂领慧能至于官店，客将柴去。慧能得钱，却向门前，忽见一客读《金刚经》。慧能一闻心名便悟，乃问客曰：“从何处来持此经典？”客答曰：“我于蕲州黄梅县东冯墓山，礼拜五祖弘忍和尚，见今在彼门人有千余众。我于彼听。见大师劝道俗但持《金刚经》一卷，即得见性直了成佛。”①

慧能在出家前家境贫寒，以砍柴为业，在送柴的过程中遇到有人诵读弘忍传授的《金刚经》，随即前往黄梅冯茂山拜见弘忍。这幅作品虽然表现的是慧能出家前头戴幞头，身穿短褂长裤的世俗人形象，但是他手持砍刀，无所畏惧的精神状态正是表现了禅宗的核心要义之一——破执。所谓破执即“破有实、我有实法之执见也”，不能执着于“相”，要破除“实相”“我有”等偏见，达到“空”的境界。让慧能欣然出家的《金刚经》正是以“无住为宗”。这幅作品中，竹作为一种实在之物，就是“执”的象征，“斫竹”即“破执”。画面上不着背景，淡化人物面容，只突出强调了人物的动作，强调了“破”的禅宗精神。

《祖师破经图》（图 4–10）也具有同样的绘画特色，表达了类似的要义。画面上方草草涂写松树一枝，髡发留须的禅师张口大笑，手臂大幅度挥动，手中经书已被一撕两段，足见劲道之大。爬梳禅宗文献，并没有以手撕经的高僧典故。故而“破经”这一行为只是一个象征意义，与“斫竹”一样，源自对“实”的破除。一般在佛教徒眼中，佛经是极为神圣之物，但是在禅宗高僧眼中，佛经同样是“我执”的象征，是阻碍修行的外在之相。如北礀居简（1164—1246）的禅诗：“拟破一微尘，分明昧此经。如何破经卷，出此一微尘。”②即论证“空”与“经”的关系，“空”隐含于佛经，但是只有破除对佛经的“执”才能得证“空”。《祖师破经图》也是如此，梁楷用画笔实写禅门高僧撕经，暗喻对“空”的表现。

① ［唐］法海集：《坛经》，《大正藏》第 48 册，第 337 页。
② ［宋］大观编：《北礀居简禅师语录》卷一，《续藏经》第 121 册，台湾新文丰出版公司，1995 年，第 137 页。

赏析：这幅作品与《六祖斫竹图》的风格、技法、主题都非常相似。表现了禅宗高僧手撕佛经奔走大笑的“狂”态。方折的线条使得画面充满力度感与韵律感，人物面部作细笔刻画，表情生动，富有张力。

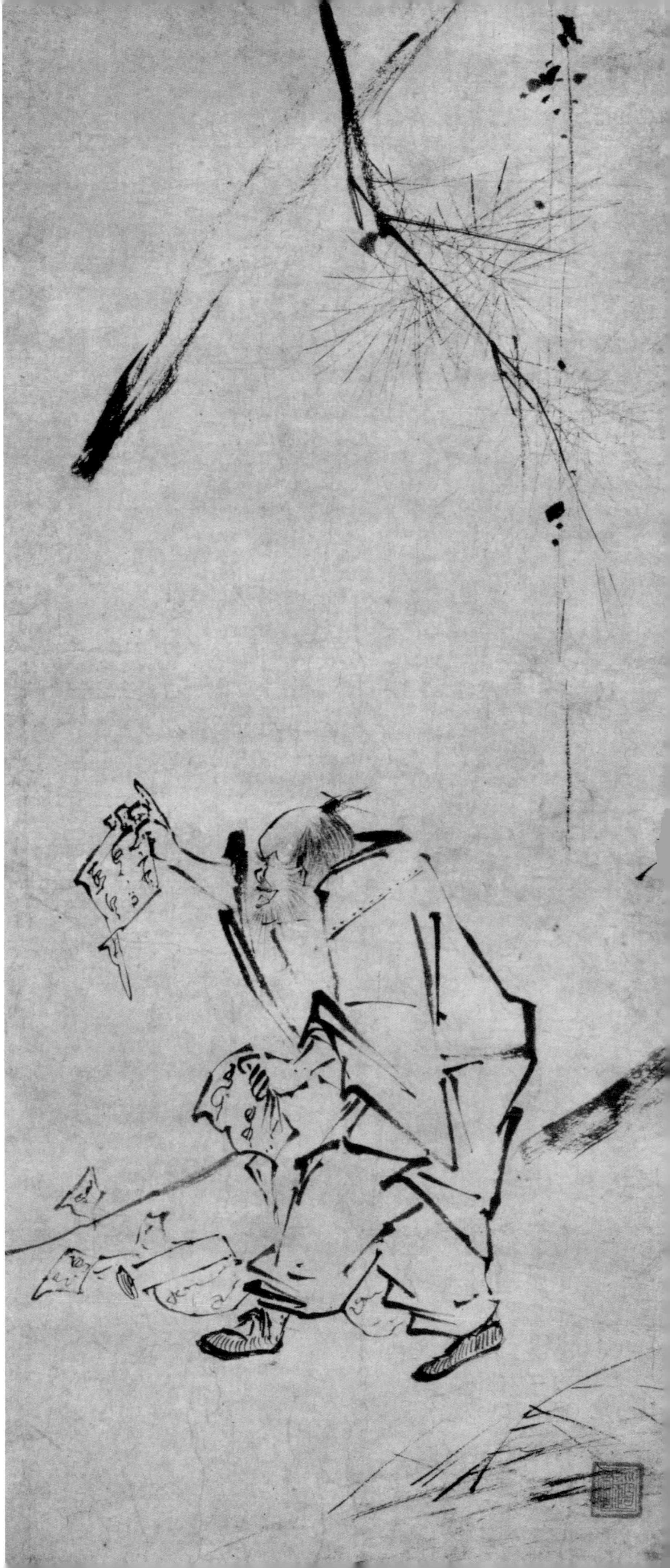

图 4-10 《祖师破经图》，梁楷，南宋，纸本水墨，高 69.6 厘米，横 30.3 厘米，日本三井纪念美术馆藏

《布袋和尚图》（图 4–11）、《泼墨仙人图》（图 4–12）、《布袋图》（图 4–13）这 3 幅表现散圣契此和尚的作品则是体现了禅宗对于笔墨语言的影响。高僧契此传说是弥勒菩萨的化身，他的故事最早见于《宋高僧传》：

释契此者，不详氏族，或云四明人也。形裁腲脮蹙頞皤腹，言语无恒寝卧随处。常以杖荷布囊入廓肆，见物则乞，至于醯酱鱼菹才接入口，分少许入囊。号为长汀子布袋师也。曾于雪中卧而身上无雪，人以此奇之。有偈云“弥勒真弥勒，时人皆不识”等句。人言：慈氏垂迹也。又于大桥上立，或问：“和尚在此何为？”曰：“我在此觅人。”常就人乞啜，其店则物售，袋囊中皆百一供身具也。示人吉凶必现相表兆，亢阳即曳高齿木屐，市桥上竖膝而眠，水潦则系湿草屦，人以此验知。以天复中终于奉川，乡邑共埋之。后有他州见此公，亦荷布袋行。江浙之间多图画其像焉。[①]

《景德传灯录》中则把这位行为放诞不羁、具有神通的僧人改造成了禅僧：

白鹿和尚问：“如何是布袋？”师便放下布袋。又问：“如何是布袋下事？”师负之而去。先保福和尚问：“如何是佛法大意？”师放下布袋叉手。保福曰：“为只如此为更有向上事？”师负之而去。师在街衢立，有僧问：“和尚在这里做什么？”师曰：“等个人。”曰：“来也来也。”师曰：“汝不是这个人。”曰：“如何是这个人。”师曰：“乞我一文钱。”[②]

大量“是”与“不是”的问答，是禅门中常见的打机锋。“放下布袋”“负之而去”的做法与赵州和尚（778—897）的著名公案如出一辙：

举严阳尊者问赵州：“一物不将来时如何？”州云：“放下着。”尊者云：“既是一物不将来，放下个什么。”州云：“担取去。”[③]

① ［宋］赞宁：《宋高僧传》卷二十一，《大正藏》第 50 册，第 848 页。
② ［宋］道原：《景德传灯录》卷二十七，《大正藏》第 51 册，第 434 页。
③ ［宋］惠泉集：《黄龙慧南禅师语录》卷一，《大正藏》第 47 册，第 632 页。

图 4-11 《布袋和尚图》，梁楷，南宋，绢本设色，高 31.3 厘米，横 24.4 厘米，上海博物馆藏

赏析：此幅作品以人物小品的方式表现了契此和尚的憨态。人物面部绘制细腻，与大块墨色的袈裟形成粗与细、浓与淡的鲜明对比，身下的留白处恰好表示了鼓囊囊的布袋，造成人物斜倚布袋的视觉效果，构思巧妙。

图 4-12 《泼墨仙人图》，梁楷，南宋，纸本水墨，高 48.7 厘米，横 27.7 厘米，台北故宫博物院藏

题识：地行不识名和姓，大似高阳一酒徒。应是琼台仙宴罢，淋漓襟袖尚模糊。（乾隆皇帝）

赏析：此为梁楷写意人物画的代表性作品。以墨、水直接泼洒成布袋和尚的袈裟，面部只做最简单的勾画，虽然笔法至简但人物步履蹒跚的动态毕露。墨色酣畅淋漓又层次丰富，作者对于墨、笔的掌控能力可见一斑。禅宗讲求不立文字、不好图像，这种摈弃细节、直接抓住人物精神的绘画，恰能体现禅宗对于本质、对于心性的追求。

“放下”与“担取去”是禅宗高僧面临世间法的基本态度，凡事主张放下、主张“何处惹尘埃”；若是放不下，那就承担着。契此和尚“放下”“负之”正是这一态度的表现。梁楷 3 幅以布袋和尚为主题的绘画，也正是以这样的方式来对待笔墨。如《布袋和尚图》，“放下”之处为大面积墨色染就而成的衣衫；“担取去”之处为细笔勾画出的眉目。《布袋图》中，“放下”为枯笔皴擦而成的袈裟；“担取去”为细腻刻画的手、足，以及唇边的开怀笑意。《泼墨仙人图》则是把“放下”放到了极致：用泼墨的方法，消解了毛笔的功能，使得画面“去住自由”，浑然天成。这种人工与自然的完美结合，正是禅宗美学所追求的。

题识：主丈横挑，袋垂驴脊。丑质枯衣，人天荆棘。个样风家伎俩穷，千古万古成狼藉。大川普济敬赞。

赏析：画面中布袋和尚负袋挑杖而行，杖的另一端挂着一只草鞋，显然借鉴了禅宗祖师达摩“只履西归”的传说。人物以方折的短线条勾画而成，衣衫以枯笔一挥而就，具有强烈的书法感与节奏感。题写图赞的“大川”即南宋临济宗杨岐派高僧普济，从布袋和尚丑陋不羁的形象中表达出睥睨千古、不拘常法的旷达。题赞与图像相得益彰、禅意深邃。

图 4–13 《布袋图》，梁楷，南宋，纸本水墨，高 82 厘米，横 33.2 厘米，日本中之岛香雪美术馆藏

第四节 禅门画僧

南宋、元时期，禅对绘画的影响远不只是对马远与梁楷这些出入宫廷的画家，而且在禅寺、山林之间，也弥漫着禅意画的气息。在禅僧与文士、丛林与世俗之间的交流与互动中，很多僧侣也掌握了绘画技巧。相对于人物画对技法的要求，写意山水与写意花鸟所提倡的“直抒胸臆”，更符合他们在画中求禅的需求。互赠或题赞，成为禅僧交游的一个部分。题写在画作上的禅语，也使得作品成为禅、书、画的结合体。通过对《画继》《图绘宝鉴》等画史，以及僧侣传记的整理，发现了一批杰出的雅好丹青的佛门中人如下：

梵隆（？—1187），南宋初吴兴（今浙江湖州）人。镇江府延庆寺僧。师法李公麟，擅长画人物、佛像、山水。作品有《罗汉渡海图》《十六应真图》流传于世。事见《画继补遗》《图绘宝鉴》。

至叶，为梵隆弟子，擅画水墨观音。事见《丛林盛事》。

廓庵，南宋初常德府人，为临济宗大随元静禅师的法嗣。作品有《十牛图颂》。事见《续传灯录》。

因师，活动于南宋前期，擅画葡萄、花鸟。陈造有《题因师浦桃图诗》。

莹上人，南宋前期剡溪（今浙江嵊州）人，擅画梅，陆游有《题剡溪莹上人梅花小轴》《题莹上人二画右剡溪》。

无准师范，南宋中期四川梓潼人。径山万寿寺住持，临济宗破庵派高僧。擅书法、绘画。作品多东传日本，传世作品有书法《自赞顶相》《板渡》《云归》等，且不少绘画作品有其题赞。事见《无准师范禅师语录》。

老悟，南宋淳熙年间人，画风类似巨然。《裘竹斋诗集》有载。

肯庵圆悟，南宋中期崇安（今福建武夷山）开善寺僧，擅画竹石，与朱熹（1130—1200）为友。《建州弘释录》有载。

兀庵普宁（1197—1276），南宋中后期四川人。无准师范法嗣，临济宗高僧，住象山灵岩寺。曾于景定元年（1260）东渡日本传法。擅书画，有法书墨迹流传于世。事见《兀庵普宁禅师语录》。

兰溪道隆（1213—1278），南宋中后期西蜀涪县（今四川绵阳涪城区）人，曾游历江浙求法，嗣临济宗虎丘派无明慧性禅师法脉。淳祐六年（1246）赴日本传法。擅书画，有《达摩图赞》《法语规则》等墨迹传世。事见《大觉禅师语录》。

若芬，字仲石，号玉涧。南宋后期婺州（今浙江金华）人，杭州上竺寺书记。擅诗歌、绘画，画山水、竹石、墨梅尤胜。有《庐山图》和《远浦归帆图》传世，其作品对日本绘画影响较大。事见《松斋梅谱》《图绘宝鉴》。

仁济，南宋后期婺州人，若芬甥。字泽翁（一为择翁）。书学苏轼，墨竹学俞子清，梅学扬补之，亦擅画山水。《图绘宝鉴》有载。

法常，号牧溪，南宋后期西蜀人，擅长水墨，如画人物、花鸟、禽兽等，画作受梁楷影响，对日本绘画有深远影响。有《观音・猿・鹤图》《潇湘八景图》《六柿图》等作品传世。事见《松斋梅谱》《图绘宝鉴》。

萝窗，活动于南宋后期，西湖六通寺僧，擅长水墨花鸟，今有《竹鸡图》《莲鹭图》《寒山图》传世。

月蓬，貌古怪，“画观音、佛像、罗汉、天王，得古人体韵。其画不妄与人，人罕有之”。《图绘宝鉴》有载。

超然，擅画山水，风格类似郭熙、巨然。《图绘宝鉴》《画禅》有载。

静宾，号白云，擅长画异松怪石，如龙腾虎踞。《画禅》有载。

子温，活动于宋、元之间。华亭（今上海松江）人，杭州玛瑙寺僧。俗姓温，字仲言，号日观。擅画花鸟，精于葡萄。作品有《墨葡萄图》《蒲桃》传世。《画禅》有载。

圆悟，号枯崖，擅画竹石，能诗。事见《画禅》。

慧舟，活动于南宋后期，浙江台州天台人，号一山叟，居西湖长庆寺，擅画墨竹。《画禅》有载。

一山一宁（1247—1317），活动于宋元之间，浙江临海人，临济宗虎丘派僧人，天台山出家，后居普陀山。元大德三年（1299）赴日本弘法。擅书画，有《一山国师妙慈弘济大师语录》传世。

雪窗普明（？—约 1352），松江（今上海）人，元至元四年（1338）曾为平江虎丘云岩寺住持，后改为承天能仁寺住持。为临济宗杨岐派大慧派晦机元熙法嗣。擅画花鸟，尤以兰花为长。著录作品有《光风转蕙图》《兰竹图》《悬崖双清图》《悬崖幽芳图》等，现有《兰草图》等流传海外。事见《图绘宝鉴》。

因陀罗，梵僧，活动于元代。其作品多流传于日本，有《禅机图》《丹霞烧佛图》《布袋图》《智常禅师图》《李渤参智常图》《寒山拾得图》《维摩图》《五祖再来图》等作品传世。

在这些僧侣画家里，梵隆可谓是南宋早期禅画的杰出代表。他本为镇江府延庆寺僧，因“异材瞻学，高操绝艺”得到了宋高宗的接见，而后出入宫廷、结交叶梦得（1077—1148）、葛胜仲（1072—1144）、汪藻（1079—1154）、陈与义（1090—1139）等权贵、文士。名扬天下后，高宗赐庵，居于万松岭金地山。他以山野之僧的身份，亲近帝王、权臣，并获得了极大的荣誉与地位，这在一定程度上反映了南宋上层，特别是文人士大夫阶层对禅法的接受与喜爱。其作品被孝宗赞赏曰：“水波不动，火光不兴。梵隆妙绝。”

他的两幅作品《罗汉渡海图》《十六应真图》皆是以写意山水为背景、人物作白描的方式绘

赏析：画家以浓墨粗笔造景，树石多用苔点表示，叶片则以细线勾勒，营造出宛如江南的景致，两身罗汉一乘龙、一骑狮，动物、人物的面目、衣着皆以淡墨、细线绘制，线条如李公麟般行云流水，但比李氏更为细腻、柔弱。对人、物的刻画细致入微。

图 4-14 《罗汉渡海图》(局部)，梵隆，南宋，纸本水墨，高 38.1 厘米，横 833.3 厘米，美国国立亚洲艺术博物馆藏

制而成，线条柔软细腻、变化丰富，人物的面部表情、衣衫、装饰刻画深入、细微。堪称白描绘画的精品。《罗汉渡海图》(图 4-14)，表现的是两身罗汉一乘龙、一骑狮，渡海即将到岸，龙王带着侍从眷属现身迎接的场景。“罗汉渡海”这一题材并没有佛典依据，可能是汉地民众对于罗汉神力的附会与想象。正因如此，画家得以自由发挥，不受图本、文献的约束。这幅作品中的罗汉与龙工，带有很强的世俗性，龙王、龙女的服饰比较华丽，体现出皇家富贵之相。

另一幅《十六应真图》(图 4-15) 以十六罗汉为主题，画卷近尾处的草丛中隐藏有“梵隆敬写”的小字，为其真迹无疑。“十六罗汉图”自五代以来一直是深受民间欢迎的佛教绘画题材，特别是五代时僧人贯休创立的范本，广为流行。

图 4-15 《十六应真图》，梵隆，南宋，纸本水墨，高 30.5 厘米，横 1062.5 厘米，美国国立亚洲艺术博物馆藏

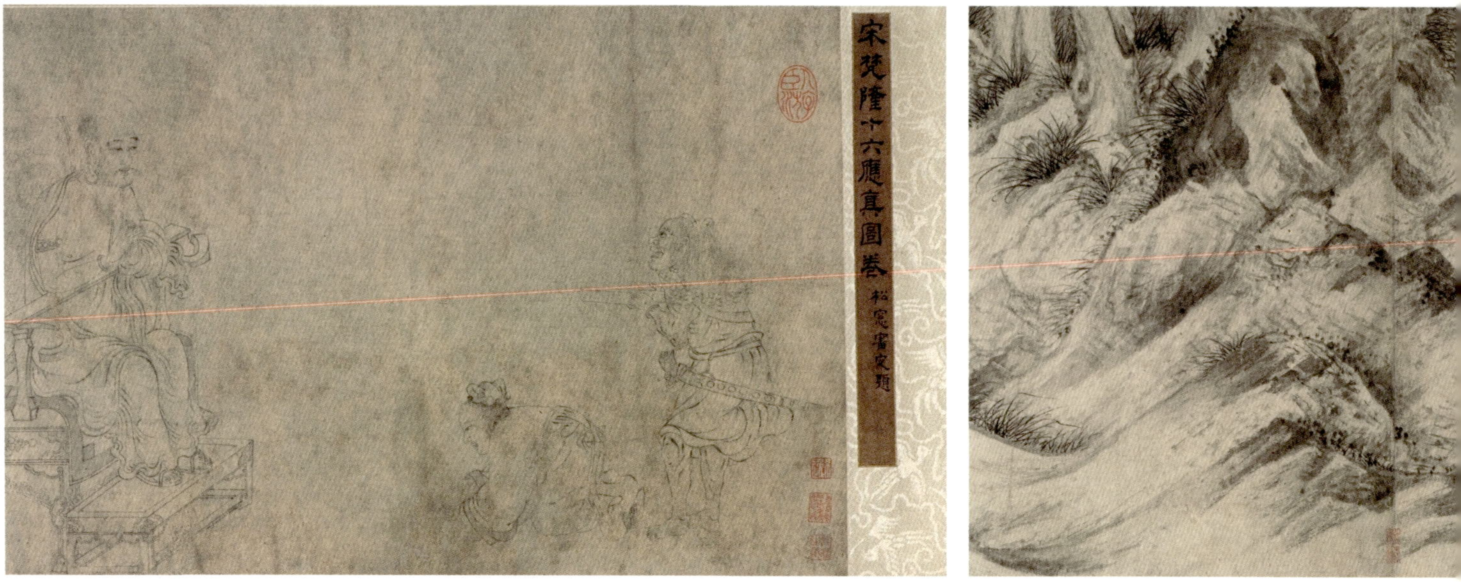

（局部）

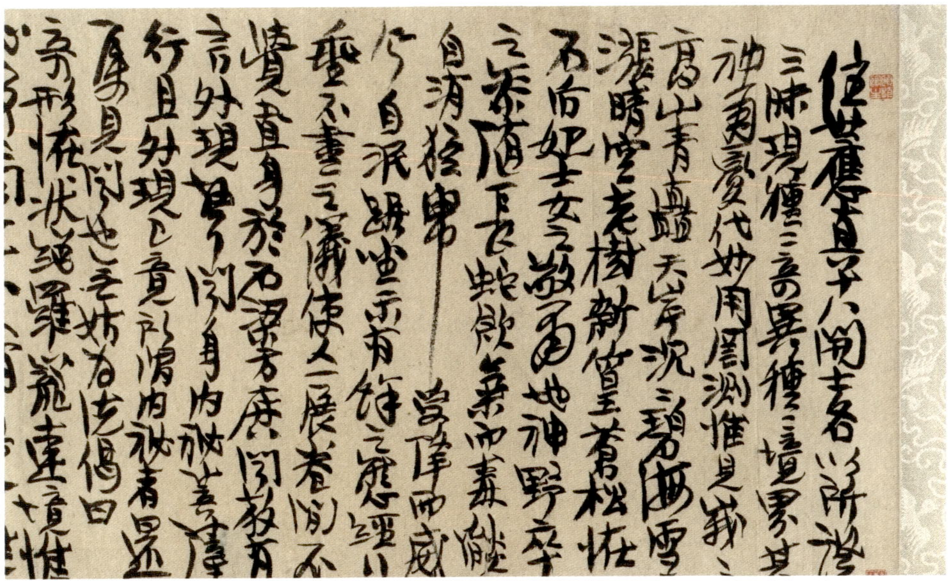

题识：

住世应真十八开士，各以所证三昧，现种种奇异、种种境界，其神通变化，妙用罔测。惟见峨峨高山，青矗天岸，沉沉碧海，雪涨晴空，老树新篁，苍松怪石，后妃士女之敬肃，地神野卒之参随，长蛇饮气而毒焰自消，猛虎受降而威风自泯，踞坐示有余之态，经行垂不尽之仪，使人一展卷间，不觉置身于石梁方广。闻教有言：“外现声闻身，内秘菩萨行。”且外现已竟，所谓内秘者，还属见闻也，无妨为说偈曰；奇形怪状绝罗笼，达境惟心事事同，一十八人消息外，难将豪楮画虚空。老辩提点行箧中藏此轴，一日禅暇举似，命为着语，以题于后。西天目山幻住老头陀明本敬书。（中峰明本）

十六声闻，游戏神通，向一毫端，较丝来线去，随形逐影，尚有这个，在明眼人前，八字打开，一见便见，虽然不知见个甚么。付之一默。铁船居士为一默上人书。

此十六大士，佛世比丘也。历劫为其寿命，神通游戏，飞行水陆，特余事耳。画师以笔端如幻三昧，幻出种种形相，譬犹取声，安置箧中，其可认为实耶？延佑叶治佛诞，睹西老谬行端。（元叟行端）

天启三年岁在癸亥又十月朔，观于武丘舟次。（董其昌）

赏析：整幅画作工整细致，以淡墨、细线勾画出十六罗汉的种种形态，2至3人为一组，每组罗汉带有侍者、随从，或禅思，或对谈，或说法，中间以山水树石分割成一个个单元，人物活动其中，颇有自然之趣。与五代贯休等人表现罗汉的“狂怪”之态不同，这幅作品中的罗汉形象端庄，多以汉地僧侣为原型，其中不乏眉目清秀者，展现了在佛教中国化的进程中，罗汉的形象从西域梵僧到汉地比丘的转变。

这幅《十六应真图》与以往作品不同在于，它表现的是十六罗汉所证三昧时的场景："现种种奇异、种种境界，其神通变化，妙用罔测。"故而在表现罗汉沉思、说法、读经、参禅等日常生活的基础上增加了种种神通的示现。如第四身罗汉坐在禅椅上读经，狮子口衔鲜花前来礼拜；第八身罗汉坐在装饰华丽的双凤屏风前，手持长柄香炉，身前天女跪地合十礼拜；第十五身罗汉在头戴东坡巾的山神与老虎的陪同下，巡视山野，身后隐隐跟着千万鬼怪、随从。与《罗汉渡海图》相类似的是，尽管画面的精致与工细符合宫廷的审美趣味，但是正如中峰明本禅师在题识所说的那样："'外现声闻身，内秘菩萨行。'且外现已竟，所谓内秘者，还属见闻也，无妨为说偈曰；奇形怪状绝罗笼，达境惟心事事同，一十八人消息外，难将豪楮画虚空。"画作以精细巧妙的罗汉的形象表现"自利、利他、圆满佛果"的菩萨行。罗汉本是"自渡"的小乘修行者，但是《十六应真图》中的罗汉有渡化天女、普通人、禽兽、鬼神等行为，秉承的正是菩萨之行。并且在中峰明本眼中，画面精妍的背后依然表现的是"万法惟空"。显然这与梵隆所用的细笔、淡墨所产生的美学效果密切相关：设色清淡、云烟飘忽的画面上，种种细节隐于其中。以空照万物，以万物写空。

对于真正隐居山间的禅僧来说，要具备梵隆这样高超的技艺并非易事，"不求形似"的墨戏似乎更适合他们参禅、抒怀之用。在禅意画上自赞或师友间相互题赞、唱和，使得禅语与书法、绘画巧妙地结合在了一起。临济宗高僧、被誉为"南宋佛教界泰斗"的径山万寿寺住持无准师范就非常善于题写图赞。他赠送给弟子的顶真像多有自己的亲笔题赞，或追忆师徒之情，或从顶真像上抒发机锋。《无准师范禅师语录》中就辑录了他写的赞文共 49 种，其中包括释迦出山、鱼篮观音、布袋和尚等佛教人物的"佛祖赞"32 种，自赞 17 种。这些赞文或是观像、观画有感而发，或是应他人之请而为，字、句之间都包含着禅机奥义。无准师范亦擅长书画，不少墨迹被其弟子带入日本，流传至今。《达摩图》（图 4–16）可能为其亲笔绘制的作品。画面中，以浓重粗笔简单地勾勒出达摩的衣衫，以淡墨细笔草草勾勒出达摩的深目高鼻，点染出浓密的须发，形象简单，类似梁楷的"减笔画"。符合无准师范赞达摩祖师禅语：

满面尽是胡须，当门却无版齿。纵不画影图形，东土有人识你。[①]

① ［宋］宗会、智折编：《无准师范禅师语录》卷五，《续藏经》第 121 册，台湾新文丰出版公司，1995 年，第 951 页。

赏析：这幅达摩胸像绘制手法十分简洁。达摩形象略有夸张，其髡发、无眼睑，眼睛鼓起，嘴朝下撇的形象令人望而生畏。衣纹表现简单而舒朗，寥寥数笔挥就而成，颇具书法意味。

图4-16《达摩图》，无准师范（传），南宋，纸本水墨，高90.7厘米，横49.3厘米，美国国立亚洲艺术博物馆藏

赞文与图像一样，都紧紧抓住了达摩祖师的特点，并强调了图像之外的意义。通过“满面尽是胡须”的绘画作品，表现的是对达摩祖师东传禅法的追思。故而要求图像能够简明扼要，删繁就简。

“删无可删”方显其要义，这种追求极简的禅宗美学特色，不光集中在人物画上，这一时期禅僧所绘的山水、花鸟画也都有所体现。若芬的山水画即体现了这一时期简逸之风。

> 僧若芬，字仲石，号玉涧。婺州金华人，著姓曹氏子。九岁剃度受业宝峰院。幼颖悟，学天台教，深解义趣。受具为临安天竺寺书记，遍游诸方，或风日清好，游目骋怀，必模写云山，托意□画□外。求者渐众，因谓：“世间宜假不宜真，如钱塘八月潮，西湖雪后诸峰，极天下伟观，二三子当面蹉过，却求芬道人数点残墨，可耶？”皈老家山，古涧侧流苍壁间占胜作亭，扁曰：玉涧，因以为号。专精作墨梅，师逃禅，又建阁对芙蓉峰，号“芙蓉峰主”。自悔沉痼于山水墨竹，是悟用心，尽欲屏去。一日，游山桥，见古木修篁而爱之，枕藉草上，仰观终日，复为好事者写其奇崛偃蹇之状，殆宿习未易除耳。尝题所画竹云：“不是老僧写出，晓来谁报平安。”[1]

比起梵隆的富贵无边与无准师范的桃李天下，若芬虽“师逃禅”却醉心山水、书画，也曾尽心“悔改”，然“宿习”不易改。因其观竹不去，引来众人围观的“风姿”颇有米芾拜石、梁楷挂带的痴气。但是从文中流露出的只言片语中，依然可以看出这是一位修禅颇深的“有道之士”。众人向他求画时说的“世间宜假不宜真”为宏智正觉评价达摩、廓然的禅语，意为世间万物皆幻相，故而皆假非真。若芬在画竹上题写的句子，典出唐代段成式（803？—863）的《酉阳杂俎续集》：“北都惟童子寺有竹一窠，才长数尺。相传其寺纲维每日报竹平安。”意为众生皆有佛性，竹亦如此。若芬的化用，体现出以笔墨写佛性的艺术追求。

他流传至今的作品《庐山图》（图 4–17）、《潇湘八景图》（图 4–18）用精简的笔法、隽永的墨色，在山水之间营造出空与禅的境界。《庐山图》以大笔挥墨涂写三个山峰，山头颜色浓重，山下清淡，宛如隐入云海之中。远处两个山峰不见笔意，只见墨色的丰富变化；近处的山头以斧劈皴和披麻解索皴绘成，展现出山石的坚硬结构。画面留白处有其亲题的禅句：“过溪一笑意何疏，千载风流入画图，

[1] 陈高华主编：《宋辽金画家史料》，文物出版社，1984 年，第 756 ～ 757 页。

图 4-17 《庐山图》，若芬，南宋，绢本水墨，高 35.5 厘米，横 62.7 厘米，日本冈山县立美术馆藏

题识：过溪一笑意何疏，千载风流入画图，回首社贤无觅处，炉峰香冷水云孤。玉涧。

赏析：若芬以大泼墨的方式绘制出庐山三峰，远山刻意在浓墨中留出一处空白，恰似庐山瀑布，近处则以长披麻皴绘制山头，营造出近景清晰、远景空蒙的视觉空间。整个画面墨色氤氲，变化丰富，宛如轻风细雨中的庐山诸峰。

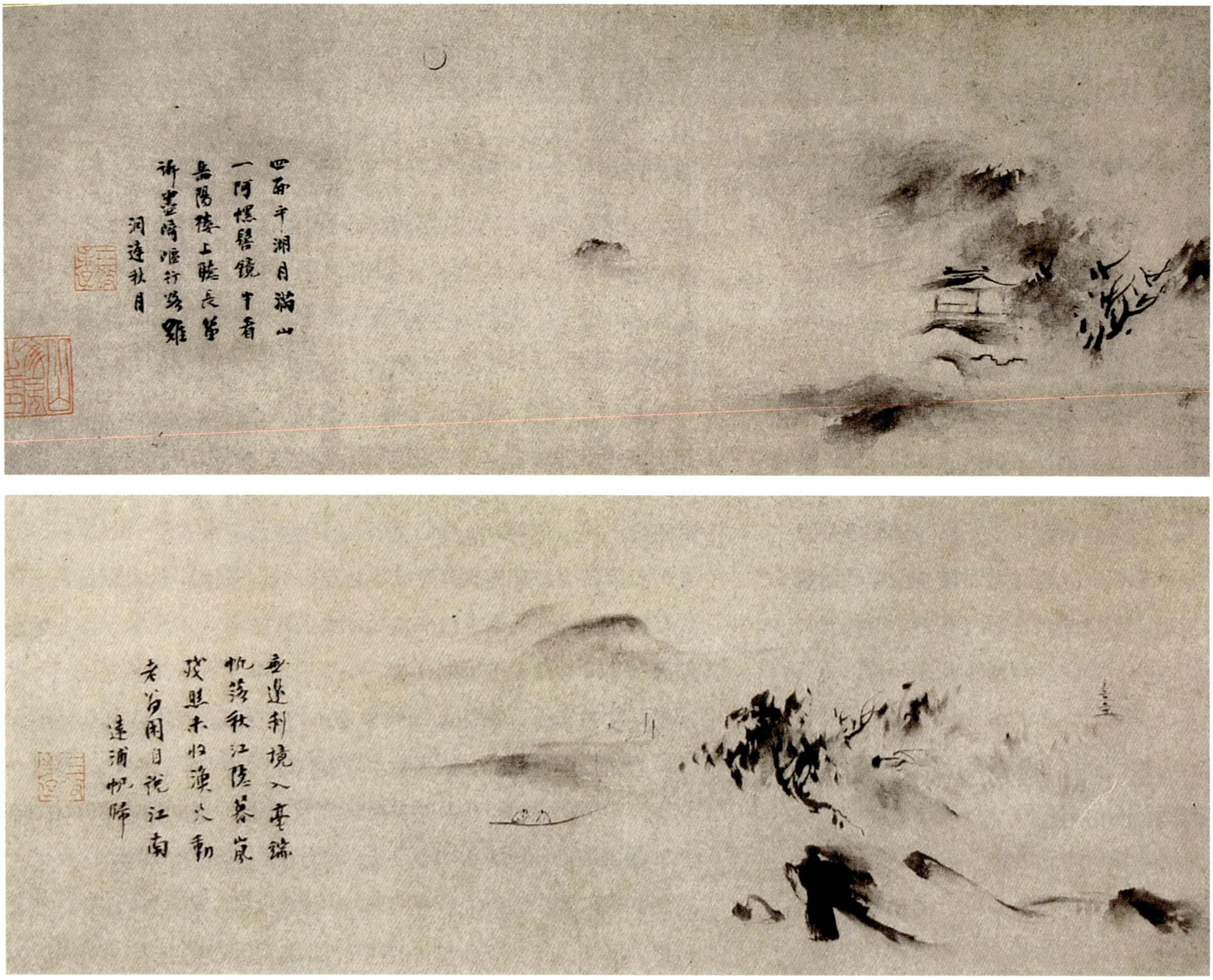

图 4-18 《潇湘八景图》之《洞庭秋月》《远浦帆归》，若芬，南宋，纸本水墨，上高 33.3 厘米，横 85.4 厘米；下高 30.6 厘米，横 76.9 厘米，日本德川美术馆藏

题识：

《洞庭秋月》：四面平湖月满山，一阿螺髻镜中看。岳阳楼上听长笛，诉尽崎岖行路难。

《远浦帆归》：无边刹境入毫端，帆落秋江隐暮岚。残照未收渔火动，老翁闲自说江南。

赏析：画面中墨色点点、笔触一二即成无我之空境，近处的深浓、远处的悠淡展示出开阔的空间距离，整个画面墨色迷离、景致模糊，以墨造景，以禅摄心，气韵悠然。

回首社贤无觅处，炉峰香冷水云孤。”庐山为东晋慧远大师结白莲社的地方，在佛教徒眼中有着特殊的意义。若芬的诗句见景畅怀，由墨色淋漓、恍惚幽微的《庐山图》回忆了慧远大师和虎溪三笑的禅机。《潇湘八景图》同样也是若芬用墨的代表性作品。“潇湘八景”是两宋时期流行的诗歌、绘画题材，这一图像最早为北宋时画家宋迪创造，而后成为沈括、苏轼、米芾等文人诗歌创作的题材，风行一时。慧洪、希叟绍昙禅师都曾诗歌吟咏。若芬所作的《潇湘八景图》主题为“平沙雁落”“远浦帆归”“山市晴岚”“江天暮雪”“洞庭秋月”“潇湘夜雨”“烟寺晚钟”“渔村落照”，今只余 3 幅，主题分别为“洞庭秋月”“远浦帆归”“山市晴岚”。画面居中的是大面积的留白，以泼墨、破墨等技法绘制的小景居于一边，以数点墨色堆积而成，却有近浓远淡的空间关系，较为随意的笔触勾勒出屋舍、树林，并使之与墨色融为一体，整个画面清雅秀丽，空灵大气，宛若烟雨江南。3 幅画作上，各有若芬自题的诗歌一首：

> 四面平湖月满山，一阿螺髻镜中看。岳阳楼上听长笛，诉尽崎岖行路难。(《洞庭秋月》)
>
> 无边刹境入毫端，帆落秋江隐暮岚。残照未收渔火动，老翁闲自说江南。(《远浦帆归》)
>
> 雨拖云角敛长沙，隐隐残虹带晚霞。最好市楮官柳外，酒旗摇曳客思家。(《山市晴岚》)

若芬试图用笔墨营造出“刹境”即禅境。他以禅意统摄艺术与真实，将山川融入笔墨，经过再次创造，最终展现出来的是“不可思议”的禅之境界。

僧人们抒发禅意同样也体现在花鸟画上。西湖六通寺僧萝窗的画作被人评价为“与牧溪画意相侔”。牧溪即南宋著名禅意画家法常。比如《竹鸡图》(图 4–19)，以工笔淡设色的方式绘制了一只立于幽竹下的白色公鸡。羽毛、鸡冠刻画入微。禅门之中，鸡谐音“机”，天明五更时正是参悟禅机的好时间。如黄龙慧南有禅语：“轻轻踏步恐人知，语笑分明更是谁。智者只此猛提取，莫待天明失却鸡。”以“捉鸡”指代“悟禅机”。画面上方有萝窗自题诗一首：“意在五更初，幽幽潜五德。瞻顾候明时，东方有精色。”五德即《天台戒疏》中的戒师五德——持戒、十腊、解律藏、通禅思、慧藏穷玄，为僧人的行为准则。由诗读画，可知这幅作品以凌立的公鸡喻指五更时潜心修行、禅定的僧人。

活动在宋末元初的文士温日观在宋亡后出家，居杭州玛瑙寺，法名子温。他性

题识：意在五更初，幽幽潜五德。瞻顾候明时，东方有精色。萝窗。

赏析：这幅作品以淡墨略施彩色，细笔勾勒出一只五更时分神采奕奕的白色公鸡。构图方式与法常的《竹鹤图》很接近。点景的竹枝以墨笔写意而成，公鸡的冠羽则刻画精细，特别是朱砂染就的鸡冠，犹如画龙点睛一般，彰显出公鸡的精气神。以此作为禅僧的写照，体现了修禅的精进努力。

图 4-19《竹鸡图》，萝窗，南宋，绢本设色，高 96.3 厘米，横 43.4 厘米，日本东京国立博物馆藏

图 4-20《墨葡萄图》，温日观，南宋，绢本水墨，高 33.2 厘米，横 26.1 厘米，日本东京国立博物馆藏

赏析：画家以大块墨色铺陈葡萄叶、草书性的线条勾连葡萄藤，再以墨珠点染葡萄，葡萄周边用淡墨晕染背景，高光处自然留白，墨色层次分明，足见技法高妙。虽写意绘画，但用笔考究、细腻，使得葡萄犹如工笔画一般写实，"戏笔"而为又尊重物象。

情刚烈，曾在宋亡后抨击元代江南释教都总统杨琏真迦。子温尤以擅画葡萄而闻名，人称"温葡萄"。其笔下的葡萄以墨点成，虽为写意画，但是细节精到。元代赵孟頫曾评价他："初若不经意，而枝叶肯綮，细玩之纤悉皆具，殆非学所能至。"流传至今的《墨葡萄图》(图 4-20）为兼工带写的小写意画作，葡萄用墨点染后，以留白的方式表现其高光处，使之具有体积感。再搭配以摇曳多姿的残叶、藤条，风中摇摆之状跃然纸上。这种处理方式既遵照了葡萄的客观性，又将自己国破家亡之后，宛如秋风中飘摇的心境传递出来。

第五节 禅僧法常

南宋至元这一时期，最重要、也是最具代表性的禅意画家当属杭州六通寺的僧人法常。据元人吴大素的《松斋梅谱》载：

> 僧法常，蜀人，号牧溪。喜画龙虎、猿、鹤、禽鸟、山水、树石、人物，不曾设色，多用蔗查□结，又皆随笔点墨而成，意思简当，不费妆缀。松竹梅兰，不具形似，荷芦写（此处疑有脱漏）俱有高致。一日造语伤贾似道，广捕而避罪于越丘家，所作甚多。惟三□帐为之绝品。后世变事释，圆寂于至元间。江南士大夫处今存遗迹，竹差少，芦雁亦多赝本，今存遗像在武林长相寺中。[①]

关于法常文献材料极少，生平更是寥寥数语，后世学者们通过文献、作品的多方考证方大致拼凑出其人生轨迹。[②] 当时的中国画坛，对于法常的绘画艺术并不十分欣赏，评价也不高，如：

> 善作龙虎、人物，芦雁、杂画，枯淡山野，诚非雅玩，仅可僧房道舍，以助清幽耳。
>
> 近世牧溪僧法常作墨戏，粗恶无古法。[③]

① 陈高华主编：《宋辽金画家史料》，文物出版社，1984 年，第 779 页。
② 徐建融：《法常禅画艺术》，上海人民美术出版社，1989 年，第 36 页。
③ 陈高华主编：《宋辽金画家史料》，文物出版社，1984 年，第 779 ～ 780 页。

法常的画作之所以被贬斥，是因为其创新式的墨戏，与宋末元初尊崇“古意”的画风截然相反。元代初期，以赵孟頫为代表的文人画家提倡“作画贵有古意，若无古意，虽工无益”。古意即以晋唐的高古、精细之风为尚，南宋时阔达、舒朗的写意风气常被视为粗糙、潦草。故而将南宋的写意性发挥到极致的法常不落时人之眼。

但是法常的画作在日本却意外地受欢迎，并且随着禅宗在日本的发展，法常成为禅宗绘画的标志性人物，并且在日本建立起了系统而深入的法常研究。[①]1938年日本学者金原省悟考证出了法常为临济宗高僧无准师范的法脉，与日僧圆尔辨圆师出同门。圆尔辨圆在淳祐元年（1241）归国时就携带了大量法常的画作。由于受到日僧的青睐，现存法常的画作大量藏于日本。据《御物御画目录》载，日本在室町幕府时期，收藏有法常的画作103件，其中道释人物38件、花鸟53件、山水12件。[②]当然，其中包含不少伪作及托名法常的作品。

《观音·猿·鹤图》（图4–21）组画是目前所知最为确切的法常真迹。这组水墨淡设色的作品为圆尔辨圆在1241年带回日本。后归足利幕府，再转入今川义元（1519—1560）之手。今川家庙妙心寺第三十五代住持太原崇孚为了整修山门，将之卖与京都大德寺，遂于大德寺保存至今，被定为日本国宝。关于这组尺寸相当的作品，学界有“三幅一对”与“异种配合”两种说法。日本学者小川裕充提出，这3幅作品表现的是母子主题，猿代表着母子相依，鹤象征着母子分离，而观音则代表了母性的象征意义。[③]这一颇有新意的解读，从内容上论证了3幅作品为一组的合理之处。3幅作品风格相同，用笔清晰、设色淡雅。从画面形式上看，《竹鹤图》中鹤面向画面右侧走动，《松猿图》中母猿向左伸出的手臂，二者都将视觉的重心引向中间的观音，使得画面形成一个闭合的视觉区间，故而很可能为一组画作。

《竹鹤图》的画面左侧画翠竹一丛，一只丹顶鹤大步向右走去，扬首张喙，状若鸣叫，背后以淡墨晕染出烟云背景。佛门之中，白鹤是长寿的象征，如《阿弥陀经疏》中载：

> 白鹤者，《相鹤经》曰：体尚洁故其色白，声闻天故其顶赤，食于水故其啄长，轩于前故后指短，栖于陆故足高而尾凋，翔于空故毛丰而肉

① ［日］金原省吾：《支那绘画史》，古今书院，1938年。［日］谷信一：《室町時代美术史论》，东京堂，1943年。［日］户田祯佑：《水墨美术大系卷三：牧溪玉涧》，讲谈社，1978年。［日］松下隆章、铃木敬：《宋元名画（梁楷·牧溪·玉涧）》，聚乐社，1956年。［日］海老根聪郎：《牧溪：憧憬的水墨画（图录）》，五岛美术馆，1996年。

② ［日］谷信一：《室町時代美术史论》，东京堂，1943年，第98页。

③ ［日］小川裕充：《牧谿—古典主義の変容上》，《美術史論叢》，1988年第4期。

图 4－21 《观音·猿·鹤图》，法常，南宋，绢本水墨。《观音图》高 172.2 厘米，横 97.6 厘米；《松猿图》高 177.3 厘米，横 99.3 厘米；《竹鹤图》高 177.3 厘米，横 99.3 厘米。日本大德寺藏

赏析：3 幅作品以观音为中心，兼工带写，布景以大写意挥就，人物、动物则以工笔刻画，营造出宁静而祥和的禅境。观音身穿白衣、不做过多装饰，宛如在山岩间禅定的僧侣。仙鹤昂首阔步在云气氤氲中前行，双猿攀于枯木之上，二者仿佛陪伴观音修行一般。

疏，大喉以吐故，修颈以纳新，故生天寿不可量。[①]

《松猿图》绘制两只踞于枯木之上的母子猿猴。猿猴色黑而白面，母猿一臂揽住小猿，另一臂横指。小猿则偎依着母亲，母子情深之意跃然纸上。佛教世界里猿猴常常是跳脱心识的代表。如著名的譬喻“六窗一猿”，以眼耳等六根譬六窗，心识譬一猕猴，“六识之心随根，虽别体性是一，往来彼此，如一猕猴六窗现，俱非有六猴。心识如是，六根中现非有六心”[②]。禅门里鹤与猿常常一同出现，象征着调服心境之后，达到的禅悦，如：

山云冉冉，江水茫茫。正不居位，偏不涉傍。显而不露，隐而弥彰。猿啼古木音声急，鹤宿枯松梦寐长。[③]

止水怀月，空山吐云。清白自若，高间不群。丘壑性灵兮猿鹤得伴，江湖情味兮鸥鹭相分。[④]

微风静林杪，红日下岩阿。明月出已满，白云归未多。高应伴猿鹤，深不暗松萝。若弗为霖去，其如旱岁何。[⑤]

禅师的诗歌，以在自然环境中猿、鹤相伴来表现自己禅悟后内心的清净与豁达。而《观音图》这幅作品的主题也正是如此。画面中，观音菩萨身穿白衣，头披风帽，面容肃穆，结跏趺坐、禅定于山石之间，一旁放着杨枝净瓶。这一图像参照了自唐以来流行的“水月观音”，但是将观音的身姿由游戏坐变成了禅定坐，以观音来体现禅的状态。三件作品，左右的《竹鹤图》《松猿图》合二为一，将含义直指中间一幅《观音图》，用观音的慈悲禅定来统摄另外两幅画的意境，画虽3幅，但主题圆融无二。

相对于《观音·猿·鹤图》的严谨、细致，另外几幅传为法常的人物画作《朝阳图》（图4–22）、《五祖荷锄图》（图4–23）、《政黄牛图》（图4–24）等都是典型的简笔人物画，更集中体现了禅宗美学。这些作品不画背景，单纯以简单的线条或墨块来造型，但是动作、关键性的道具都予以突出刻画，让人能够一眼判断出绘画的内容，从而迅速领悟画面蕴含的禅机。如《朝阳图》又名《补衲图》，表

① ［宋］智圆述：《阿弥陀经疏》卷一，《大正藏》第37册，第354页。
② ［隋］慧远：《大乘起信论义疏》卷二，《大正藏》第44册，第196页。
③ ［宋］集成等编：《宏智禅师广录》卷一，《大正藏》第48册，第2页。
④ 同上书，第118页。
⑤ ［宋］契嵩：《镡津文集》卷十七，《大正藏》第52册，第740页。

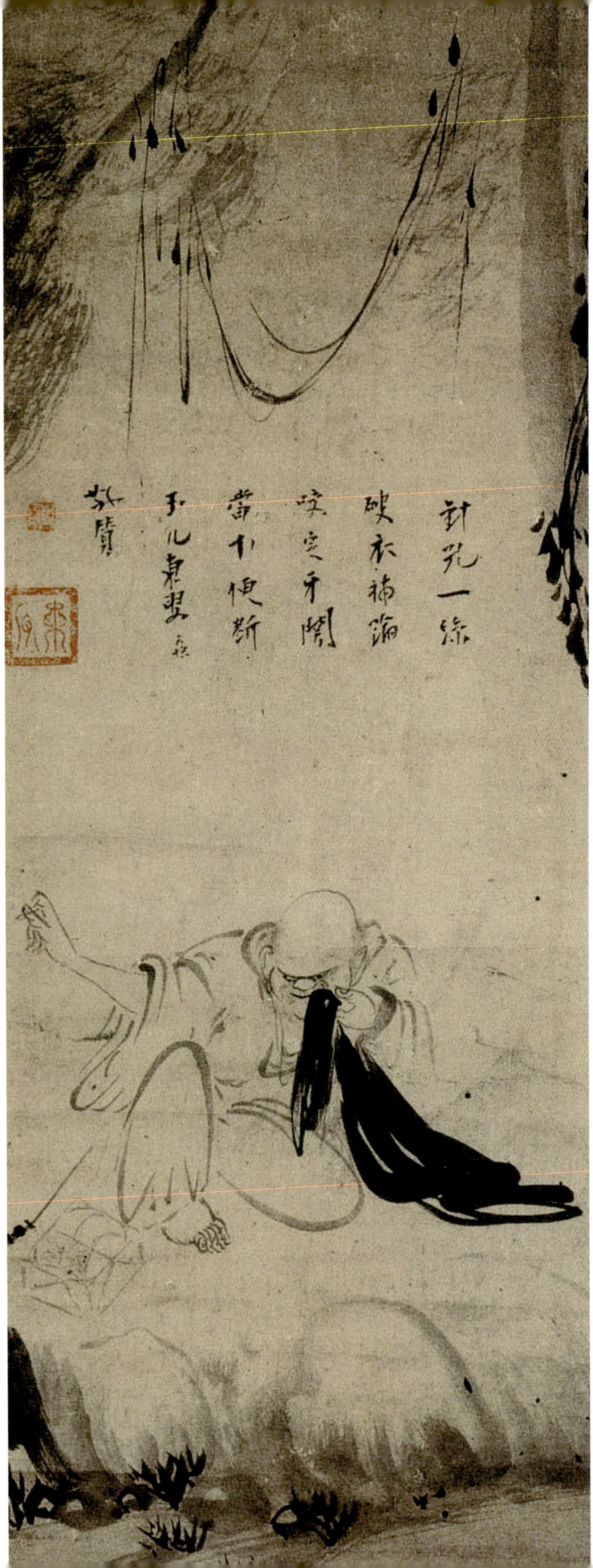

题识：针孔一丝，破衣补漏。咬定牙关，当下便断。玉儿东叟元恺敬赞。

赏析：画面中表现僧人补衲咬断线头的一瞬动态，恰似禅僧开悟的一刹那。画面中唯一的重色为僧人修补的袈裟，昭示着作品的"题眼"。与《观音·猿·鹤图》的工整相比，这幅作品为纯粹的写意人物画，从中可以看出法常对梁楷绘画的继承。

图 4-22 《朝阳图》(局部)，法常（传），南宋，纸本水墨，高 84.5 厘米，横 30.5 厘米，日本文化厅藏

题识：白发垂垂弊衣，褴褛投胎不择。人错入江头路，钝钁无锋青。松有子破头山。下多风雨。净慈，悟逸，赞。

赏析：画家以淡墨粗笔勾画五祖的前生栽松道人，虽只有简单的线条，但人物弯腰驼背的老态跃然纸上，眉目也只有细线刻画的几笔，但是嘴角与眉梢洋溢着闻法后的欣喜，浓墨点出锄头（画面为钁头），维持着画面的平衡又点出故事的核心。

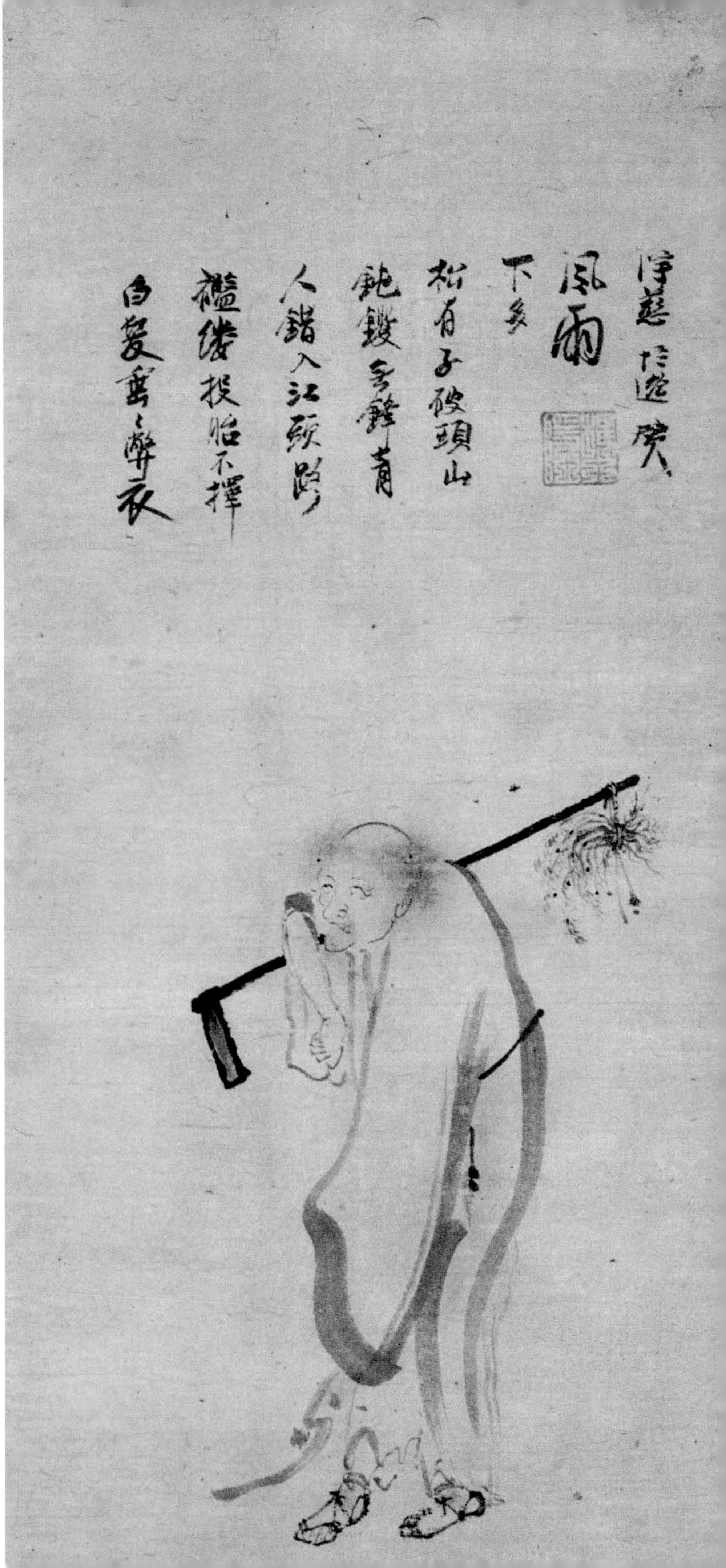

图 4-23 《五祖荷锄图》（局部），法常（传），南宋至元，纸本水墨，高 86.3 厘米，横 35.8 厘米，日本福冈市美术馆藏

题识：不赴杭州国士筵，湖光山色饱风烟。有时吟得到家句，海底泥牛角指天。丙寅十一月望，清拙叟。(清拙正澄)

赏析：画面中，减笔勾勒的惟政禅师骑牛而行，上身略往前倾，衣带往身后飘动，营造出前行的动态。牛的刻画较为细致，墨染形体之后，用细笔勾画牛毛，体现了南宋写实性动物画的传统，与写意的人物画形成鲜明对比。

图 4–24 《政黄牛图》，法常（传），南宋，纸本水墨，高 67.3 厘米，横 32 厘米，日本福冈市美术馆藏

现的是一位身形肥胖的僧人坐在山间修补袈裟，此刻正是最后的打结、收尾阶段，他用嘴咬去线头，僧人的面容、动作线条都以淡墨绘制而成，而袈裟却是浓重的一笔，与人物对比强烈。上有玉儿东叟元恺题赞。

玉儿东叟元恺即南宋高僧大川普济禅师的法嗣蒋山东叟元恺禅师，《续传灯录》有载。画面上短短的两句题赞包含了"破衣补漏"与"当下便断"的禅机，点出了补衲高僧这一形象的佛教内涵。"朝阳补衲"与"对月看经"是禅门中表现禅机的一对常见意象。《东坡禅喜集》中记录了苏轼的朋友佛印了元对"补衲"的解释：

> 吾以法眼视之，一一针孔有无量世界，满中众生。所有毛窍所衣之衣，针孔践蹊，悉为世界。如是展转经八十反。吾佛光明之所照与吾君圣德之所被，如以大海注一毛窍，如以大地塞一针孔，曾何嵎夷昧谷交址幽都之足云乎？当知，此衲非大非小，非短非长，非重非轻，非薄非厚，非色非空。一切世间，折胶堕指。此衲不寒，铄石流金。此衲不热，五浊流浪。此衲不垢，劫火洞然。此衲不坏，云何以有思惟心，生下劣想。于是，蜀人苏轼闻而赞之曰：
>
> 匣而藏之，见衲而不见师。衣而不匣，见师而不见衲。惟师与衲，非一非两。眇而视之，虮虱龙象。①

在禅僧眼中，佛衣、袈裟是蕴含世间万物的法则。补衲即禅僧以心灵对照世界、参悟世界的象征，故而画面意义上的补衲，实则表现禅僧的禅悟。而禅僧低头咬线头的"当下便断"，则是神来之笔，宛如当头一棒，体现了断去一切的禅宗精神。

《五祖荷锄图》与《政黄牛图》则是写意式禅宗祖师像的代表。"五祖荷锄"表现的是禅宗五祖弘忍前生的故事，事见《佛祖统纪》：

> 四祖信禅师居破头山，有老僧号栽松道者，请曰："法道可得闻乎？"祖曰："汝老矣，使有所闻何能广化，能再来吾尚可待。"乃去行水边，见周氏女浣衣，揖求寄宿归而孕。父母逐之，日庸纺里中，夕宿众馆。及生一子弃水中，明日见溯流而上，气盛体洁，遂举之。常随母

① ［明］徐长孺编：《东坡禅喜集》卷二，《大正藏补编》第26册，第693页。

乞食。见四祖于黄梅道中，祖语其母令出家，是为弘忍禅师。[①]

画面中的载松道人荷锄担草、蓬头垢面却满面笑意。与《朝阳图》相似的是，人物的衣衫、面容皆用淡墨，唯关键性的锄头以浓墨绘成。人物衣衫纹理极其简单，只用充满书法性的线条，勾画了外部轮廓，使得整个人物有飘飘欲仙之感。画面上方有元代临济宗樵隐悟逸禅师的题赞。

以五祖的前世因缘抒发对世间无常法的感叹，与简单画面营造出的空幻感相互应和，达到了词、画合一的地步。

《政黄牛图》的用笔较《五祖荷锄图》细致，细密的线条勾勒出惟政禅师（986—1049）骑在黄牛背上傲然前行的姿态。禅师活动在北宋真宗时期，居杭州功臣山，侍郎蒋堂出镇钱塘时，与惟政禅师交好。惟政禅师去拜访他时，常常骑着黄牛，牛角上挂着巾、瓶等物，人们争相观看，他却坦然自若，故而人称政黄牛。一次蒋堂欲设宴，邀请惟政禅师参加，他却留偈而去：

昨日曾将今日期，出门倚杖又思惟。为僧只合居岩谷，国士筵中甚不宜，坐客皆仰其标致。

桥上山万层，桥下水千里。唯有白鹭鸶，见我常来此。[②]

偈语中体现了惟政禅师一心寄托山岳、自然，对于世俗的繁华毫不在意。这样的心境被看作是禅修者的标准，后世禅师对此多有吟咏。

朝看白云去，暮骑黄犊归。山穷桥断处，鹭鸶那得知。（虚堂智愚）[③]

清旷情怀世莫羁，放心异类乐斯时。千山万水无穷意，只许滩头白鹭知。（肯庵圆悟禅师）[④]

这些都是对惟政禅师寄心于天地、自然发出由衷的赞叹。这幅画作也是如此，画面线条用墨同样以淡色为主，衣衫下摆、缰绳等处的浓墨线条使得画作充满了

① ［宋］志磐：《佛祖统纪》卷三十九，《大正藏》第 49 册，第 366 页。
② ［宋］慧洪：《禅林僧宝传》卷十九，《续藏经》第 137 册，台湾新文丰出版公司，1995 年，第 516 页。
③ ［宋］妙源编：《虚堂和尚语录》卷六，《大正藏》第 47 册，第 1031 页。
④ ［宋］师明集：《续古尊宿语要》卷四，《续藏经》第 119 册，台湾新文丰出版公司，1995 年，第 57 页。

自然感与韵律感。画面上方有元代东渡日本的临济宗僧人清拙正澄（1274—1339）在1326年的题赞。

与前述禅师不同的是，清拙正澄使用了“泥牛入海”的禅宗典故。这一词语最早出自洞山悟本禅师的禅语：“我见两个泥牛斗入海，直至于今绝消息。”意为事物如同泥做的牛入海，消逝无踪，比喻一切皆空。故而在清拙正澄的眼中，惟政禅师言辞优美的偈语也好，法常高妙的绘画也好，都是泥牛入海般的空幻。

法常的人物画将禅机隐藏在主人翁的形象、故事里，从中能够解读出机锋所在。而他的山水画则是将禅意融化在意境、景物的营造中，将禅宗美学贯穿于赋彩设色、经营位置、气韵流动里。如其禅意山水画的代表作《潇湘八景图》(图4-25)，今余《远浦归帆》《烟寺晚钟》《渔村夕照》《平沙落雁》《洞庭秋月》《潇湘夜雨》6幅，散藏于日本多个艺术机构。相比若芬的精练与抽象，法常的这组作品墨色更为清淡，并且部分保持着南宋小品的写实与隽永。北宋时禅僧慧洪在《石门文字禅》中将“潇湘八景图”称为“无声句”“八景诗”“无声诗”，法常的画作堪称“此处无声胜有声”。如《渔村夕照》采用一水隔三山的构图方式，描绘了近处的汀岸、屋舍，远处的群山及笼罩在水面上的烟云，画面空蒙而有层次。另一幅《平沙落雁》则是将空之境界发挥到了极致，以极为清淡的松烟墨轻染远山，水面与天空皆为留白处理。水天交接的一群飞雁分割开了水与天，颇有画龙点睛之效。《潇湘夜雨》更是以墨色写空幻的典范，画家将水墨融为一体，表现出夜雨的混沌空间，中间隐约有柳树、船只。夜雨中的万物如同水月镜花一般，恍若幻象。

与山水作品相似的是，法常的花鸟画也充分发挥了墨色的丰富性。其花鸟画具有水墨淋漓的视觉效果，以至于日本学者有“濡鸠”“濡燕”的称谓。如《莲燕图》(图4-26)，以折枝花鸟的方式，展现鸟雀栖息姿态。燕雀为浓黑的墨色绘成，自头、翎、翅膀、尾羽又有色泽轻重区分，过渡自然，体现了水与墨的精妙变化。此作品虽为写意画，但是保留着宋代写实性花鸟的传统，燕雀的形态、动作显示出画家的细致观察。但周围的点景却只有一枝墨色清淡的莲蓬、两三笔而成的水草，与浓黑的燕雀形成颜色、虚实的强烈对比。此外，法常的花鸟画还有随意勾画的一类。这类作品的随意感更彰显出禅意的无心而发。如《六柿图》(图4-27)是法常极简风格的代表：秋天成熟的红柿，以六个深浅不一的墨块表现，画面凝练，多不可减、少不可逾，将禅宗尚简的美学特征发挥到了极致。

图 4-25 《潇湘八景图》(局部)，法常，南宋至元，纸本水墨。《远浦归帆》，高 32.3 厘米，横 103.6 厘米，日本京都国立博物馆藏；《烟寺晚钟》，高 33 厘米，横 104 厘米，日本畠山纪念馆藏；《渔村夕照》，高 33.3 厘米，横 113.3 厘米，日本根津美术馆藏；《平沙落雁》，高 32.4 厘米，横 93 厘米，日本出光美术馆藏；《洞庭秋月》，高 29.4 厘米，横 93.1 厘米，日本德川美术馆藏；《潇湘夜雨》，高 29.8 厘米，横 96.2 厘米，日本私人收藏

赏析：这套作品以水墨写江南小景，墨色清淡而变幻多端。部分局部可见树石笔意，了了清晰，大部分则将景物混沌在墨色之中，以一两处写实的景物点明画作主题。通过水与墨的自然融合展现出气象氤氲、圆融无迹的世界。在这个禅境中，烟云融合了硬质的山、柔质的水，晕染了人工的屋舍、船只，体现了心化大千的禅宗世界观。

赏析：画家将浓墨重笔绘制的燕雀置于画面中心，再以淡墨绘制燕雀栖息的莲蓬、两三笔略过的水草，使得物象虽集中于画面一侧，却重心协调。画面简淡却呈现出萧瑟、枯槁之美，一片小景，足见满塘秋色。

图 4-26 《莲燕图》，法常，南宋，纸本水墨，高 71.4 厘米，横 30.1 厘米，日本三井文库藏

图 4-27 《六柿图》，法常，南宋，纸本水墨，高 42.5 厘米，横 37 厘米，日本龙光院藏

赏析："六柿"谐音"六时"，即晨朝、日中、日没、初夜、中夜、后夜。佛门中"六时吉祥"是常见的祝福语。这幅作品即一幅"吉利画"。但是法常以颜色不一的墨块表示柿子，放弃外物的形象的写实，而归于本体之"真"，寓禅意于形式之外，写精华于浓淡之中。

第六节 南宋遗风

尽管元朝统治者对于江南禅宗僧团多有礼遇，禅僧们的交游、艺术活动也继续如前，但是梁楷、牧溪等人开创的减笔、写意人物画传统却在这一时期逐渐走向衰落。元代初期由赵孟𫖯倡导的“复古”思潮使得画家着意在晋唐艺术中吸收养分，厚重的青绿人物、浅绛山水流行开来。赵孟𫖯的《红衣罗汉图》（图 4–28）是元初“复古”绘画的代表。这幅作品采取青绿设色的方式绘制而成，表现了一位身穿红衣的罗汉在树下说法的场景。石绿与朱砂的鲜明对比色、罗汉结跏趺坐、座下放双僧鞋的做法，无不让人想起唐代的敦煌壁画，画面高雅，古意盎然。

高古画风的流行，让法常及其传派颇受冷遇。但是禅门的兴盛与禅悟精神的延续，使得秉承禅宗美学的画家依然坚持自己独具一格的艺术创作。这类作品同样在日本大受欢迎，形成了“西方不亮，东方亮”的局面。

由宋入元的画家颜辉就是这样的一个例子。关于颜辉的生平、经历记载极少，夏文彦的《画继补遗》中只有寥寥数语的介绍：“颜辉，字秋月，庐陵人，宋末时，能画山水、人物、鬼神。士大夫皆敬爱之。”日本学者近藤秀实通过对中、日多种文献的综合分析，考证出他大致生平①，知其擅作水墨、壁画。元大德（1297—1307）年间，他曾在吉州（今江西吉安）辅顺庙绘制壁画，与元代临济宗高僧天如惟则相友善。他的不少作品在元末明初被日本留学僧带回，从而在日本形成了广泛而深入的影响力。今有《寒山拾得图》《蛤蟆仙人像》《水月观音图》

① ［日］近藤秀实著，于濬涛译：《论颜辉——魂魄游离的世界》，《故宫博物院院刊》，1996 年第 2 期，第 37 ～ 55 页。

《十六罗汉图》等作品传世。

《寒山拾得图》（图 4–29）东传到日本后为僧俗所重。寒山与拾得在不同的画面中，均身穿僧袍、蓬发、露齿大笑。寒山手持扫帚，拾得双手拢于袖内。人物的画法与梁楷的画作有颇多相似之处，寒山、拾得的面部为细笔重彩、精细刻画，以粗笔写意式勾勒衣衫轮廓，以墨色轻染内部。与常见的寒山拾得题材绘画作品不同的是，此画人物面部刻画得非常丑陋，咧开嘴露出齿的笑意流露出癫狂之态。这种夸张的外表，恰好体现出两位散圣通达一切的觉悟。如《寒山诗》中载：

> 我见出家人，不习出家学。欲知真出家，心净无绳索。澄澄绝玄妙，如如无倚托。三界任纵横，四生不可泊。无为无事人，逍遥实快乐。[①]

衣着与表情的放任，体现出寒山与拾得“不习出家学”、不受世间法拘束的性格特点，而蕴藏在内的则是心净与逍遥快乐。

颜辉另外一幅作品《蛤蟆仙人图》（图 4–30）的绘制手法、风格与《寒山拾得图》趋同。这幅作品表现的是元代盛行的全真道北五祖之一的刘海蟾，在民间被尊为财神，有着广泛的信徒基础。故而颜辉在表现这身人物时也带有一定的民俗色彩。刘海蟾背着象征财富的金蟾，手里拿着代表长寿的仙桃，都是普通百姓们喜闻乐见之物。人物面部丑陋、衣衫褴褛，同样通过人物放荡不羁的外表来表现内心的逍遥。这种不求外表皮相，执着于内心境界的绘画方式，可以看作是禅宗精神的外化。在此，禅意已经不再局限于宗教、人物身份，而成为某种生命状态的外化。

尽管颜辉的画作以“丑”而闻名，但也有些作品反映出了他对佛法的恭敬之心。如《水月观音图》（图 4–31）是一幅水墨淡设色的作品。与法常的《观音图》在人物服饰、意境营造上比较接近。观音头戴化佛冠，风帽披拂于发髻之上。眉眼细长，容貌秀美，身穿白衣，交脚坐于山岩之上，双手抱膝；身旁放着净瓶，身后为圆形的光轮、松石、瀑布，足下是起伏的波涛。观音的坐姿间于“游戏坐”和“禅定坐”之间，同法常的画作一样，这是一幅白衣禅定观音。圆月般的光轮与波涛合为“水月”的空幻之相，观音的禅定思维则是解脱空幻的不二法门。整个画面笼罩在安宁与和谐之中，正如颜辉的好友天如惟则禅师吟诵的诗句：“鹦鹉净瓶无着处，善财龙女不相随。寥寥独坐闲如我，政是众生界尽时。”[②]

---

① ［明］王宗沐集：《寒山子诗集》，《嘉兴大藏经》第 20 册，台湾新文丰出版公司，1987 年，第 664 页。
② ［元］善遇编：《天如惟则禅师语录》卷五，《续藏经》第 122 册，台湾新文丰出版公司，1995 年，第 888 页。

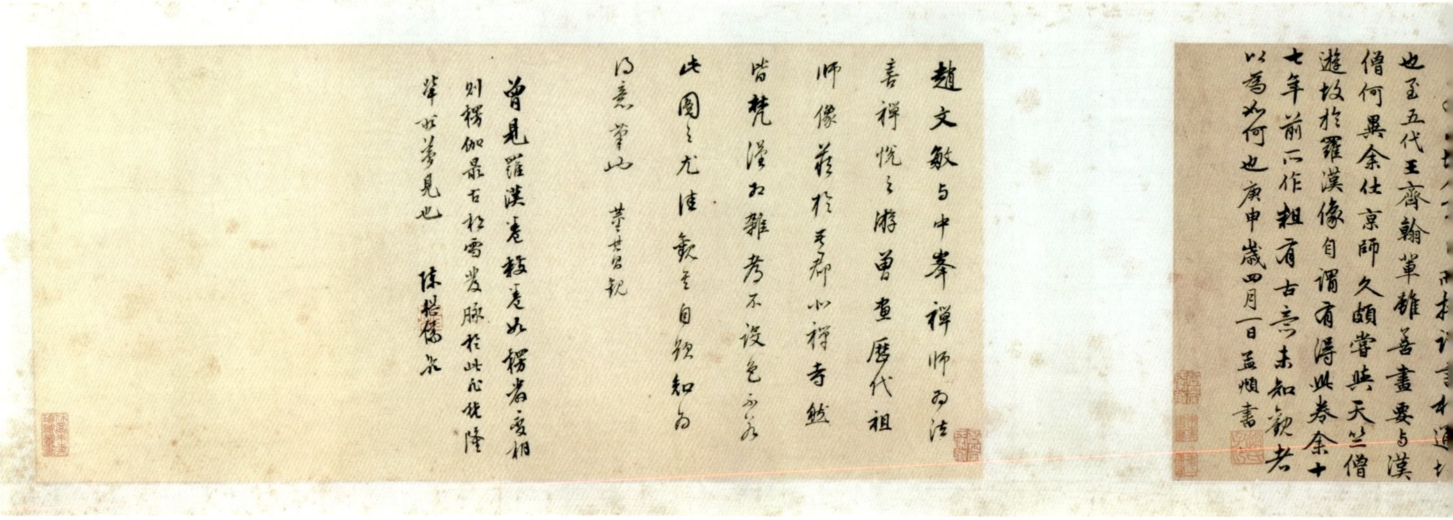

图 4-28 《红衣罗汉图》，赵孟頫，元，绢本设色，高 26 厘米，横 52 厘米，辽宁省博物馆藏

（局部）

题识：

大德八年，暮春之初。吴兴赵孟頫子昂画。

余尝见卢楞伽罗汉像，最得西域人情态，故优入圣域。盖唐时京师多有西域人，耳目所接，语言相通故也，至五代王齐翰辈，虽善画，要与汉僧何异？余仕京师久，颇尝与天竺僧游，故于罗汉像自谓有得，此卷余十七年前所作，粗有古意，未知观者以为如何也。庚申岁四月一日，孟頫书。

赏析：这幅作品在构图方式、人物动作方面有明显模仿唐代罗汉图的痕迹。树石以石青、石绿加以设色晕染，利用晋唐时期山水画的技法加以改造，形成自己独特的风格。罗汉面部以工笔刻画，形貌写实，袈裟、座毯以红色晕染而成，使得整个画作兼具沉着与鲜亮的特点。

图 4-29 《寒山拾得图》，颜辉，元，绢本设色，各高 127.6 厘米，横 41.8 厘米，日本东京国立博物馆藏

赏析：画面中寒山（左）、拾得（右）面容写实却表情夸张，两人露出的牙齿与寒山尖锐的长指甲突出了人物的散逸之姿。衣衫以粗黑的硬质线条勾勒外轮廓，再以淡墨皴染衣衫，使得寒山、拾得所穿的僧袍呈现出山石般的效果，具有体积感与分量感。

赏析：这幅作品尺寸巨大，画中的蛤蟆仙人几乎与真人等大，视觉效果强烈。全图笔力深厚，人物衣衫轮廓作粗笔，面部及图像细节为细笔勾画，赋彩少而精，引人注目。背负金蟾的形象来源于“刘海戏蟾”的民间传说。人物面容丑陋，具有一定的喜剧效果。从金蟾和仙桃等细节判断，这可能是一幅祝寿的作品。

图4-30《蛤蟆仙人图》，颜辉，元，绢本设色，高191.3厘米、横79.8厘米，日本知恩寺藏

赏析：观音面容秀美，神情安详，双手抱膝，两腿交叠，坐于岩石上，貌若禅定。身后的瀑布、足下的波浪，宛如处于普陀洛迦山中。观音天衣轻薄，璎珞、臂膀隐约可见。观音右侧的蓝色琉璃钵里放有杨柳净瓶，为画面中唯一的彩色。其余以水墨绘制，墨色淡雅柔和，观音身后的身光宛如圆月一般，营造出天光忽开的视觉效果。

图4–31《水月观音图》，颜辉，元，绢本设色，高168.8厘米，横90厘米，美国纳尔逊–阿特金斯美术馆藏

颜辉的画作以写实的技法、略带夸张的人物形象展现了禅宗精神。另一位活动在元代的画家因陀罗，则继承了梁楷画风的精髓。中国古代画史中几乎没有对画僧因陀罗的记载，目前学界对因陀罗的研究主要依靠日本文献及他东传到海外的作品。成书于日本室町幕府时代（1336—1573）的《君台观左右帐记》中有“因陀罗，天竺寺梵僧，人物道释”的记载。因陀罗的现存画作上多有元代著名禅僧楚石梵琦的题赞，楚石梵琦为天宁永柞寺住持，故而有学者推断因陀罗为与楚石梵琦同时期居住在永柞寺的梵僧[1]。他流传至今的作品有《布袋图》《李渤参智常图》《寒山拾得图》《丹霞烧佛图》《智常禅师图》等，皆为禅宗祖师或禅门散圣的公案故事。这些以秃笔绘制的简笔人物画，比之梁楷的风格，更加干练清爽。

如《布袋图》（图 4–32），描绘了布袋和尚与其弟子蒋宗霸对谈的场景。画面上方有楚石梵琦的题赞。可知这幅作品表现的是布袋和尚与蒋宗霸之间的师徒情谊。

> （布袋和尚）至四明，与郡人蒋宗霸游。出处饮食，相往来尤密。教其念摩诃般若波罗蜜多为日课，世因呼宗霸为摩诃居士。一日，与浴长汀溪中，使摩诃揩背。忽见师背有四目，烱然光粲。摩诃惊骇，作礼曰：“和尚是佛也。”师曰：“勿说，吾与汝相聚三四载矣，可谓有大因缘。吾当去汝，汝勿忧也。”[2]

因陀罗的画作、楚石梵琦的题赞，都抓住了蒋宗霸惊叹“和尚是佛”的机锋瞬间。图像上的蒋摩诃的虔诚、布袋和尚的会心一笑将故事的核心要义点出，深奥的禅门要义以图像的方式进行展现，观众也如楚石梵琦一样，各有所悟。

《李渤参智常图》（图 4–33）与《布袋图》类似，同为两身人物在树下问答。智常禅师是唐代禅宗高僧，为马祖道一的法嗣、庐山归宗净院的住持。画面上，智常禅师表现为一坐在树下的清癯老人，手指经函正在开示，李渤为官员装扮，手持朝笏，面朝智常，做礼敬状。上面有楚石梵琦的题赞。

这一故事也为著名禅宗公案，出自《景德传灯录》：

① ［日］川上泾著，林维译：《梁楷·因陀罗序说》，《福建教育学院学报》，2006 年第 2 期。
② ［元］昙噩：《明州定应大师布袋和尚传》，《续藏经》第 146 册，台湾新文丰出版公司，1995 年，第 955 页。

江州刺史李渤问师曰："教中所言须弥纳芥子，渤即不疑，芥子纳须弥莫是妄谭否？"师曰："人传使君读万卷书籍还是否？"李曰："然。"师曰："摩顶至踵如椰子大，万卷书向何处着？"李俛首而已。李异日又问云："大藏教明得个什么边事？"师举拳示之云："还会么？"李云："不会。"师云："遮个措大，拳头也不识。"李云请师指示。师云："遇人即途中授与，不遇即世谛流布。"[①]

此正是成语"芥子须弥"的典出之处。芥子比喻内心，须弥象征着世间万物，"芥子纳须弥"正如李渤将万卷书学于心中一般。当李渤问"大藏教明得个什么边事"，智常禅师举拳示之，颇有"当头棒喝"之意，见李渤不懂，便明示：佛法流传世间，遇人即授，万事随心随缘。这正如同因陀罗的画作，以画示人，并不是图释高僧故事，而是将禅理寓于层次分明、波蹀流畅的笔墨中，在漫长的时间长河中等待有缘人来品味、解读。

南宋至元是中国禅宗发展最为成熟的时期，也是禅意绘画个性特征最为强烈的阶段，梁楷、法常、若芬等人将脱胎于院体画、文人画的禅宗绘画拓展开来，成为中国绘画史上个性独具的一支，以禅思立意、以禅境入画、以禅心用笔，山静云闲，水流花开。

① ［宋］道原：《景德传灯录》卷七，《大正藏》第51册，第256页。

图 4-32 《布袋图》，因陀罗，元，纸本水墨，高 35.7 厘米，横 48.8 厘米，日本根津美术馆藏

题识：花街闹市恣经过，唤作慈尊又是魔。背上忽然揩只眼，几乎惊杀蒋摩诃。（楚石梵琦题赞）

赏析：布袋和尚与蒋宗霸二人位于树下，布袋和尚持佛珠倚布袋而坐，满面笑容；蒋摩诃做文士装扮，双手合十，躬身礼拜布袋和尚。画面线条简洁，人物衣衫用粗笔勾勒，面容、手、足以细线刻画。在衣领的边缘、绦带部分施以重墨，使得画面具有轻重缓急的节奏感。树石以渴笔皴擦而成，与人物相得益彰。

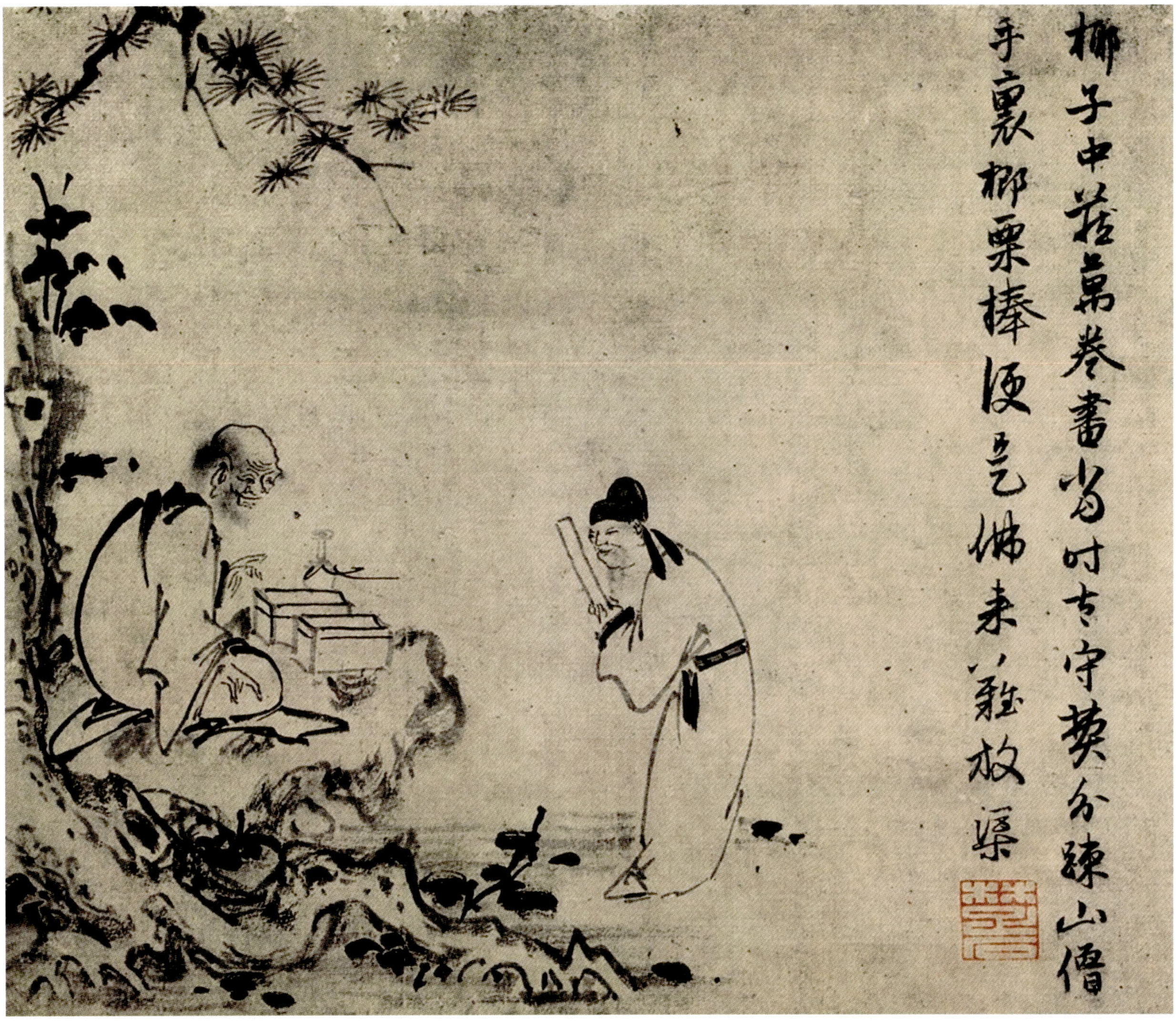

图 4-33 《李渤参智常图》，因陀罗，元，纸本水墨，高 35.2 厘米，横 45.2 厘米，日本畠山纪念馆藏

题识：椰子中藏万卷书，当时太守焚分疏。山僧手里榔栗棒，便是佛来难救渠。（楚石梵琦题赞）

赏析：此幅作品的构图与《布袋图》相似，皆是表现禅僧对答、机锋相交的场景。枯笔画出树木一角，智常禅师端坐树下，衣纹线条部分采用了梁楷常用的“折芦描”，可以明显看出因陀罗对梁楷的学习。李渤则勾画简单，衣衫如同简笔画一般，突出了故事的重心。

第五章

霞雾千彩

南宋宁波画派

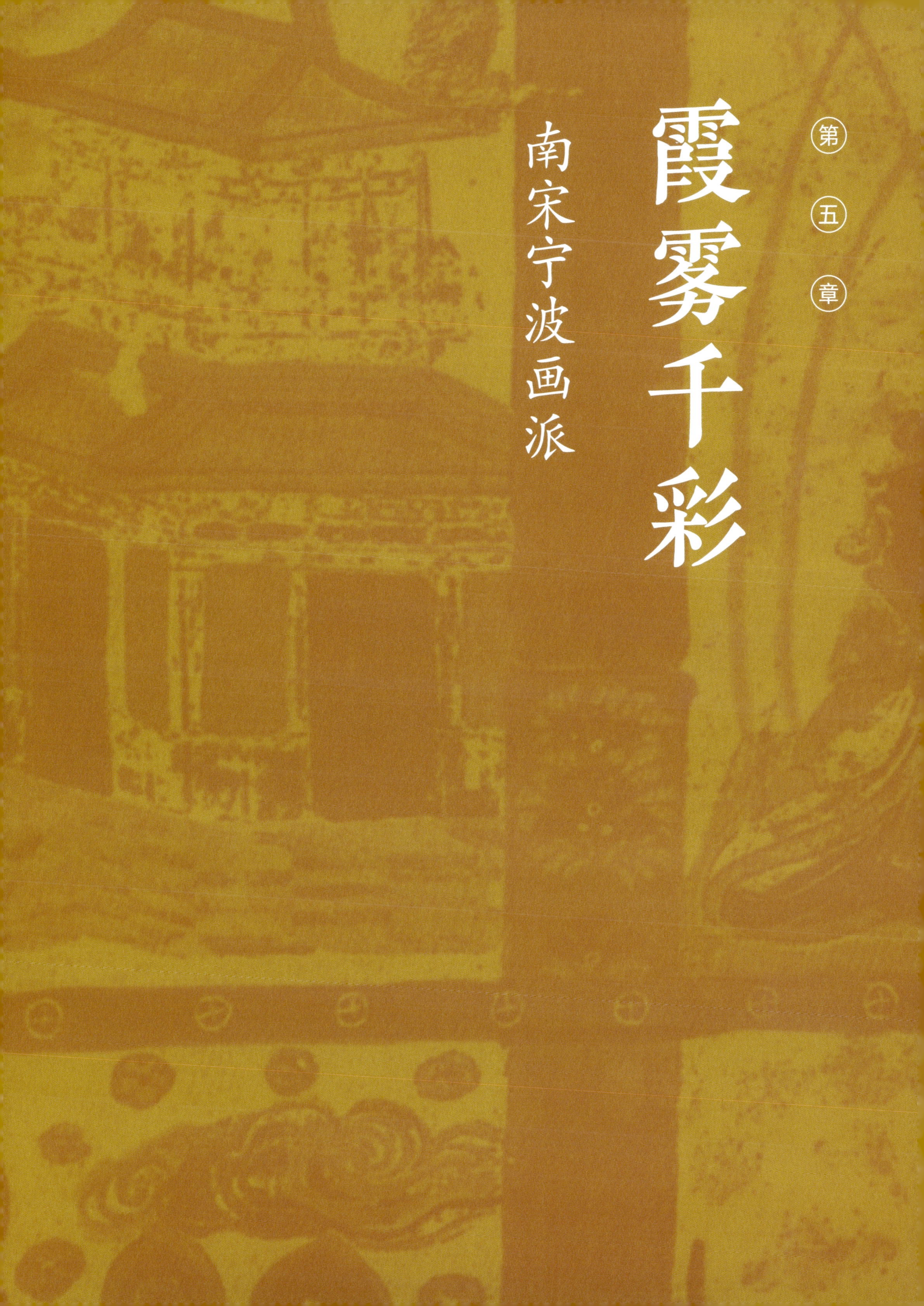

作为“海上丝绸之路”的重要口岸，宁波由于优越的地理位置和自然环境，唐宋以来一直是中国与日本、朝鲜半岛文化交流的重镇。南宋政权建立起来之后，江浙诸地更是禅寺林立。其中宁波地区高僧大德辈出，阿育王寺、天童寺等古刹名噪一时。作为南宋时的重要海港，宁波也是很多日本留学僧到达中国后的第一站。不少留学僧选择留在宁波一带求学，归国时也从此地出发，并将大量经书、字画带回日本，其中相当一部分的绘画作品是宁波禅寺日常所用。这些由民间画工们绘制的佛像、菩萨像、高僧像，有的在禅寺中供奉，有的结合特定的法事仪轨使用，有的有特殊的象征意义，展示了禅宗与图像的密切关系。这些精致妍丽的作品打破了我们对禅宗绘画寂静荒疏、简易标美的固有印象，体现了禅意画的多种面貌。

第一节 圣地宁波

宁波古称“鄞”，开元二十六年（738），江南东道采访使齐瀚奏请，分越州设明州[①]，从而加大了中央对宁波地区的掌控与治理。交通方面，自677年新罗统一朝鲜半岛后，日本与朝鲜的关系恶化，“上元中……新罗梗海道，更繇明、越州朝贡”。中日间的航海线路逐渐南移，宁波成为日本遣唐使、民间商舶横渡大海的重要口岸。显庆四年（659）、天宝十一年（752）、贞元二十年（804）、开成三年（838）的遣唐使皆由明州登岸，最澄、空海、圆仁、圆珍等日本高僧也是由此地登陆中国。鉴真（687—763）的六次东渡，多选择明州为起点，以至于他长期羁留阿育王寺，对宁波地区的佛教产生深远的影响。南宋庆元元年（1195），中央撤销了温州、秀州和江阴军的市舶司之后，宁波地区升为庆元府，成为中日往来的唯一港口。

根据木宫泰彦在《中日佛教交通史》中的研究与《天童寺志》《育王山志》《鄞县宗教志》等汉文文献的记载，南宋时期来明州一带求法的日僧共有20余人次，其中重要的僧侣包括明庵荣西、不可弃俊芿、希玄道元、闻阳湛海、寒岩义尹、彻通义介[②]等。

南宋时的宁波地区，正是佛教高度发达，寺院云集之处。据《宝庆四明志》的记载统计，庆元路共有大小寺院305处[③]，其中不少为禅寺。如南宋僧人释宝昙就称：“鄞为大夫士渊薮，禅教都会。”[④]诸多禅寺之中，阿育王寺与天童寺在大慧宗杲、宏

---

① ［后晋］刘昫等：《旧唐书》卷九，中华书局，1975年，第210页。
② 张德华：《唐宋时期鄞州与日本的佛教交往》，《东方博物》，2005年2期，第69页。
③ 张安如：《南宋宁波文化史》，浙江大学出版社，2013年，第711页。
④ ［宋］宝昙：《橘洲文集》卷五，《洞山置田记》，《续修四库全书本》。

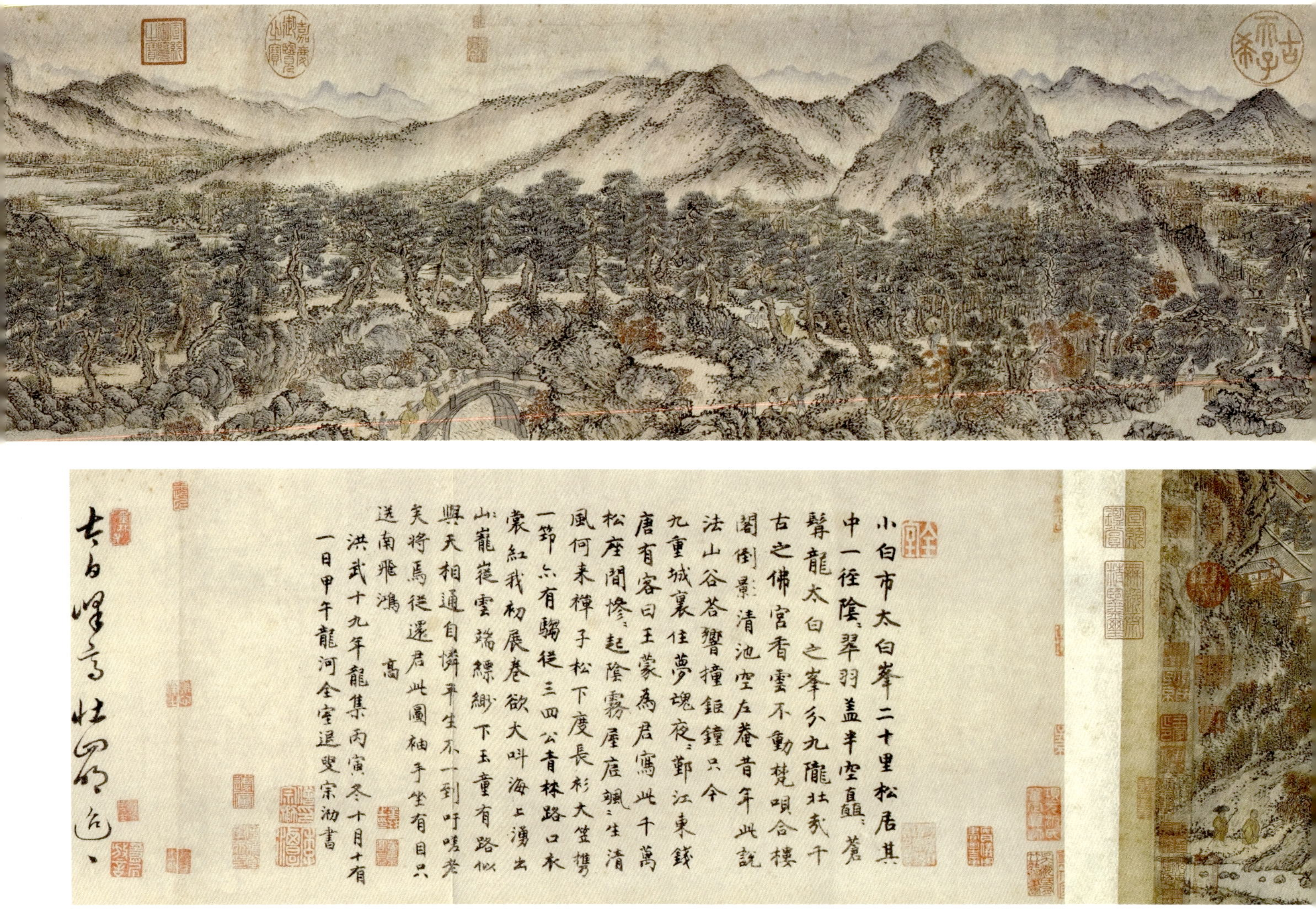

图 5-1 《太白山图》，王蒙，元，纸本设色，高 28 厘米，横 238.2 厘米，辽宁省博物馆藏

智正觉等高僧的经营之下逐渐成为江南名刹，南宋后期都跃为“江南五山”[①]之一。元代王蒙绘制的《太白山图》（图 5-1）就是描绘进入太白山、朝天童寺的场景，天童寺的辉煌可见一斑。来到此处的日僧们进入寺院中系统学习禅法，并将禅宗在日本发扬光大。日僧归国时携带的大量经卷、图画，不少出自宁波本地画师之手。像、法、僧传播，使得日本僧俗将这片佛法兴盛、寺院栉比的土地称为圣地宁波。

① 田汝成《西湖游览志余》卷十四《方外玄踪》记载：“嘉定间品第江南诸寺，以余杭径山寺，钱塘灵隐寺、净慈寺，思明天童寺、育王寺为禅院五山。”（刘长东：《宋代佛教政策论稿》，巴蜀书社，2005 年，第 377 页）

题识：小白市太白峰，二十里松居其中。一径阴阴翠羽盖，半空矗矗苍髯龙。太白之峰分九陇，壮哉千古之佛宫。香云不动梵呗合，楼阁倒影清池空。左庵昔年此说法，山谷答响撞钜钟。只今九重城里住，梦魂夜夜鄞江东。钱塘有客曰王蒙，为君写此千万松。座间惨惨起阴雾，屋底飒飒生清风。何来禅子松下度，长衫大笠携一筇。亦有驺从三四公，青林路口衣裳红。我初展卷欲大叫，海上涌出高巃嵷。云端缥缈下玉童，有路似与天相通。自怜平生不一到，吁嗟老矣将焉从。还君此图袖手坐，有目只送南飞鸿。高洪武十九年龙集丙寅冬十月十有一日甲午龙河全室退叟宗泐书

赏析：这幅作品绘十 1359—1365 年期间，时王蒙做客天童寺，受到了天童寺住持明良禅师（左菴）的热情招待。明良禅师刚刚重建了朝元阁，整修了天童寺，王蒙遂画《太白山图》以谢住持。王蒙以浓密、细致的笔墨绘制了入太白山、朝天童寺的路径。画面以红树环绕的村舍开始，在远山的衬托下，松柏掩映的长长的“香道”蜿蜒展开，中间夹杂着石桥、小溪。画作颇具写实性，幢盖、方池、双溪、乐石等景物几乎可以与现实景观相对应。进山的香客、僧侣或骑马或步行，偶有相见则互相行礼，营造出祥和、宁静的氛围。画作从右自左依次展开、层层深入，阅读体验如同修行一般，循序渐进，最终到达香道的尽头，就是朝圣的终点站——天童寺。画家以近似界画的细致笔法绘制出巍峨殿宇、雕梁画栋，宛如香花佛国一般的天童寺。环绕的远山以解索皴加苔点绘制，再加赭石略微晕染，树木点染以浓翠、枯黄、深红，呈现出深秋的色彩斑斓，彰显了浅绛山水独特的艺术表现力。

遗憾的是，南宋末年的战争及后世政权的更迭，当时建立的江南寺院几乎被毁灭殆尽，大量佛教经卷、画作、雕像湮灭于历史之中，而日僧们携带回的佛教绘画作品却有不少被保存了下来。出自宁波地区、流传至今的南宋佛教绘画作品如表 5–1 所示。

表5–1　出自宁波地区、流传至今的南宋佛教绘画作品

时间	作品	作者	榜题或传播信息	今藏地
绍兴十六年（1146）至隆兴二年（1164）	《细字法华经》佛经版画《法华经》	陈高等	四明陈高刀、陈忠、洪茂	日本奈良传香寺
			四明陈忠、陈高刀，四明李荣刀	日本京都栗棘庵
绍兴二十年（1150）	《牧庵法忠像》	佚名	黄龙牧庵和尚/见水□（磨）而转大法轮说正心/而道□天下□南江西悉皆/□也问何以然□□□而牧人者/右为四明恩□上人作绍兴庚/午孟冬九日□□智肱 平生捏怪、是凡是圣木后/漏逗非凡非圣其狂则不/类灵光之子其介则不类/东山之孙而吾谓其真得/传者以何为证以此为证/明年正月五日岩/溪居士赵□□赞	日本静冈MOA美术馆
淳熙五年（1178）至淳熙十五年（1188）	《五百罗汉图》	周季常、林庭珪	丰乐乡故千里古塘保将仕郎陈□（景?）逸妻蔡百二娘施财/画此入惠安院常住供养功德随心圆满戊戌淳熙五年干僧义绍题周季常笔	日本京都大德寺、美国波士顿美术馆、美国国立亚洲艺术博物馆
淳熙十年（1183）	《阿弥陀净土图》	佚名	淳熙癸卯仲秋望日□□画	日本京都知恩院
淳熙十六年（1189）	《朱衣达摩像》	佚名	直指人心见性成/佛太华擘开沧溟/倾竭虽然接得神/光争奈当门齿欠/日本国忍法师远遗小/师炼中胜弁来求/达摩祖师遗像/大宋国住明州阿育王山/法孙德光稽首敬赞/乙酉淳熙十六年/六月初三日书	日本个人藏

续表

时间	作品	作者	榜题或传播信息	今藏地
绍熙五年（1194）	《送海东上人归国图》	佚名	上人海东秀，才华众推优。学道慕中国，于焉一来游。武林忽相遇，针芥意颇投。儒道虽云异，诗酒喜共酬。况兹古名郡，佳丽罕与俦。湖山快吟览，胜迹恒追求。合并惜未久，又理东归舟。扬帆渡鲸浪，帖帖如安流。殷勤不忍别，缱绻难为留。临风极遐睇，目断扶桑陬。他时托芳字，还能寄余不。钟唐杰 榜人理行舻，日出江水平。扶桑渺何许，万里浮沧溟。上人国之彦，夙悟最上乘。慕此中华风，一锡事游行。名山与奥谷，足迹已徧经。曰予处阛阓，幸矣识韩荆。论诗坐终日，问法天花零。相得臭味同，蔼蔼芝兰馨。岂比钱刀徒，市利纷以营。去去须臾间，何以展我情。江草色萋萋，江花亦冥冥。浮云聚复散，不能常合并。实从周	日本神奈川常盘山文库
庆元元年（1195）之前	《佛涅槃图》	周四郎	明州江下周四郎笔	日本爱知中之坊寺
庆元元年（1195）之前	《十王图》（疑伪经绘画）	金处士	大宋明州车桥西金处士家笔	美国波士顿博物馆藏
庆元元年（1195）之前	《十六罗汉图》	金大受	大宋明州车桥西金大受笔	日本东京国立博物馆
嘉定三年（1210）	《道宣律师像》《圆照律师像》	佚名	曰禅曰教，无非为人。惟兹律仪，尤切于身。仰止南山，与佛无间。人天师尊，不容赞叹。嘉定三季中元，四明楼钥作赞 南山既远，律道中微。化身再来，是为灵芝。持律益严，护法甚劳。灵芝之风，南山相高。嘉定三季中元，四明楼钥作赞	日本京都泉涌寺

续表

时间	作品	作者	榜题或传播信息	今藏地
绍定二年（1229）至绍定五年（1332）	《无准师范半身像》		头发能髻，手骨棱层。开口触讳，鬼恶人僧。举四天下，寻讨应无，简称村僧。禅人写予幻资求赞。住阿育王无准雯	日本群马长乐寺
嘉熙二年（1238）	《无准师范像》	佚名	大宋国日本国，天无垠地无极，一句定千差（？），有谁分曲直，惊起南山白额虫，浩浩清风生羽翼。日本久能（寺）尔长老，写予幻真，请赞。嘉熙戊戌中夏□，大宋径山无准老僧	日本京都东福寺藏
南宋	《阿弥陀三尊像》	张思恭	大宋张思恭笔	日本京都庐山寺
南宋	《阿弥陀三尊像》		张思恭笔	日本京都禅林寺
南宋	《阿弥陀三尊》	普悦	四明普悦笔	日本京都清净华院
南宋	《十六罗汉》	赵璚	四明城塘赵璚笔	日本千叶县法华经寺、美国波士顿博物馆
南宋	《十王图》（疑伪经绘画）	陆信忠	庆元府车桥石板巷陆信忠笔	日本奈良国立博物馆
	《十六罗汉图》		庆元府车桥石桥巷陆信忠笔	日本京都相国寺
	《佛涅槃图》		庆元府车桥石板巷陆信忠笔	日本奈良国立博物馆藏
	《地藏菩萨像》		陆信忠笔	日本京都庐山寺
	《地藏十王像》		庆元府车桥石板巷陆信忠笔	日本滋贺永源寺
	《罗汉图》		□□府车桥陆信忠笔	日本九州国立博物馆
南宋	《观经序分义变相图》	赵宁华	四明赵宁华笔	日本奈良圆照寺
淳祐四年（1244）	《涅槃变相图》	佚名	涌泉寺传来。可能为闻阳湛海1244年传入	日本大阪叡福寺
南宋	《智顗大师像》	张思训	大宋庆元府张思训笔	日本滋贺县大津西教寺
南宋	《涅槃图》	佚名		日本东京国立博物馆

续表

时间	作品	作者	榜题或传播信息	今藏地
南宋	《涅槃图》	佚名		日本京都长福寺
南宋	《十八罗汉图》	佚名		日本京都泉涌寺
南宋	《罗汉集会图》	佚名		日本京都知恩院
南宋	《地藏十王图》	佚名		日本大阪弘川寺
南宋	《六道绘》	佚名		日本滋贺新知恩院
南宋	《十八罗汉图》	佚名	十方法界禅宗教律译经求法诸祖师	日本奈良国立博物馆
南宋	《星宿图》	佚名		日本爱知瑞泉寺
南宋	《八相涅槃图》	佚名	可能为不可弃俊芿带回日本	日本大阪叡福寺
南宋	《圆尔辨圆像》	佚名	题赞残损严重，可见“是佛七十九”“径山”“日本”“辟东福”“扶桑□播”	日本京都东福寺

这些作品以设色的尊像画为多，叙事性图像较少，按照题材，可分为佛像、罗汉像、高僧肖像画三类，另外还有大量的“十王图”，但其文本为著名疑伪经《佛说十王经》，故而不算严格意义上的佛教绘画。由于这些画作多生产于宁波地区的作坊之中，为寺院生活、日常法事活动之用，有相对统一的艺术风格与图像模式，色彩鲜艳明快，故而学者们通称其为“宁波佛画”或“宁波画派”。

第二节

佛像：阿弥陀三尊与涅槃图

日本学者井手诚之辅在《日本の宋元仏画》[①]一书中，认为东传到日本的几幅《阿弥陀三尊像》与《观无量寿经变》是宁波延庆寺与四明知礼所著的《四明尊者教行录》影响下的产物。作为南宋时宁波地区修习净土的重要道场，位于日湖边的延庆寺以“十六观堂”和在涅槃日举办众人集会念佛的法会而闻名。在延庆寺僧众的指导下，居士信众们可以在家称名礼赞阿弥陀佛，并面向西方三圣的画像忏悔。净土法门的流行，西方三圣的尊像画也成为宁波画坊的主要“生产”对象。

事实上，四明知礼倡导的净土法门在很大程度上受到了禅宗的影响。他倡导“乃用一心三观，为舟航。复以六时五悔，为橹棹。求往唯心之净土，愿见本性之弥陀。然后运同体之大悲，度法界之含识。顺佛权巧，求生乐邦”[②]，将西方净土建立在“一心”“唯心”的基础上。这一观点溯其来源，当为慧能所说的：“念念见性常行平直，到如弹指便睹弥陀。使君但行十善，何须更愿往生？不断十恶之心，何佛即来迎请？若悟无生顿法，见西方只在刹那。”[③]以顿悟的法门直达西方净土，将禅宗的修行方法、净土宗的修行目的结合在了一起。历代的禅宗高僧们对此也多有推崇。如圆悟克勤称：“弥陀非外得，遍界是西方。”[④]大慧宗杲云：“了唯心之净土，见自性之弥陀，此界他方随处快

① ［日］井手诚之辅：《日本の宋元仏画》，至文堂，2001年。
② ［宋］宗晓编：《四明尊者教行录》卷五，《大正藏》第46册，第899页。
③ ［唐］法海集：《南宗顿教最上大乘摩诃般若波罗蜜经六祖惠能大师于韶州大梵寺施法坛经》，《大正藏》第48册，第352页。
④ ［宋］绍隆编：《圆悟佛果禅师语录》卷四，《大正藏》第47册，第728页。

乐。”[1]皆是弘扬这一法门。故而讨论宁波地区流行的《阿弥陀三尊像》的功能，还需考虑禅宗的影响。

如题识为“四明普悦笔”的《阿弥陀三尊像》(图5-2)是一套3幅的画作，三张作品可以合并悬挂，也可以单独使用某一尊像。这套作品绘制精致，线条谨细，人物衣纹线条繁密，富于变化，设色却十分淡雅。阿弥陀佛为正面立像，穿红色袈裟，手姿为接引状。观音菩萨与大势至菩萨皆为四分之三侧面，观音头戴化佛冠，身穿白色广袖天衣，下穿红裙，一手托钵一手似捻杨枝；大势至菩萨则斜披僧祇支，外装短而轻薄，帔帛绕身，下身着纹路繁复的朱红色长裙。与画面中人物的精刻细画不同的是，画面的背景仅仅用粗笔、淡墨看似随意地勾出了莲瓣状身光，其余皆是留白。其他同时期宁波画派的作品也大多如此处理。如题识为“大宋张思恭笔”的两幅《阿弥陀三尊像》(图5-3)，尽管构图方式不同，但背景都采用留白或绘以简单的流云来表现主尊位于虚空之中。

据《无量寿经》《观无量寿经》的记载，阿弥陀佛与观音、大势至二菩萨通常现身于楼阁宝幢林立、八功德水充盈七宝莲池的西方极乐世界。北朝晚期至五代流行的《西方净土变》充分展现了西方净土的华美。而阿弥陀佛与观音、大势至菩萨立于虚空，关于人亡故后阿弥陀佛来迎的记载，经典中只见于《佛说观无量寿佛经》，如“上品上生”：

> 阿弥陀如来与观世音及大势至，无数化佛，百千比丘，声闻大众，无量诸天，七宝宫殿，观世音菩萨执金刚台，与大势至菩萨至行者前。阿弥陀佛放大光明照行者身，与诸菩萨授手迎接。观世音、大势至与无数菩萨，赞叹行者，劝进其心。行者见已，欢喜踊跃。[2]

虽然经典中记载的迎接亡者的人数众多，但画面中只绘制了阿弥陀佛与两菩萨，阿弥陀佛的手势——接引印，象征着接引亡者前往西方净土。故而，从经文对读和主尊的手印等方面重新审视这幅《阿弥陀三尊像》，可知其具有荐亡的含义。在“百丈清规”这一禅门轨则之中，念诵阿弥陀佛的名号常出现在病僧祷祝和僧人的丧葬仪式中。

> （病僧念诵）如病重为十念阿弥陀佛，念时先白赞云：“阿弥陀佛真

---

① ［宋］蕴闻编：《大慧普觉禅师语录》卷三，《大正藏》第47册，第821页。
② ［宋］畺良耶舍译：《佛说观无量寿佛经》，《大正藏》第12册，第344页。

图 5-2 《阿弥陀三尊像》，普悦，南宋，绢本设色，各高 127 厘米、横 48.8 厘米，日本清净华院藏

题识：四明普悦笔。

赏析：画中阿弥陀佛与观音、大势至菩萨立于虚空之中，身后以淡笔勾勒出莲瓣状大背光。阿弥陀佛持接引印，衣纹线条细密流畅；观音与大势至菩萨面朝阿弥陀佛而立，两位菩萨衣饰华丽，头冠中分别有立佛与宝瓶。此三尊像足踩莲花，如同从虚空中降下，接引亡者。

题识：大宋张思恭笔。

赏析：画中阿弥陀佛身穿红色袈裟，端坐于莲台之上，双手结说法印。观音与大势至菩萨侍立佛座之下，两菩萨身形、动作、服饰相仿，以头冠、天衣的色彩、持物来相互区别。三尊像背后为绘有流云的蓝色背景，使得画面显得扑朔迷离。根据画面对虚空的表现与主尊的手印，这幅作品可能兼具接引和观想念佛的功能。

图 5-3《阿弥陀三尊像》，张思恭，南宋，绢本设色，高 109.7 厘米，横 52.8 厘米，日本庐山寺藏

图 5-4 《阿弥陀净土图》，佚名，南宋，绢本设色，高 150.5 厘米，横 92 厘米，日本知恩院藏

这幅作品绘制于1183年，虽表现了西方净土的标志“莲池画生”，但是背景是云朵和虚空，阿弥陀佛的手印也是接引印，故而表现的是阿弥陀佛接引亡者至西方净土的情节。画面设色艳丽，大量使用红、绿的对比，三尊像的衣纹、首饰刻画得细致入微，展现出宁波画派无名画师高超的技巧。

金色，相好端严无等伦。白毫宛转五须弥，绀目澄清曰大海。光中化佛无数亿，化菩萨众亦无边。四十八愿度众生，九品咸令登彼岸。今晨则为在病比丘某甲，释多生之冤对，忏累劫之愆尤，特运至诚仰投清众，称扬圣号荡涤深殃。”仰凭尊众念：南无阿弥陀佛一百声，观世音菩萨大势至菩萨、清净大海众菩萨各十声。[①]

（荼毗）衷至涅槃台，衷司维那俟都寺上香茶了，进前烧香，引小师拜请秉炬佛事。山门维那念诵云：“是日则有新示寂，堂头和尚化缘既毕遽返真常。灵棺遍绕于拘尸，性火自焚于此日。仰凭大众，资助觉灵。南无西方极乐世界大慈大悲阿弥陀佛。”十念众和毕。[②]

在这两个环节中，念诵阿弥陀佛名号都是为了祈求阿弥陀佛接引亡者（将亡者）、引导亡者进入西方极乐世界。显然在禅门之中，更看重的是西方三圣的接引功能。

这种对阿弥陀佛与观音、大势至菩萨接引能力的重视，也体现在宁波的《阿弥陀经变》上。如绘制于淳熙十年（1183）的该题材作品《阿弥陀净土图》（图 5-4），正中同样为阿弥陀佛持接引印，观音、大势至菩萨侍立两旁。三尊像的下方为七宝莲池，以三层、九朵莲花及莲花上的化生，表示九品往生。阿弥陀佛的头顶放出白光，光中两侧各有一组排列整齐的人物，从前往后依次是佛众、菩萨众、弟子众。与唐代流行的《西方净土变》相比，华丽的楼阁宝树、歌舞伎乐全都被省略了，只是在西方三圣的背后画上了层层流云。显然，这幅作品的主题并不是表现西方极乐世界的壮丽。它与前文所述的“上品三生”阿弥陀佛率众来迎，“即得往生七宝池中。一日一夜莲花乃开，七日之中乃得见

① ［元］德辉编：《敕修百丈清规》卷六，《大正藏》第 48 册，第 1147 页。
② 同上书，第 1128 页。

佛”[①]的记载更为吻合。由此看来，南宋时宁波流行的《阿弥陀三尊像》在很大程度上看重的是其荐亡、接引的功能，故而画工们多用接引的形象来表现阿弥陀佛。

与给故去的僧人荐亡、荼毗所举行的法事相比，禅寺中每年二月十五日举行的涅槃法会更是一套常规性的活动。《敕修百丈清规》中对此有明确的记录：

> 涅槃日，住持先于佛殿拈香，祝圣讽经，毕次第上堂。祝香云：“佛涅槃日，某寺住持遗教远孙比丘某甲，虔爇宝香，供养本师释迦如来大和尚。上酬慈荫，下与法界众生同伸攀慕。所冀法身常住、法轮再转。一切有情悟无生忍。”次趺坐云：“二月十五日，恭遇本师释迦如来大和尚入涅槃之辰，率比丘众，严备香花灯烛茶果珍馐，以伸供养。住持遗教远孙比丘某甲，升于此座举扬涅槃妙心，所集殊勋，上酬慈荫，普愿法界众生同圆种智者。”说法竟。白云：“下座各具威仪，诣大佛殿讽经谨白。”下座。领众殿上展拜跪炉。维那白佛云：“净法界身本无出没，大慈愿力示有去来。”宣疏毕。讽经回向并同前。[②]

虽未写明这一佛事活动在何佛殿、何种佛像前进行，但根据禅宗寺院通常的布置，当是在涅槃殿中、涅槃像前无疑。作为“释迦八相”之一，涅槃像、涅槃图从公元前1世纪犍陀罗地区的造像始，沿着丝绸之路向汉地传播，在漫长的时间里形成了一套相对完整的图像发展序列。[③]每个时期，都在释迦右侧卧、示现涅槃像的原始图像基础上，增、减举哀弟子、佛母示寂、迦叶奔丧、须跋陀罗受记等情节。

南宋时的绢本涅槃图，现存5幅，均藏于日本。中之坊寺、叡福寺、奈良国立博物馆本为明确的宁波画派作品；东京国立博物馆本与长福寺本虽无题识，但其艺术风格与宁波画派非常接近。这5幅作品按照内容可分为两类，一类是叡福寺本，表现了多个场景；另外4幅则集中

① ［宋］畺良耶舍译：《佛说观无量寿佛经》，《大正藏》第12册，第345页。
② ［元］德辉编：《敕修百丈清规》卷二，《大正藏》第48册，第1116页。
③ ［日］宫治昭著，李萍、张清涛译：《弥勒和涅槃的图像学》，文物出版社，2009年。

表现了释迦涅槃一个主题。其中年代最早者，当为中之坊寺本，其题识为“明州江下周四郎笔”（图 5-5）。庆元元年（1195）明州改为庆元府，榜题为“明州”，说明这幅作品绘制于 1195 年之前。画面上方，一位比丘引导侍女环绕的贵妇从云中降下。释迦右侧卧于八棵娑罗树下，释迦身后有 7 名举哀的弟子，头侧一身弟子持钵、锤，当为佛陀最后的弟子须跋陀罗，抚佛足痛哭的当为大弟子迦叶。释迦头旁有一身头戴进贤冠的贵族男子，双手合十，当为大梵天；佛足处立有一位手持长柄香炉的女子，当为帝释天。涅槃台下方正中为一香炉，香炉两侧各有一身舞蹈的外道。画的下部左右各有一组人物，左侧三身为世俗人物，当前一身高举钵，扬首向前，身后衣衫中露出龙尾，身后两位男子分别捧花、异宝；右侧五身人物，两身围绕着晕倒在地的帝王，当是表现阿阇世王闷绝于地，另有两身天人装人物，手捧荷花、香炉。

将画面中的内容与涉及释迦涅槃的佛教经典文献进行比对，除了八棵娑罗树符合的是《大般涅槃经》“后分”中的记载：“娑罗树林四双八只，西方一双在如来前，东方一双在如来后，北方一双在佛之首，南方一双在佛之足。”[①]其余内容，多可在《敕修百丈清规》“佛成道涅槃”条中找到对应：

> 于七宝床右胁而卧，寂然无声便般涅槃。阿那律升忉利天告摩耶夫人。自天而下。世尊起为说法开慰，复语阿难。当知为后世不孝众生故，从金棺出问讯于母。时迦叶与五百弟子，自耆阇崛山奔至悲哽作礼。复现双足千辐轮相，天人各持香薪，至荼毗所，化火自焚七日乃尽。众收舍利满八金坛，阿阇世王与八国王，及帝释诸天龙王共争舍利。大臣优波吉谏止，宜共分之。即分为三，一诸天，一龙王，一分八王，而阇王得八万四千数。[②]

画面上部，正是图绘阿那律延请摩耶夫人；正中绘制的是释迦涅槃、以迦叶为代表的弟子举哀的场景；下部的两组人物，表现的是诸天、龙王，以阿阇世王为代表的“八王”共同分佛舍利。显然对于释

① ［唐］若那跋陀罗：《大般涅槃经后分》卷一，《大正藏》第 12 册，第 905 页。
② ［元］德辉编：《敕修百丈清规》卷二，《大正藏》第 48 册，第 1117 页。

图 5-5 《佛涅槃图》，周四郎，南宋，绢本设色，高 151.2 厘米，横 83.4 厘米，日本中之坊寺藏

题识：明州江下周四郎笔。

赏析：这幅作品依据《大般涅槃经》与《敕修百丈清规》“佛成道涅槃”条的内容进行绘制，可能是禅宗寺院张挂、使用的图像。画面人物众多，但由上至下分组展开，颇有条理。人物的动作、服饰，以及娑罗树的花朵有一定的装饰意味，符合民间审美。

迦涅槃的场景、情节，禅僧与画工都有着同样的认知。

在这幅作品之后完成的题识为“庆元府车桥石板巷陆信忠笔”的《佛涅槃图》（图 5-6），在图像构成上与“周四郎笔”的《佛涅槃图》有颇多相似之处。如从忉利天降下的摩耶夫人，举哀的弟子的动作、持物，涅槃台下舞蹈的两身外道等，都能够看到后者对前者的模仿与简化。这也说明了宁波地区的画工之间，存在着粉本的传抄、流传。陆信忠的笔下，八棵娑罗树改为了两棵，并省略三界分舍利的场景，使得涅槃的主题更为突出。宁波地区的涅槃图东传到日本以后，对日本的涅槃图产生重要影响。在此以后日本的涅槃图大多以周四郎本或陆信忠本的涅槃图为底本，略加改造或增减个别人物，画面中的基本情节、主要人物保持不变。这正是中国的禅门规则奠定的理论基础。

题识：庆元府车桥石板巷陆信忠笔。

赏析：此幅作品在涅槃图的常见图式的基础上进行了简化，突出了“释迦涅槃、弟子举哀”的场景。弟子们神情哀恸，动作、表情不一，展现出画家高超的人物画技巧。画面设色大胆，采用了饱和度极高的红、绿、蓝等色互相搭配，色彩艳丽华美，富有装饰感。

图 5-6 《佛涅槃图》，陆信忠，南宋，绢本设色，高157.1 厘米，横 82.9 厘米，日本奈良国立博物馆藏

第三节 罗汉图

罗汉，又名阿罗汉，在小乘佛教中为至高的修行果位。《大智度论》卷三载："'云何名阿罗汉？''阿罗'名贼，'汉'名破；一切烦恼贼破，是名'阿罗汉'。复次，阿罗汉一切漏尽故，应得一切世间诸天人供养。复次，'阿'名不，'罗汉'名生；后世中更不生，是名'阿罗汉'。"[①]可知阿罗汉为断除烦恼、脱离六道轮回、受一切人天供养的修行者。而在有恒河沙数佛的大乘佛教中，罗汉所在的声闻乘尚在菩萨乘、缘觉乘之后。佛教传入中国之后，罗汉又逐渐与"释迦弟子""佛弟子"等同了起来。这些梵貌胡相的域外比丘，给了中国艺术家尽情想象、挥洒的空间。

7 世纪时，高僧玄奘翻译的《大阿罗汉难提蜜多罗所说法住记》(《法住记》)中记录了释迦行将涅槃时以无上法付嘱十六大罗汉，并详细记录了十六罗汉的名号和住地。此后世人对十六罗汉的崇拜逐渐兴起，吴道子的弟子卢楞伽有《六尊者像》传世，五代时黄休复在《益州名画录》中记录了蜀地绘制十六罗汉的赵德齐、张玄、贯休三位画家，稍晚时敦煌莫高窟第 97 窟也有《十六罗汉图》传世。可见这一题材在中国的流行度。十六罗汉图之外，另有十八罗汉图流行于世，但这一题材并没有文献依据，可能为"画家们在十六罗汉之外加绘两人而成为习惯"[②]。

宁波画派之中，罗汉是常见的题材，通常一幅一人，也有一幅多人或一幅之中画 16 人的情况。罗汉的年龄、外貌、服

① ［后秦］鸠摩罗什译：《大智度论》卷三，《大正藏》第 25 册，第 80 页。
② 周叔迦：《法苑谈丛插图本·佛教寺院文化总汇》，上海辞书出版社，1999 年，第 185 页。

饰、动作各异，有的仅画人物，有的绘有居所、山水、树石点景。其中尤以题识为“大宋明州车桥西金大受笔”的《十六罗汉图》(图 5-7）为代表作品。这套作品原来分藏于德国和日本，第二次世界大战后柏林藏的 5 幅（第四、七、十、十二、十四幅）已佚，其余 10 幅藏于日本东京国立博物馆（第二、三、五、六、八、九、十一、十三、十五、十六幅），第一幅藏于日本群马县立近代美术馆（第一幅)。① 此套《十六罗汉图》设色古雅，罗汉衣衫以青、黄、棕色为多，有的袈裟上绘有精致的金色滚边。虽为梵僧，但这组罗汉面容清秀，宛若汉地比丘，有的端坐云中受供，有的临瀑听泉，有的寂然端坐山间，身旁或有一二侍者、龙、兽相伴。与之风格截然不同的是陆信忠的《十六罗汉图》(图 5-8)。这组藏于日本相国寺的作品设色浓艳，人物衣着上大胆使用红、绿的撞色，使得画面颜色鲜明，引人注目。山石、树木的画法有学习南宋画家刘松年的痕迹，背景的营造有进深感，展现出画家高超的艺术表现力。作为现存宁波画派中作品留存最多的画家，陆信忠的作品无一例外都写有“庆元府车桥石桥巷陆信忠笔”的题识，如同一个标签、一个品牌标注在作品之上。

作为专门的商业画坊，陆信忠的《十六罗汉图》可能和其他绘画一样，是寺院、僧侣们订购的作品。这些作品有的会在佛事活动中进行张挂，如罗汉供、罗汉斋等都是以罗汉为主体的法事。此外很多禅寺中还修建有罗汉堂。迄今，宁波的两大禅寺阿育王寺、天童寺都有专门供奉罗汉塑像、画像的罗汉堂。而从宏智正觉禅师的语录“荣上人发心知罗汉堂办茶油事乞颂”中可知南宋时的天童寺就建有罗汉堂。对于日日修禅行、处处悟禅机的高僧而言，这些形貌奇崛、不同凡响的罗汉画像是他们观想、习禅的绝佳对象，如长期活动在宁波一带的南宋高僧无准师范就有面对十六罗汉发出的禅语：

> 身如枯柴，心如断崖。万般神变，一种平怀。面面相看，究竟不知论底事。阿耨达池龙王来日请佛斋。②

龙王请罗汉斋最早见于西晋竺法护译的《佛五百弟子自说本起经》：

---

① ［日］井手诚之辅：《日本の美術 418. 日本の宋元仏画》，至文堂，2001，第 42 ～ 45 页。［日］大村西崖编：《西金居士真蹟十六羅漢》，大塚巧藝社，1921 年。

② ［宋］宗会、智折编：《无准师范禅师语录》卷五，《续藏经》第 121 册，台湾新文丰出版公司，1995 年，第 951 页。

（局部）

图 5-8 《十六罗汉图》(部分)，陆信忠，南宋，绢本设色，高 96.4 厘米，横 50.9 厘米，日本相国寺藏

题识：庆元府车桥石桥巷陆信忠笔。

赏析：这套作品同样为陆信忠画坊绘制的作品，秉承了明快艳丽的色彩特点，画面中的罗汉及其侍从活动在寺庙与山间，动作、服饰、面容各具特点。比较同时期的罗汉作品，可知此时的罗汉画已经有一定的程式化的倾向。这套作品的山水、树石的画法明显受到了南宋院体画的影响，给人浓艳又古雅的审美体验。

盖阿耨达龙王者，佛在世时受别菩萨也，有神猛之德，据于昆仑之墟，斯龙所居宫馆宝殿……于时龙王请佛世尊及五百上首弟子。[1]

而后临济宗的五祖法演禅师的一个梦则改变龙王供养罗汉的含义。

安乐院主修斋上堂云："昨夜得一梦。梦见臻公在天宫与帝释对坐。臻问帝释曰：'天上有五衰相是否？'释云：'此是佛之所说，岂可妄言。'于是帝释却问臻云：'我闻阎浮提有不持戒者是否？'臻云：'此是佛之所说。岂可妄言？'良久臻云：'天宫虽乐不是久居。'遂下十八重地狱，乃见阎王居正殿与地藏菩萨耳语，臻便出门首。见一青衣童鞠躬云：'东海龙王请伴诸罗汉斋。'臻遂往赴斋，回得数颗如意珠。一时分付诸门人，白云被珠光一烁，忽然梦觉，以至今朝诸法乳为臻公设斋。"[2]

法演禅师的这个梦，在禅僧们的推动下，使"龙王请斋"成为荐亡活动的一个代名词。在民间，罗汉斋也逐渐带上了荐亡的色彩。而在无准师范眼中，这些用于荐亡佛事活动的罗汉像纵然相貌奇诡、神通万千，但不过是"断崖""平怀"。显示了禅师"万法为空"的情怀与心境。

南宋时禅风倾于世俗，僧人与文人、官员多有交往，罗汉图也会作为礼物，在僧、俗间相互赠送。如活动于宋末元初的庆元府禅僧希叟绍昙，就有替官员的礼品题赞的举动：

代赞罗汉（刘知府，以武洞请十六罗汉，献孟少保生日。见痴绝求赞，方丈令分赞此。）

桧一，数峰，罗汉一手持经，看题目；一手执经带。下有一奴子，炷香鸣磬。

古桧含烟，青山展画题目分明，何须管带。待你炷得香来，鸣磬一下，蹉过了也。

葛藤一树，罗汉执拂，坐山窟中。前有香花，下有一童子，执轮碾物，一人执瓶看内。

靠葛藤椿，握龟毛拂，绝学无为，黑山鬼窟。直饶瞥转机轮，眼里

① ［西晋］竺法护译：《佛五百弟子自说本起经》，《大正藏》第4册，第190页。
② ［宋］才良、清远等编：《法演禅师语录》，卷二，《大正藏》第47册，659页。

闻香，耳中观色，我且问：瓶内底是何物？[1]

这篇短短的题赞既表明目的，又描述了《十六罗汉图》的画面，还记录了禅师的赞语，是研究罗汉图的珍贵材料。从中，我们可以看到金大受、陆信忠等画匠所作的佛教绘画的商业性，又可以看到通过图像与禅语，禅文化对社会与时代风气产生了深远的影响。禅画能够成为官员送给上级的生日礼物，充分体现了南宋时人们对禅文化的喜爱与追捧。

除了十六、十八罗汉，宁波画派中最引人注目的是日本大德寺的《五百罗汉图》（图 5–9）。这套作品一共有 100 幅，为南宋时传入日本，江户时代丢失了其中的 6 幅。现今，大德寺藏有 82 幅，美国波士顿美术博物馆藏有 10 幅，美国国立亚洲艺术博物馆藏有 2 幅。根据画面中残存的 75 条榜题可知，这套作品是淳熙五年（1178）至十五年（1188）由明州惠安院的僧人义绍劝募而来，寄进在惠安院中，记文中留有无数募捐者的姓名，每一幅作品都有一至数位信众施财供奉。其中淳熙五年 24 幅、淳熙六年 2 幅、淳熙七年 7 幅、淳熙九年 1 幅、淳熙十一年 3 幅、淳熙十二年 2 幅、淳熙十四年 1 幅、淳熙十五年 2 幅。另外有年款作品 6 幅。除了具体的创作年月、供奉者的籍贯、名字外，这套作品还记录了完成它的画家：林庭珪与周季常。其中林庭珪的创作止于淳熙七年。

五百罗汉，源自释迦在世时追随他、被佛度化的僧众。佛经文献中，他们常常以五百众、五百阿罗汉的身份，围绕在世尊身边听法，仅举数例：

一时佛在释翅提国，迦维林中，与大比丘众五百人俱，尽是罗汉，复有十方诸神妙天皆来集会，礼敬如来及比丘僧。[2]

尔时世尊，与五百阿罗汉，入首波城。[3]

所谓昆仑山者，则阎浮利地之中心也，山皆宝石，周匝有五百窟，窟皆黄金，常五百罗汉居之，阿耨大泉，外周围山，山内平地，泉处其中……如来将五百罗汉，常以月十五日，于中说戒。[4]

鸡足山东北行百余里，至佛陀伐那山，峰崖崇峻，巘崿隐嶙，岩间石室佛尝降止，傍有盘石，帝释梵王魔牛头旃檀涂饰如来，今其石上余

---

① ［宋］绍昙撰，自悟等编：《希叟绍昙禅师广录》卷七，《续藏经》第 122 册，台湾新文丰出版公司，1995 年，第 320 页。
② ［后秦］佛陀耶舍译：《长阿含经》卷十二，《大正藏》第 1 册，第 79 页。
③ ［后秦］弗若多罗、鸠摩罗什译：《十诵律》卷四十八，《大正藏》第 23 册，第 347 页。
④ ［后汉］康孟详译：《佛说兴起行经》，《大正藏》第 4 册，第 163 页。

猿猴献果

礼拜观音画像

采莲

图 5-9 《五百罗汉图》(部分)，林庭珪、周季常，南宋，绢本设色，高 111.5 厘米，横 53.1 厘米，日本大德寺、美国国立亚洲艺术博物馆藏

浴室

罗汉洗濯

赏析：出自宁波惠安院的这套《五百罗汉图》是中国古代绘画史上的精品，也是现存的“五百罗汉”题材作品中最为精彩的一套。每幅作品都有一个主题，平均五位罗汉加上侍从等为一组，展现了他们各自的神通，以及日常生活的方方面面，某种程度上是南宋寺院生活的写照。图像中罗汉外貌胡、汉皆有，身穿各色袈裟，并被配合以屋舍、山水、瑞兽等细节进行展示，这些充分显示了佛教艺术的中国化。整体作品设色细腻，线条富于变化，展现出画家对人物、山水、禽兽诸门类画法的掌握。值得一提的是《礼拜观音画像》中，罗汉们观看的是一幅水墨绘制的水月观音像，说明了梁楷、法常等人擅长的水墨人物画在民间已经有相当程度的普及。

香郁烈，五百罗汉潜灵于此。诸有感遇，或得睹见，时作沙弥之形，入里乞食，隐显灵奇之迹，差难以述。[①]

虽然没有一部佛经里完整地提到五百罗汉的名号，后世图像、文献中传抄的名号也大多为杜撰，但是作为在释迦涅槃后活动于世间拯救百姓的圣者，各具神通的罗汉在汉地受到了普通民众的尊崇，关于罗汉的灵验故事屡见记载。就连义绍安置五百罗汉的惠安院，也以罗汉神迹而闻名。据《宝庆四明志》《延祐四明志》载，明州惠安院坐落于东钱湖的西北畔，阳堂山（青山）的东麓。这座寺院又被称为罗汉院，始建于后晋天福三年（938），在它建立之前，传说唐天佑元年（904）的中元节，十六罗汉在阳堂山顶示现，故而此地作为罗汉显圣的灵验之所。

学界通常认为，大德寺的《五百罗汉图》源自台州天台山方广寺的五百罗汉信仰，如“天台石桥”（图5–10）中绘制的石桥飞瀑正是天台山真实风景的写照[②]。同样，画面之中对罗汉们的艺术表现也是现实世界中僧众的生活展现。如译经、藏经堂、采莲、放生、食瓜果的准备、饮茶、洗浴、剃发等场景，颇具生活气息。这部分内容也常被学者们当作研究南宋寺院生活的重要图像资料，如“宝塔放光”（图5–11）中，罗汉手捧的宝塔正是五代至两宋时期江南一带流行的阿育王塔；罗汉们正在安放的四面开龛的小方塔，也是常见的江南样式。画作的另一部分则着重表现了罗汉们的神通本领，如“空中浮游”“云中示现”“水上步行”“怪力”等情节中，一位或者多位罗汉施展神力，周围有其他罗汉或侍者、胡人围观，画面细节精彩，充满了想象力。一百幅作品、五百身罗汉再加上其他人物，如此庞大的队伍，林庭珪与周季常两位画家以五位左右的罗汉为一组，有的加上侍者、鬼怪，各行其是，不显重复与混乱。罗汉的面容处理上，则是有老、中、青三个年龄层，中国比丘与域外僧人两个类型，用几个典型的面容图式，配合身形、袈裟的变化，创造出五百罗汉之众。今藏于美国波士顿美术博物馆的“应身观音”（图5–12）部分，林庭珪与周季常两位画家及募捐作画的僧人义绍被画在了画面的左下角。与其他罗汉程式化的面容相比，这三身人物具有鲜明的个性特征，当为忠于客观现实的写真像。将自己与召集人的形象画到画卷上，一方面具有署名的含义，另一方面则是将现实与

① ［唐］玄奘述、辩机撰：《大唐西域记》卷九，《大正藏》第51册，第920页。
② ［日］井手誠之輔：《大徳寺伝来五百羅漢図試論》，《聖地寧波——日本仏教1300年の源流》，奈良国立博物馆，2009年，第255页。

题识：翔凤乡沧门里北沧下保居住，顾椿年妻孙廿八娘合家等施财画此，入惠安院常住，供养功德保安家眷。戊戌淳熙五年干僧义绍题，周季常笔。

赏析：画面中三位罗汉驻留在一座瀑布边天然形成的石桥旁观赏，石桥上一位罗汉穿行而过，远处山崖边寺院在云烟中若隐若现。这一场景取自天台山方广寺旁的“石梁飞瀑”景观，应和了天台山罗汉化现的传说。画中的题识详细记录了民间供养人、召集人、画家的名字，以及淳熙五年（1178）的纪年，是研究《五百罗汉图》的重要资料。

图 5-10 《五百罗汉图》之“天台石桥”，周季常，南宋，绢本设色，高 110.3 厘米，横 52.7 厘米，美国国立亚洲艺术博物馆藏

虚构的神圣空间相融合，表明五百罗汉正是居住在宁波，护佑着这一方的百姓。

宁波地区最广为认知的罗汉群像为天台山方广寺的罗汉堂，但在禅寺之中同样也有五百罗汉堂的营建。前文已述阿育王寺与天童寺现今均设有罗汉堂，天童寺的罗汉堂南宋时供奉的很可能就是五百罗汉，如天童如净禅师在《源山主求赞顶相》中写有：

> 个是净慈毛和尚，口言祸福有定当。逐日随缘去赴斋，是谓两脚功德藏。雕装千佛布砌两廊，判断一切魍魉鬼，主管五百罗汉堂。至于修桥造路，与夫浴主街坊。闻一切善事，如蝇见血。[1]

文中不但点明了五百罗汉堂的设置，还说明了此处有专人负责照料、看管。供奉五百罗汉的规矩在后世的禅寺中流传，清道光年间编辑的《百丈清规证义记》中就有专门的“罗汉供”，对于供养罗汉的方式、用具、念文都一一记录，并且在文中点明了“天台山罗汉”。

> 进罗汉堂，次请斋主拈香。到已，十师展具三拜。斋主先至中间普供位前拈香。众唱香赞云：“香才焫，云腾宝鼎中，旃檀沉乳真堪供，香云缭绕莲花动，十方诸佛下天宫，天台山罗汉，来受人间供。”[2]

足可见天台山的五百罗汉在宁波地区，以及在后世禅宗寺院皆受到了尊崇。而大德寺的《五百罗汉图》在东传到日本后，对日本的罗汉画产生了深远影响，如东福寺明兆所绘的《五百罗汉图》就是参照大德寺《五百罗汉图》而绘，这组图像也成为东亚罗汉图的典范。

题识：万令乡正界双桥后保弟子沃景满妻张氏八娘，施财画此，入惠安院常住，供养功德随心圆满。乙亥淳熙六年干僧义绍题，周季常笔。

赏析：画面中五位罗汉与一位护法化现云中，当中一位罗汉手捧宝塔，塔中放出瑞光。罗汉们的肤色、年龄、动作各不相同，或窃窃私语，或抬头仰望光芒。宝塔的形制为江南地区五代以后常见的阿育王塔，体现了宁波的地域特色。

图 5-11 《五百罗汉图》之“宝塔放光”，周季常，南宋，绢本设色，高 111.5 厘米，横 53.1 厘米，日本大德寺藏

---

① ［宋］文素编：《如净和尚语录》卷二，《大正藏》第 48 册，第 131 页。
② ［清］仪润证义：《百丈清规证义记》卷五，《续藏经》第 111 册，台湾新文丰出版公司，1995 年，第 683 页。

赏析：画面中展现了罗汉变化成十一面观音，又剥下面皮恢复原貌的一刻，展现了罗汉的神通之力。值得注意的是画面左下角一僧二俗三身人物，面容写实。面容清癯的僧人为《五百罗汉图》的召集人、惠安院僧义绍；两位手拿画笔、稿纸的世俗人物，正是《五百罗汉图》的两位作者林庭珪、周季常。画家把自己与召集人的形象画入罗汉聚集的画中，模糊了神圣空间与现实的界限，突出了画作护佑一方的功能。

图5–12 《五百罗汉图》之“应身观音”，周季常，南宋，绢本设色，高111.5厘米，横53.1厘米，美国波士顿美术博物馆藏

第四节

高僧顶真

佛教寺院之中，将本宗派的祖师集中供奉的堂、院在中唐时期已经出现。禅宗文献里将此类专门供奉本门祖师的殿堂称呼为真堂，又有影堂、祖堂等称谓。丁福保主编的《佛学大辞典》对真堂定义为“（堂塔）禅家安置祖师真影之堂也。见僧堂清规五”[①]。

禅僧的佛事活动，有不少都是在供奉祖师的真堂中举行，祖师画像在这些活动中广为使用。如祖师忌辰时的祭祀活动就有一套严格的法事仪轨：

> 如作大祖师忌，预一日，于法堂铺设挂真。排办供养，玩具等如仪。堂司行者，斋罢，覆住持两班，挂讽经牌。至晚，大众讽楞严咒，回向。
>
> 正日早，堂司行者，报堂具威仪讽经。真供养行者，当上香烛，并上粥供养。粥后少迟，厨司备供养食办。堂司行者，再覆方丈两班。打板鸣僧堂前钟，众集，面法堂，雁行而立。住持至，烧香、点汤、献食、点茶毕。维那揖住持烧香，次揖两班烧香，转身问讯住持毕。大众同礼三拜，维那举大悲咒，回向。
>
> 若寻常忌辰，或就法堂下间排设。亦隔宿讽经，礼仪如前。次日，但住持与两班有拜，大众无拜。
>
> 又其次，只就祖堂，排设供养。粥罢，报堂讽经住持至，烧香点茶毕，维那出。揖住持出班烧香，侍者捧香合，次揖两班烧香。转身问讯住持毕，住持与

① 丁福保编：《佛学大辞典》，中国书店出版社，2011年。

两班，对祖师，展三拜，方归班位立，维那举经，回向云。若斋时，有供及嚫钱，当在半斋讽经，礼仪如前。[①]

完成这场在祖师忌日进行祭祀法事的活动，需提前一日将祖师的真像安置好，第二日众生聚集面向法堂烧香、点汤、献食、点茶，维那揖住持烧香，次揖两班烧香，其后大众三拜，念经回向。如果是一般的忌辰，供养仪式如前，但是只有住持与两班拜祭。

文献里对于早期禅宗祖师的追溯，多次提到从菩提达摩至五祖以一部《楞伽经》传承，此后袈裟与佛钵也常作为传法的印信出现。祖师像在各个寺院广泛使用之后，也成为嗣法的证明。日僧希玄道元在《正法眼藏·嗣书卷》中对江浙一带寺院传法有如下记载：

今江浙大刹主，多临济、云门、洞山等嗣法也。然自称临济远孙族，往往有企不是，谓参善知识会下，而恳请顶相一幅、法语一轴，备嗣法标准。然有一类狗子，尊宿边恳请法语、顶相等，藏数多。及晚年陪钱官家，讨得一院补住持职时，不嗣法于法语、顶相师，嗣法当代名誉曹，或亲附王臣长老等时，不问得法，贪名誉而已矣。[②]

顶相即祖师真像，作为正统嗣法的信物，在师徒间传承。而顶相与法语通过恳请也是能够得到的，因而给了“买官鬻爵”的僧侣获得正统信物的机会。求法的日僧往往拜入当地禅僧门下学习，按照江南嗣法的习俗，禅僧在获得师父认可之后，很可能会赐予顶相图与法语，作为传法的明证。在此中日交流的机缘之下，汉地祖师、高僧像得以在日本的寺院中留存。

如日本泉涌寺僧不可弃俊芿于1199年至中国之后，先后在明州雪窦寺、临安径山寺等地求学12年，特别是在明州景福寺师从如庵律师学习律宗教理达3年之久。嘉定三年（1210）归国时携带了大量律宗文书，以及法帖、画像[③]，其中就有《道宣律师像》（图5-13）与《灵芝元照像》（图5-14）。关于这两幅顶真像的因缘，虎关师炼（1278—1346）的《元亨释书》卷十三中有较为详细的记录：

① ［宋］惟勉编次：《丛林校定清规总要》卷二，《续藏经》第112册，台湾新文丰出版公司，1995年，第46～47页。
② ［宋］道元编：《正法眼藏·嗣书卷》，台湾新文丰出版公司影印，1921年，第383页。
③ ［日］木宫泰彦著，陈捷译：《中日佛教交通史》，台湾华宇出版社，1986年，第404页。

题识：曰禅曰教，无非为人。惟兹律仪，尤切于身。仰止南山，与佛无间。人天师尊，不容赞叹。嘉定三季中元，四明楼钥作赞。

赏析：道宣律师为四分之三侧面像，结跏趺坐于蓝色团窠纹织锦法被覆盖的禅椅之上，面部浑圆，眉目清秀，若四十余岁的中年男子。双手置于膝上，右手持拂尘，拂尘搭于左手之上。禅椅下方放置有一双僧鞋。画面中道宣律师面容清瘦，表现出一位智者的思虑。此幅作品为宁波地区的画工所绘，画面中人物虽然具有个性特征，但为后世追思之作。

图 5-13 《道宣律师像》，佚名，南宋，绢本设色，高 171 厘米，横 81.7 厘米，日本泉涌寺藏

题识：南山既远，律道中微。化身再来，是为灵芝。持律益严，护法甚劳。灵芝之风，南山相高。嘉定三季中元，四明楼钥作赞。

赏析：这幅作品与《道宣律师像》为一组作品，两者间的区别在于面部与持物。元照律师面容浑圆，长眉细目，上身略略前倾，着黑色僧袍，袈裟系于左肩，右手持笔，左手持经卷，如有所书。这组画像中的两位祖师形貌庄严，让观者顿生敬意。

图 5–14《灵芝元照像》，佚名，南宋，绢本设色，高 171 厘米，横 81.7 厘米，日本泉涌寺藏

山阴义铦述不可刹那无此君赠芿，铦号朴翁，内外兼明，禅教并通。所谓会稽名士，葛天民无怀也。铦又写南宋、灵芝二师像，请四明楼钥，述赞其上以送。[①]

这两幅作品现在依然藏于俊芿开山的泉涌寺，为日本重要文物。从画面上看，两幅作品除面容、持物之外，基本上如出一辙。说明此时祖师像的创作已经比较程式化，彼此之间依靠面容和持物来相互区别。另外定源根据《攻媿集》中的记载，认为此两幅作品只是义铦本人赠送给俊芿，而并非亲笔绘制，两幅作品可能是坊间画工所绘[②]，可见当时江南一带对于祖师像、高僧像的绘制已经相当成熟。

俊芿所获的道宣律师与灵芝元照（1048—1116）的画像属于后世追念之作，也有日僧获得禅师身前写真的例子。嘉熙二年（1238），径山寺住持无准师范就赠送了一幅自己的真像（图 5-15）给日僧圆尔辨圆，并且本人亲自题赞，作为两人交往的信物。

此三例保存在日本的祖师像，不论是追念之作，还是生前写真，除富有个性的面容与各不相同的衣着之外，画面的表现方式、身姿都是相同的。高僧们大多结跏趺坐在禅椅之上，为正面或四分之三侧面；手中持物或结禅定印，形象庄严。禅椅之下的脚踏旁放置一双鞋履。

这种以程式化的方式表现高僧、祖师，早在唐代即已出现。日本真言宗祖师空海在长安从高僧惠果处获得了珍贵的密宗祖师肖像。这组图像今藏于日本京都教王护国寺（东寺），日本学者铃木敬在《中国绘画总合图录》中，将之著录为《真言七祖像》[③]，分别表现了七位高僧：龙猛、龙智、金刚智（669—741）、善无畏（637—735）、不空（705—774）、一行（683—727）、惠果（746—806）。如今除不空三藏的肖像（图 5-16）为唐代长安画师李真的原作之外，其余皆为镰仓时代的摹本。

不空三藏与龙猛、龙智、金刚智、善无畏皆为比丘形。画面上，他以四分之三侧面的身姿结跏趺坐于胡床上，旁边设有鞋履与水壶。不空三藏的形象有明显的写实性，从面部表现来看，具有胡人的特征。这种半侧面的绘制方式与结跏趺

① ［日］师炼：《元亨释书》，《大日本佛教全书》，第 101 册，第 163 ～ 164 页。
② 定源：《日僧俊芿与南宋文人士大夫的交往》，《台大佛学研究》，2011 年 12 月，第 40 页。
③ 在真言宗的祖师传承中，有“五祖”“七祖”“八祖”之说。以大日如来为教主，金刚萨埵为二祖、龙猛为三祖、龙智为四祖、金刚智为五祖、不空为六祖、惠果为七祖。惠果之下，遭受了武宗灭佛的打击，中国无继承为祖师者，日本则以空海为八祖。有的典籍又称其为《真言五祖像》，分别为金刚智、善无畏、不空、一行、惠果。本文遵照铃木敬主编的《中国绘画总合图录》名称。（［日］铃木敬：《中国绘画总合图录》，东京大学出版会，1982 年）

（局部）

图 5-15 《无准师范像》，佚名，南宋，绢本设色，高 124.8 厘米，横 55.2 厘米，日本东福寺藏

题识：大宋国日本国，天无垠地无极，一句定千差（?），有谁分曲直，惊起南山白额虫，浩浩清风生羽翼。日本久能（寺）尔长老，写予幻真，请赞。嘉熙戊戌中夏□，大宋径山无准老僧。

赏析：无准师范禅师端坐在禅椅之上，面容清癯，微微留有发须，面容有很强的写实性。椅上搭有蓝色织锦垫，禅师身着绿色交领衫，外披蓝、黄色田格袈裟，双腿结跏趺坐，隐于袈裟之内。禅师一手持棒，一手抚膝。禅椅下的脚榻上方有一双布履。整体形象端严。

图 5-16 《不空三藏像》，李真，唐，绢本设色，高 21.3 厘米，横 16 厘米，日本教王护国寺藏

题识：汉名不空金刚。

赏析：此幅作品为李真的原作，是极为难得的唐代传世画作。不空三藏的形象比较写实，为一清癯的异域僧侣，高鼻深目，颧骨突出，显然年岁较大。他身着深灰色交领袈裟，双手交握于胸前，结跏趺坐于佛床上，壸门中有一双布履，佛床旁放置有陶质烛台。

图5-17《高僧像》，佚名，唐，纸本水墨，高46厘米，横30厘米，发现于中国敦煌藏经洞，英国大英博物馆藏

赏析：画面中为一高僧结跏趺坐于方毯之上，僧人为四分之三侧面，弯眉细目，高鼻小口，个人特征鲜明，身着交领衫，外披水田格袈裟，袈裟用细绳固定于左肩，双手于腹前结禅定印，身后右侧放置有水瓶；左后侧为一棵绘制简单的树，树上挂有念珠、挎包。整幅作品单纯以线描完成，并未施彩，且画面尺寸较小，故姜伯勤认为此白描人像或属写真，或属写真粉本。放置于僧人身后的水瓶与树上悬挂的挎包，都是石窟中高僧塑像、绘像固定的配置，此图像中仅有高僧一人，故而也可能为某一壁画的局部。

坐的姿态，与唐代敦煌的高僧邈真像如出一辙。如莫高窟第17窟洪辩像与藏经洞所出的纸画《高僧像》(图5-17)，均为结跏趺坐、手中持物或结禅定印的高僧形象。更值得注意的是这两件作品的周围均绘有鞋履与水瓶，与《真言七祖像》的图像配置相同。而惠果交给空海的《真言七祖像》，一方面表现的是师资传授，另一方面也有供奉、纪念的意义。

同样以四分之三的侧面、结跏趺坐的身姿表现祖师的著名例子，还有南宋张思训所绘的天台智顗大师(538—597)(图5-18)，尽管为后世追思之作，但是这幅13世纪的作品依然保持了古老的僧侣肖像的图式。可见这种类型的顶相图并不局限于某个宗派，密宗、天台宗、禅宗的祖师、高僧都采用了固定的身姿，依靠不同的面貌来进行表现。由于绘画作品不少为后世追摹，面容的写实性并不可靠，但是这种程式化强调了图像纪念性的功用。

在禅门内部，这些祖师像、高僧像并非只是用于祭祀，或是嗣法、交往的信物，更为重要的是，这些真像是禅师参禅悟道的重要工具。这一点在道宣、灵芝元照与无准师范的题赞中就能看出区别。

道宣、灵芝元照的题赞书写者楼钥(1137—1213)为南宋官员与著名文士。因此，两首真赞主要称颂了两位律师的功绩，对道宣的开山与元照的传承之功进行褒扬。即：

曰禅曰教，无非为人。惟兹律仪，尤切于身。仰止南山，与佛无间。人天师尊，不容赞叹。

南山既远，律道中微。化身再来，是为灵芝。持律益严，护法甚劳。灵芝之风，南山相高。

智顗

而无准师范为南宋禅门泰斗，在自赞中则是抒发了自己对中日传禅法的看法，以及自己独特的禅思：

大宋国日本国，天无垠地无极，一句定千差（？），有谁分曲直，惊起南山白额虫，浩浩清风生羽翼。日本久能（寺）尔长老，写予幻真。

“南山白额虫”“清风”“羽翼”为禅门语录中的常见意象，无准师范借此赞颂了圆尔辨圆传法的功绩。“幻真”一词则是禅门对“如梦幻泡影”这一“空观”的运用。在无准师范眼里，自己的肖像画也不过是一时之幻象。以图悟禅、利用真赞传达禅机，在众多禅僧的语录中多有体现，寥寥数语的真赞，体现了禅僧们借助图像谈论的禅机。

以上，通过对南宋时期宁波画派中东传日本的绘画作品的梳理、分析，可以重新建立起对于禅宗美术的认知。长期以来，学界对禅画、禅宗绘画的认知与判断都偏重于水墨画，如梁楷、法常、因陀罗等人的写意人物画常常被当作禅宗绘画的标准性作品。但是如果将现有的图像材料还原到南宋时期的江南这一禅宗高度发达的地区，可以发现禅宗寺院中的日常佛事活动中使用的，高僧大德们用来开悟、抒发禅机的，大多是颜色鲜艳的工笔重彩画。而这些画作的作者也并不是参禅悟道的佛门中人，而是市井画坊中的画工。他们通过接受寺院或官员、商贾的订件来维持生活。但是这些作品既符合仪轨，又能在一定程度上将禅宗所推崇的哲理、美学表现在图像上，足见这些画坊团队的专业。而禅门高僧们在观看这些作品时引发的禅思，有的被收入禅师语录，有的被书写到图像上成为赞语，又赋予了这些图像新的宗教含义。

题识：大宋庆元府张思训笔。

赏析：天台智顗大师身着褐色小团花交领衫，外披袈裟，身体为四分之三侧面，细眉秀目、面容安详，右手持长柄如意，左手置于腹前，身前的矮凳上放有一双黄色的僧鞋，椅背上披覆有金龙团花的法被。这一作品为高僧顶相图的标准表现方式，突显了高僧像的礼拜、追念功能。

图 5-18《智顗大师像》，张思训，南宋，绢本设色，高 116.7 厘米，横 58.2 厘米，日本西教寺藏

中国
佛教美学
典藏

第六章

月映千江

明清禅意画

谈到明清时期的佛教状况，学界的普遍评价为“衰落”二字。如汤用彤先生（1893—1964）在《五代宋元明佛教事略》里谈及中国佛教的发展历程，有如此评价：“隋唐以后，外援既失，内部就衰，虽有宋初之奖励，元代之尊崇，然精神非旧，佛教仅存躯壳而已。”[①] 前辈学者的论述主要着眼于佛教内部的发展状况、教义与义理的研究等方面，故而有此结论。禅宗的发展亦是如此，明代禅法泛滥，虽多见机锋棒喝，但能大彻大悟者极少。在这种情况下，禅学流于形式，粗俗者甚众。尽管有晚明四大高僧云栖袾宏（1535—1615）、紫柏真可（1543—1603）、憨山德清（1546—1623）、蕅益智旭（1599—1655）振兴一时，但始终未能改变时代趋势。清代虽然禅门弟子众多，临济的天童、磬山二系和曹洞的寿昌、云门二系枝繁叶茂，但是在佛教义理方面并未有大的突破。

如果从社会文化的角度来看，经过唐宋之变，早已中国化、本土化的佛教在明清时期彻底融入了中国人各个阶层的日常生活之中：帝王、僧侣、官员、儒生乃至贩夫走卒无一不在佛教的世界中寻求着归宿与安慰。佛教从殿堂、深山走进村口巷落，走进市井繁华，走进深宅大院。八万四千法门，从上而下，不同身份的人都能在这里找到适合自己的修行方法。帝王寻求教法，高僧探讨义学，儒士追寻禅理，普通人家、目不识丁者忆念一句“阿弥陀佛”。从禅宗绵延而来的禅思、禅意也浸润于生活的方方面面。

① 汤用彤：《隋唐佛教史稿》，武汉大学出版社，2008 年，第 272 页。

此背景之下，禅意绘画不再局限于寺院生活或文人日常，它在一定程度上突破了程式与图像的规定，变得自由而多样，从而涌现出形态万千的作品。技法方面，精细的工笔画与酣畅淋漓的水墨画并存。题材方面，佛陀、菩萨、罗汉、祖师等传统佛教题材依然延续，由于民间传说、话本、戏曲的流行，大量民间散圣、戏剧化的图像演绎在这一时期都能看到。此外，包含禅意的山水画、花鸟画亦流行一时。用途方面，除寺院中的供奉、民间信众的供养之外，以禅意绘画抒发情性或是流入市场买卖的情况都有发生。诸多现象，都显示了此期佛教的包容与随和，而万般表象之下，佛法“有如一月印千江，一江有月一江明”。

第一节 画分南北宗

明清时期，禅对书画创作最重要的影响，当属明末著名书法家、画家董其昌提出的“南北宗论”。董其昌为松江华亭（今上海市）人，1555年出生，晚明重臣。曾参与《神宗实录》的编撰，官至南京礼部尚书，崇祯年间拜太子太保。1636年他过世于故乡，谥文敏。董其昌的一生，间杂着晚明东林党争等诸多政治风波，导致他多次归隐。虽然他官至高位，又得善终，但于政治上总是小心翼翼，多次回避。其善书、画的艺术才能在艺术史上留下了重要的一笔，以至《明史·董其昌传》亦称：

> 其昌天才俊逸，少负重名。初，华亭自沈度、沈粲以后，南安知府张弼、詹事陆深、布政莫如忠及子是龙皆以善书称。其昌后出，超越诸家，始以宋米芾为宗。后自成一家，名闻外国。其画集宋、元诸家之长，行以己意，潇洒生动，非人力所及也。四方金石之刻，得其制作手书，以为二绝。造请无虚日，尺素短札，流布人间，争购宝之。精于品题，收藏家得片语只字以为重。性和易，通禅理，萧闲吐纳，终日无俗语。[①]

董其昌年轻时曾在著名收藏家项元汴（1525—1590）家中做私塾老师，项元汴收藏的文物、字画多过其眼。这一段经历为董其昌精于鉴定、收藏打下了坚实的基础。万历年间，官宦

① ［清］张廷玉：《明史》卷二百八十八，《列传》第一七六，中华书局，1974年，第7396页。

人家多雅好收藏，古玩字画的市场交易一时成风，项元汴之外，董其昌的师友中有诸多收藏家，如韩世能（1528—1598）、莫如忠（1508—1588）等人皆擅于此。故而董其昌在鉴定方面眼识过人，加上其官至高位，家中字画所蓄极丰。如五代时董源 5 幅名作《溪山行旅图》《潇湘图》《龙宿郊民图》《夏山图》《秋山行旅图》、巨然的《层岩丛树图》、米芾的《蜀素帖》、米友仁的《潇湘白云图》、赵孟頫的《六体千字文》《鹊华秋色图》、黄公望的《富春山居图》等皆为其藏品。

思想方面，董其昌深受晚明文学家、心学家李贽（1527—1602）与被称为“公安三袁”的袁宗道（1560—1600）、袁宏道（1568—1610）、袁中道（1570—1626）三兄弟的影响。“他们的性灵学说——李贽的童心说——董其昌采用这种直觉方法来对付晚明绘画中的陈腐传统。”[①]师友、文士间的交往予以他文学、艺术上的深刻影响之外，董其昌日常好佛参禅，与晚明高僧紫柏真可、憨山德清等多有交往。他曾自述与紫柏真可及其弟子密藏道开的交游经历。

> 达观禅师，初至云间。余时为诸生，与会于积庆方丈，越三日观师过访，稽首请余。为思大禅师大乘正观序曰：“王廷尉妙于文章，陆宗伯深于禅理，合之双美，离之两伤。道人于子有厚望耳。”余自此始沉酣内典，参究宗乘，后得密藏禅师激扬，稍有所契。后观师留长安，余以书招之曰：“马上君子无佛性，不如东南云水。”接引初机利根，绍隆大法，自是不复相闻。癸卯冬，大狱波及观师，搜其书，此书不知何在。余谓：“此足以报观师矣。”昔人以三转语报法乳恩，有以也。[②]

紫柏真可与董其昌情同师徒，曾多次与董其昌书信往来，指导他修习禅法。在高僧名师的指点之下，董其昌日常抄写《金刚经》《法华经》《涅槃经》等佛经之余，还批注了五代时延寿编撰的禅宗文献《宗镜录》。在师友哲思、佛法的熏习之下，16 世纪 90 年代末董其昌关于“画分南北宗”的理论思想基本形成。大约成书于 1650 年的《画禅室随笔》由清初文士杨无补编辑而成，此书汇集了董其昌《容台集》中的部分论画内容及其他未收录的作品[③]。“画分南北宗”的理

---

① ［美］方闻：《心印：中国书画风格与结构分析研究》，陕西人民美术出版社，2004 年，第 186 页。
② ［明］钱谦益：《紫柏尊者别集》卷四，《续藏经》第 127 册，台湾新文丰出版公司，1995 年，第 151 页。
③ 朱良志：《中国美学名著导读》，北京大学出版社，2004 年，第 196 页。

论，在此书中一览无遗。

禅家有南北二宗，唐时始分。画之南北宗亦唐时分也。但其人非南北耳。北宗则李思训父子着色山水，流传而为宋之赵干、赵伯驹、赵伯骕，以至马夏辈。南宗则王摩诘始用渲淡，一变勾斫之法，其传为张璪、荆、关、郭忠恕、董、巨、米家父子，以至元之四大家，亦如六祖之后有马驹、云门，临济儿孙之盛，而北宗微矣。要之摩诘所谓“云峰石迹，迥出天机，笔意纵横，参乎造化”者，东坡赞吴道子、王维画壁亦云：“吾于维也无间然。”知言哉。……（仇）实父作画时，耳不闻鼓吹、阗骈之声如隔壁钗钏，顾其术亦近苦矣。行年五十，方知此一派画殊不可习，譬之禅定，积劫方成菩萨，非董、巨、米三家可一超直入如来地也。①

董其昌以禅宗南北宗各自修行的特性——顿悟与渐悟将中国历代画家分为南宗、北宗。南宗以王维，董源，米芾，元四家［黄公望（1269—1354）、倪瓒（1301—1374）、吴镇（1280—1354）、王蒙（1308—1385）］为代表；北宗则为李思训（651—716）、李昭道（生卒年不详）父子，南宋四家［李唐、刘松年（约1131—1218）、马远、夏珪］等。前文从设色、水墨来区分南北宗的特性，董其昌则以文人画与工匠画加以分类。以文人画为“顿门”南宗，以工匠画为“渐门”北宗。这种轻渐重顿的观念在六祖慧能的《坛经》中即已体现：

法本一宗，人有南北。法即一种，见有迟疾。何名顿渐？法无顿渐人有利钝，故名顿渐。②

慧能将顿、渐之别归于人之根器的差别，董其昌的“画分南北宗”的分类标准即参照于此。他认为人之根器在于天生，并非后天所能得，所谓“气韵不可学，此生而知之，自然天授”③。他以明代画家仇英（1494—1561）的“苦”画为反例，认为仇英这种做法如同累世修行，而文人画家则是“一超直入如来地”。这句话源自六祖慧能的弟子永嘉玄觉禅师（665—713）所作的《永嘉证道

① 朱良志：《中国美学名著导读》，北京大学出版社，2004年，第197页。
② ［元］宗宝编：《六祖大师法宝坛经》，《大正藏》第48册，第348页。
③ 朱良志：《中国美学名著导读》，北京大学出版社，2004年，第203页。

歌》，为永嘉玄觉禅师悟道后的心得感受：

觉即了不施功，一切有为法不同。住相布施生天福，犹如仰箭射虚空。势力尽箭还坠，招得来生不如意。争似无为实相门，一超直入如来地。[①]

“如来地”即佛的地位，永嘉玄觉禅师的这句诗抒发了从修行无门到骤然顿悟的心境变化。董其昌借用此句，进一步将北宗画家的“苦修”与南宗画家的轻松颖悟进行对比，突出和强化了两者间的优劣之别。

强调从画家身份、职业入手讨论绘画的品格，北宋时苏轼即已开始，他明确提出了画工画与士人画的分别。随后元代的赵孟頫与钱选（1239—1299）强化了隶体画的画家身份。文人士大夫们从自身的身份、学识等方面试图逐步拉开自己与职业画家之间的差别。到了董其昌这里，将这种差距拉大到“人有利钝”的先天根器之别，极大地抬高了文人画家的地位，也使得文人画家与职业画家之间的鸿沟变得不可逾越。

确立了文人画家的地位之后，董其昌极力彰显着南宗绘画独特而高远的美学特征。他对董源、米芾等人画作中的宁静、冲淡与和谐推崇备至。

董北苑画树，都有不作小树者，如《秋山行旅》是也。又有作小树，但只远望之似树，其实凭点缀以成形者，余谓粗即米氏落茄之源委。盖小树最要淋漓约略，简于枝柯，而繁于形影。欲如文君之眉，与黛色相参合，则是高手。

画家之妙，全在烟云变灭中，米虎儿谓王维画见之最多，皆如刻画，不足学也。惟以云山为墨戏，此语虽似乎过正，然山水之中，当着意烟云，不可用粉染，当以墨渍出，令如气蒸，冉冉语堕，乃可称生动之韵。[②]

由此可见，董其昌所推崇的南宗绘画之美，是禅意画与文人画合流后的产物，相较于南宋时期马远、梁楷等人的机锋毕露，董其昌更推许的是体现文人

① ［唐］玄觉：《永嘉证道歌》，《大正藏》第48册，396页。
② 朱良志：《中国美学导读》，北京大学出版社，2004年，第198、200页。

气息的冲和之美，讲求画作中的隽永柔美与平淡天真，讲究合乎宇宙生机。而这些文人画的审美体验是建立在“悟墨戏三昧”的基础上的，通过妙悟禅机，达到“法化而万方宁静”的境界。

董其昌的书画创作忠实践行了他的思想理论。其存世作品极多，大多题名仿前辈笔意，实则利用前人笔墨、树石，落胸中丘壑。其画作笔墨丰富、技巧高妙，董源的长披麻皴、米芾的米点皴、王蒙的牛毛皴在他画作中都有体现，但正如他在《画禅室随笔》中宣扬的那样，笔下丹青充满了安宁与平和的气息。

如《疏树遥岑图》（图 6–1）采用元代常见的书斋式山水构图，最下方的五棵杂树品种、形态各不相同，留白的水面隔出三汀两岸，淡墨色的长披麻皴勾画出山石向背，苔点则模糊了远山的绿植与云烟。整个画面景致精练，意味隽永。再如同样题写“仿北苑”的《青卞图》（图 6–2），在构图上借鉴了王蒙的《青卞隐居图》高远的视角，但是却用黄公望式的披麻皴与倪瓒常用的解索皴勾勒出山石坚硬而破碎的质感。他的创作与董源的简单天真、王蒙的技法丰富大相径庭。他对于极为欣赏的“米氏云山”，也不是照单全收，如《乔木昼阴图》（图 6–3）当中的山峦以富于层次的浓墨点染而成，细致的笔法与留白处理的烟云颇得《潇湘奇观图》的真意。但近处的汀岸、杂树则流露出董源的笔法。可见，董其昌名为“仿某某笔意”，实则早已将南宗诸家的技法融会贯通，对于画中天地，已是了若指掌。正如何绍基在董其昌的某幅山水画作上题跋那样：“心并不曾有真画，则但有画理、画意、画情、画韵，其理与意、与情、与韵，又尚在可有可不有之间，则落笔时之超象外，与天游。”

董其昌的书法、绘画予以清代艺术深远的影响。康熙皇帝（1654—1722）即学书董其昌；直接取法于他的清初四王［王时敏（1592—1680）、王鉴（1598—1677）、王原祁（1642—1715）、王翚（1632—1717）］更是清代山水画的正统。注重传统笔法、气象温润的绘画为清代画坛所推崇。但是明末时社会的动荡、政权的更替使得他的另一些传人遁入空门，如担当（1593—1673）、石涛（1642—1707）等人的笔墨都继承自他，但是却打破了他所营造的平和安静，体现出激进而蓬勃的气息。这些遗民画家的人生与作品，也体现出禅意对绘画影响的另一面。

题识：董北苑画，文太史云平生止见半幅，即吾家秋山行旅图也。今人妄谓学北苑，实未见北苑一点墨，安能仿佛前人？此道非所以无师智契同也。玄宰戏墨并题。

赏析：此幅作品的构图、笔意，颇得元四家的传统。入眼的杂树、湖泊、远山，犹如从书斋中远望，元代倪瓒常用这种构图方式。远近的山石皴染、树木的点绘都展现出丰富的笔法。金笺纸的吸水性较生宣弱，故而笔法的出入、承转都清楚地展示了出来。画面气息秀丽、柔和，一片江南初春的景象。

图 6-1 《疏树遥岑图》，董其昌，明，金笺水墨，高 90.7 厘米，横 35.5 厘米，上海博物馆藏

题识：

青卞图，仿北苑笔。丁巳夏五晦日，寄张慎其世丈，董玄宰。

积铁千寻亘紫虚，云端稚犬见村墟。秋光何处堪消日，流涧声中把道书。其昌题。

赏析：此图完成于万历四十五年（1617），此时董其昌62岁。在其创作的作品中很少能见到尺寸如此巨大的画作。画作以王蒙的《青卞隐居图》为图像母本，空间结构与皴法、树石则是取法倪瓒与黄公望，山体的结构、草木枝叶技法都很成熟，可见此时他对元四家的画作、技法的熟练掌握。画作典雅细致，饱含了对前人的敬意。

图6–2《青卞图》，董其昌，明，纸本水墨，高224.5厘米，横67.2厘米，美国克利夫兰艺术博物馆藏

题识：乔木生昼阴，古涧鸣寒溜。前村杳霭中，大有雷霆斗。玄宰画并题。

赏析：此幅作品在“米氏云山”的基础上加以元人前景而成。后山以横点反复点簇而成墨色淋漓的山峦，云烟环绕，前景的杂树有仿倪瓒的画作的构图，但笔法上为了与后景一致，树叶皆以墨点排列而成，小汀的长披麻皴则为董源常用，显得古意盎然。可见董其昌充分吸收了南宗诸家的绘画精髓，一变成自我风格，颇具特色。

图 6-3 《乔木昼阴图》，董其昌，明，纸本水墨，高 90.8 厘米，横 22.8 厘米，美国波士顿美术博物馆藏

第二节 欲以逃境以安心

当禅宗修行的方式从依靠外部的经典转为依靠内心的顿悟“即心即佛”时，一方面简化了修行路径，拓宽了成佛法门，吸引了大量文士儒生的加入；另一方面也造成了禅宗的某些分支走上了“狂怪”之路，“呵祖骂佛”“焚经烧像”之举甚至成为某些禅僧标榜自己的手段。明代这种风气愈演愈烈，如高僧楚石梵琦就声称：“如来涅槃心，祖师正法眼。衲僧奇特事，知识解脱门，总是十字街头破草鞋，抛向钱塘江里著。”可见其对祖师法门的不屑一顾，对自我证悟的迷恋。此外，明代晚期由于天灾人祸，社会动荡，大量中下层民众纷纷避难释门，这些缺乏长期修行和佛学熏陶的弟子们也使得原本深奥的禅法变得简单粗俗。当然，这些在佛门避难的队伍中也有佼佼者，如擅长人物画的陈洪绶（1598—1652），独步山水与花鸟领域的朱耷（1626—1705）、石涛等皆在禅意画上走出了新的道路。对心的肯定与标榜，对色相的鄙弃，使得受到这种风气影响的绘画艺术呈现出重内涵轻形式的美学面貌。而这种“不求形似”的追求反而解放了笔墨，推动了艺术形式的创新。

活动于明末清初的陈洪绶年轻时曾对入仕救国抱有很大幻想，然而人生多舛，多次考试皆不中。在北京宦游期间，他目睹了明朝政权的腐朽，遂于崇祯十六年（1643）南归绍兴，隐居山林；然而顺治三年（1646）清兵南下，又彻底打破了他平静的生活，遂避难绍兴云门寺，削发为僧，自称悔僧、云门僧，改号悔迟、老迟。但是出家仅为权宜之计，正如他曾自云：“岂能为僧，借僧活命而已。”一年后陈洪绶还俗，晚年以卖画为生。在其郁郁不得志的一生中，虽然只是短暂地遁入空门，但禅学思想无疑对陈洪绶的画作有着深远的影响。

《隐居十六观》（图 6-4）是陈洪绶晚年的代表作品，岁月积此，人画俱老。这套赠给好友沈颢（1586—1661）的册页中，人生的感悟和梦寐以求的渴望，都一一体现。“十六观”取自《观无量寿经》中佛陀教导韦提希夫人观十六种物象修行的法门。在这套作品里，陈洪绶以隐居的种种雅事作为观想的对象。全画分为访庄、酿桃、浇书、醒石、喷墨、味象、漱句、杖菊、浣砚、寒沽、问月、谱泉、囊幽、孤往、缥香、品梵十六个场景，每个场景或与一位高士对应，如庄子、陶渊明、苏东坡；或是将陈洪绶自己的形象绘制在画面中，古人与当今、愿望与现实交错在了一起。《品梵》中两位僧人并排盘腿而坐，伏在几案前埋头翻阅古经。人物形象高古并加以变形、夸张，显得意象高远。人物不成比例的头、高耸的颧骨、简洁的衣纹线，能明显看到贯休《十六罗汉图》的影子。画中意境犹如紫柏真可的《月下读书》：

> 天高秋露寒，元侣皆寝歇。油浊灯颇昏，读书借明月。得朋古始初，会理心自惬。释卷夜已深，清光满岩穴。[①]

月下读经，满页清辉，读经的两个僧人可能象征着陈洪绶自己与好友沈颢同参密藏。除直接描绘佛门人物形象之外，《隐居十六观》还贯穿着禅意化的思维与理想。《杖菊》一页，陶渊明头戴纶巾，身穿长袍，侧身而立；手持菊杖，黄色菊花开得正盛。背景虽然留白，但“悠然见南山”之意跃于纸上。在中国历史的长河里，“陶渊明”三个字是隐士的象征符号，他所代表的高洁与隐逸长期为文人士大夫称道。禅门之中，他与庐山慧远大师、道士陆修静（406—477）“虎丘三笑”的佳话一直流传于世。而诗歌中“悠然见南山”的世界也是禅僧眼中的禅境，如憨山德清就盛赞：“昔人论诗，皆以禅比之，殊不知诗乃真禅也。陶靖节云：‘采菊东篱下，悠然见南山。山气日夕佳，飞鸟相与还。’末云：‘此中有真意，欲辨已忘言。’此等语句，把作诗看，犹乎蒙童读上大人，丘乙己也。”[②]

在憨山德清眼中，《饮酒》是上佳的禅句，若以诗论，只是如同孩童看不懂

---

① ［明］德清阅：《紫柏尊可全集》卷二十五，《续藏经》第 127 册，台湾新文丰出版公司，1995 年，第 776 页。

② ［明］福善录、通炯编：《憨山老人梦游集》卷三十九，《续藏经》第 127 册，台湾新文丰出版公司，1995 年，第 776 页。

而已。这首诗通过物象的铺陈，写尽天地自然之道，而这如唯识宗能生诸缘的识精元明一般。

识精元明，能生诸缘。缘所遗者，此言识精元明，即老子之妙道也。故曰：杳杳冥冥，其中有精，其精甚真，由其此体，至虚至大，故非色。以能生诸缘，故非空。不知天地万物，皆从此识变现，乃谓之自然。由不思议熏，不思议变，故谓之妙。至精不杂，故谓之真。天地坏而此体不坏，人身灭。而此性常存，故谓之常。万物变化，皆出于此，故谓之天地之根众妙之门。凡遇书中所称“真常”“玄妙”“虚无”“大道”等语。皆以此印证之。①

从这段论述中，可以清楚地看到唯识宗、禅宗对于自然之道的认知：自然万物的立身根本乃是超越个人肉体之上的阿赖耶识。陈洪绶的《杖菊》正是表现于此，画面以明写陶渊明人物形象暗喻《饮酒》诗意，再以杖上金菊象征超脱肉体、自然的“识”，以物喻人、以人代景，达到了佛教层面上的物我合一。

《问月》则是彻底的禅宗题材。画面中，一位头戴披巾的高士坐于树下、溪边，以手指向上方。上方虚空纯做留白处理，并未绘制月亮。“指月”是佛教中的著名譬喻，“月”喻佛法，“指”喻修行。《楞严经》有云：“如人以手指月示人，彼人因指当应看月。若复观指以为月体，此人岂亡失月体，亦亡其指。何以故？以所标指为明月故。”指为方法、途径，月才是修行的根本所在；指是渡人之舟，月才是到达的彼岸。但是在“万法惟空”的禅僧眼中，月也是不存在的，如汾阳善昭禅师有云：

钟声雀噪，可契真源。别处驰求，妄生节目。信得因风，吹火不信。平地掘坑，事不获已，起模尽样。所以灵山话月，曹溪指月。月在什么处？与我指出看。直报禅和，莫向天上觅好。②

① ［明］福善录、通炯编：《憨山老人梦游集》卷三十九，《续藏经》第127册，台湾新文丰出版公司，1995年，第827页。
② ［宋］楚圆集：《汾阳无德禅师语录》卷一，《大正藏》第47册，第599页。

喷墨

味象

问月

谱泉

题识：“洪绶画赠石天先生，时辛卯中秋”等。

赏析：这套作品充分反映了一个好佛参禅的明代文士的生活理想。每一个画面以简单的景致配合人物的标志性动作，展现一件件雅事。如“访庄”表现的是同庄子共听流水，讨论“子非鱼，安知鱼之乐”；“浇书”则是描绘苏轼以美酒浇腹中之书；“醒石”写的是陶渊明醉卧山石；“缥香”绘制的是鱼玄机静坐读书……16种雅事以“品梵”结束，反映了陈洪绶以佛法安顿自己的心灵。整体作品人物、景致简洁，线条柔美，意境平和，展现出陈洪绶晚年闲适安静的心情。

图6-4 《隐居十六观》，陈洪绶，明，纸本淡彩册页，高21.4厘米，横29.8厘米，台北故宫博物院藏

这一“指月”公案中，汾阳善昭认为“月”也不过同“钟声”“雀噪”一样，只是一刹那的现象。释迦（灵山）问月，慧能（曹溪）指月，而“月”只是空幻而已。“问月”中同样是见指不见月，充分显示了陈洪绶对这一禅宗根本精神的认同。画面中的人物做文士打扮，而并非释迦或慧能，体现了禅宗对于文人士大夫的深远影响。

如果说《杖菊》与《问月》体现了禅宗的哲思，《谱泉》则是禅意生活化的象征。茶圣陆羽（733—804）怡然坐在池边，手持茶杯，身旁放着茶壶、茶炉。宛若《茶经》中对品水的实践：“其水，用山水上，江水中，井水下。其山水，拣乳泉石池漫流者上，其瀑涌湍漱勿食之。”在禅门日常中，茶是常见的饮品与待客之物。唐代的赵州和尚曾有一段与茶相关的著名公案：

> 师问新到：“曾到此间么？”曰：“曾到。”师曰：“吃茶去。”又问僧，僧曰：“不曾到。”师曰：“吃茶去。”后院主问曰：“为什么曾到也云吃茶去，不曾到也云吃茶去？”师召院主，主应喏，师曰：“吃茶去。”①

在这则被称为“赵州吃茶”的公案故事里，赵州和尚以吃茶为机锋，面对一切问题。吃茶成了禅法的象征，放下一切，随心清净。不论世间来去，禅门皆以一碗茶待之。故而宋代大德圆悟克勤在日本弟子明庵荣西归国时，手书“禅茶一味”相赠，明示禅与茶之间的关系。陈洪绶将描绘饮茶的《谱泉》纳入自己幻想的隐居生活之中，足见其希望细品茶之味、禅之味。

陈洪绶晚年的鬻画生涯，虽名为隐逸，实则寒苦。《隐居十六观》中的世界，对他而言是一个禅意盎然的避世净土，在这里的禅话、雅事中，安顿自己饱经国破家亡、颠沛流离的心灵。画面中的人物皆穿汉装，在清朝改装易服的政策下，表面上借名古人、高士，实则反映了陈洪绶对于故国、汉俗深深的坚守。这套作品完成一年后，陈洪绶告别朋友，回到故乡诸暨“趺坐床箦，喃喃吟佛号而卒”，享年 55 岁。

另一位年轻时曾游历江南的名士唐泰，由于故居滇南，对明代江山多了一分坚持与执着。他师从明代曹洞宗高僧湛然圆澄（1561—1626），法名普荷；明亡之后正式出家，并出走鸡足山，改名通荷，号担当。在坚守南明的岁月里，

① ［宋］普济集：《五灯会元》卷四，《续藏经》第 138 册，台湾新文丰出版公司，1995 年，第 56 页。

他同样将故土之思寄于禅意与笔墨中。其画作《太平有象图》（图 6–5）完成于 1658 年，其时南明永历帝朱由榔（1623—1662）被大西军余部李定国、孙可望等拥护，坐镇云南，反清复明依稀有望。画面中一老僧立于青松斜出的山崖之下，面带微笑，身边卧着一只大象。有题识“永历戊戌九月，绍初寿图，花甲再新，太平有象。担当”，坦然署永历年号，并以“太平有象”为画眼，表现了担当禅师对于南明重新收复江山的殷殷期望。画中的老僧正是担当自己的形象，反映出他希望自己能够为“太平有象”做出贡献。其后，担当禅师前往保山一带寻找大西军，可惜清军阻挠，未能如愿。1662 年，永历帝在昆明被绞死，担当禅师复国的希望也彻底破灭。1673 年，担当禅师临死前书偈：“天也破，地也破，认作担当便错过，舌头已断谁敢坐。”直到最后，他依然在挂念天残地破的故国。

担当禅师在心怀家国的同时，也曾尝试着在山水与禅法中解脱自己。其山水画作曾受到董其昌的指导，布景、用笔上深得董其昌之精髓，但其笔意狂放、构图简洁，完全不同于董其昌的文气。他曾自书山水画与禅的关系：

> 自古法书名画，非韵人不能领其趣，非名山不能传之久。然大半以落于僧手者为幸。何也？僧以冰雪为骨，以山水为命，且经禅之暇，无一俗扰。故专以韵胜，而法书名画，亦乐就之。然不无犯造物之忌，余有一法相赠，曰有若无，将以淡之也。淡则与物无着，与我无染，即生万宝业中，而神情自寂，其乐当何如哉？①

担当禅师眼中的禅意世界是清净无染的世界。故而在书法、绘画上讲求“与物无着、与我无染”。这种与世无染的境界来自六祖慧能的“本来无一物，何处惹尘埃”，来自老师湛然圆澄的“所谓心性亦无着脚处，何况其他焉”。而担当认为表现在绘画上，则是一个“淡”字。其画作有相当一部分的作品墨色淡雅，有的纯粹以中锋线条勾勒山石轮廓，不加或少加皴染。如《渔乐图》（图 6–6）以淡色线条勾勒两岸山石，重墨加苔点即成。山石的结构全部用毛笔中锋绘制，大量的留白及为数不多的浓黑苔点，拉开了画面的层次感与空间感，嶙峋怪石跃然纸上。这样的山水境界如同担当自己所言：“老衲笔尖无墨水，要从白处想鸿蒙。”

除画面色彩简淡、擅长留白之外，担当的画作还表现出笔意与墨法的自由。

① ［明］担当：《担当诗文全集》，云南美术出版社，2003 年，第 381 页。

题识：永历戊戌九月，绍初寿图，花甲再新，太平有象。担当。

赏析：这幅作品在树石的皴染上颇得董其昌的真传，但担当禅师更强调笔墨的抒情性与表现力，粗重的墨色与细笔勾绘的老僧、卧象形成对比，突出了人物立足山崖一角而心怀天下的心态。画中老僧为担当禅师自己的写照，此时担当禅师已过花甲之年，但是永历帝短暂的励精图治依然使他满怀希望地画下了这幅作品。

图 6-5 《太平有象图》，担当，明，纸本水墨，高 116 厘米，横 55.6 厘米，云南省博物馆藏

题识：要知渔子乐，不在钓竿头。担当。

赏析：画家以中锋用笔勾勒出两山对峙的嶙峋怪石，颇似云南石灰岩结构的山水特征。浓淡不一的墨点绘制出山石的体量、阴阳向背，用笔大胆、草率却直抒胸臆。两山间的留白处涂抹一笔淡墨，即成远山，拉开了画面的空间距离，展现出担当禅师高超的图像经营能力。怪石下的舟点出画作主题，颇具情趣。

图 6-6 《渔乐图》，担当，明，纸本水墨，高 102.2 厘米，横 55.6 厘米，故宫博物院藏

图 6-7 《溪亭垂钓图》，担当，明，纸本水墨，高 96.3 厘米，横 46 厘米，故宫博物院藏

题识：以近八旬翁，老眼偶在纸画中摸索，不知翻正。然今日世界不曾翻转过来，歇不得手。亦岂得气之先者耶？一叹。担当。

赏析：画面中以淡墨轻涂远山，近处有一穿蓑衣的渔翁，站在岸边垂钓，同样以淡墨勾画。远、近的淡笔使得中间颠倒的山石尤其醒目，特别是笔笔浓墨点出的灌木枝叶在画面上显得触目惊心。结合题识可知，这幅作品表现的是大明江山已经覆灭的"反转世界"。画家悲愤、痛苦的心情通过狂放的笔墨力透纸背，让人为之一叹。

担当的书法极佳，其风格清奇、简约而不失豪迈[①]。书法线条的熟练运用，也使得他的画作容易表现出内心的激烈与肆意。如《溪亭垂钓图》（图 6-7）以淡墨染远山，细笔画近处的垂钓人物，却在画面的最中心，用急促的线条画凸起山石，并以浓墨用极其杂乱的短线画出一片倒置的树木，从中可以感受到画家激烈的情绪与痛苦。

可知此画为担当禅师晚年的画作，枯木怪石、颠倒乾坤，正是他心中的明亡后的世界，无法翻正，只能一声叹息。湛然圆澄禅师曾云："啼得血流无用处，不如缄口度残年。"然而在他的学生担当禅师笔下，一字一画，皆是杜鹃啼血。

① 胡吉连：《明遗民担当书法研究》，首都师范大学硕士论文，2009 年。

第三节 心光与笔墨

明末清初的遗民画家中，八大山人朱耷与石涛是最为重要的两位。作为明宗室成员，“国破山河在”的痛彻心扉在他们身上比其他人都要强烈。作为避乱剃度的僧人，他们在世俗与宗教间徘徊；作为画家，他们开创了山水、花鸟独特而个性的笔墨语言。

明亡之后，作为皇家世孙的朱耷为了避乱出家为僧，拜师于曹洞宗高僧弘敏禅师，直到 1672 年恩师过世。在近二十年的时间里，朱耷云游各处，学习禅法。他自称：“生在曹洞临济有，穿过临济曹洞无，洞曹临济两俱非，羸羸然若丧家之狗。还识得此人么？罗汉道底。”虽为自嘲，实则显示了他通习曹洞、临济两派。在此后的岁月里，他疯癫、病愈，还俗、成婚，卖画以尽终生，尝尽人间悲苦。其字、号极多，如雪个、个山、驴屋、驴汉等，用得最多、也是大家最为熟悉的是“八大山人”，四个字组成一张亦哭亦笑的脸。

绘画创作方面，朱耷早期修习的禅学予以他极深的影响。著名美学家朱良志将其画作称为“不语禅”[①]。如同“释迦拈花、迦叶微笑”一般，没有言语，即得禅意。曹洞宗的祖师洞山良价也有“不语”公案。

> 师示众曰：“体得佛向上事，方有些子语话分。”僧便问：“如何是语话？”师曰：“语话时阇黎不闻。”云：“和尚还闻否？”师曰：“待我不语话时即闻。”僧

① 朱良志：《八大山人研究》，安徽教育出版社，2010 年，第 79 页。

问："如何是正问正答？"师曰："不从口里道。"云："若有人问，师还答否？"师曰："也未曾问。"

问："如何是从门入者非宝？"师曰："便好休。"[1]

这段公案的核心在于禅法不语。禅师眼中，语言只是禅的一种外化，而真正的禅法是不能说、不可说的。故而表达禅法，他人是"听"不到的，而"不语"通过体验与感受或许可以悟到。八大山人的画作就是如此，他本擅书，但其画少有长题，大多数只有几个字的签名而已。"不语"又如何说禅？他所依靠的是画面独特的审美意味与象征含义。

八大山人的画作，非"孤绝"二字不能概括。特别是他的花鸟画，在梁楷式花鸟的基础上更加简练精准，通常只以写意粗笔画寥寥几件物事，大量的空间则以留白来处理。构图方式上很少走寻常路径，对称、平衡、中和之美，在他的画作上是很少体现的，险绝、古怪的花木、树石构图往往给人以视觉上极大的冲击。如《鱼石图》（图 6–8）以对角线画上下两块山石，一大一小、一虚一实，中间的留白处就是溪流，如同逗号般的三五笔淡墨，即成游动的小鱼，笔意简淡，却意趣盎然。画面上半部的山石占据画面高度的三分之二，但却以线条勾勒外轮廓线；下部的石头只占三分之一高，却用墨色苔点，显示其厚重感，大小、黑白、轻重处处产生对比，震撼人心。

在八大山人精心经营的构图里，鱼、鸟等动物常常是画面的主人翁。如名作《莲鸭图》（图 6–9），半边画石、半边画莲，中心正下方的石头上蹲踞着一只灰鸭，山石上方另有一只灰鸭，探头张望。相对于画面巨大的山石与莲叶，两只灰鸭体积小，但却格外醒目。做到这一点源于两方面：一方面，画面下方灰鸭所在的位置，虽是正中的下方，但上方的莲叶、石头相交，以及大面积的留白，如同层层铺垫一般，将观者的视线向下引入；另一方面，山石上的灰鸭，做伸头下看状，明显增加了画面的生气，顺着它的目光，我们再次将焦点集中于画面下方的灰鸭。这种视觉上的步步牵引，灰鸭不论体积大小、色调明暗，都是视觉中心。而这只位于画面重心的灰鸭，却坦然自若地翻着白眼，与包括另一只灰鸭在内的其他物象，没有任何交集，从而形成了一种茕茕孑立式的强烈孤独感。

---

① ［日］慧印校：《筠州洞山悟本禅师语录》卷一，《大正藏》第 47 册，第 510 页。

赏析：这幅作品是八大山人晚期成熟风格的代表性作品，体现了他对笔墨、花鸟画图式的大胆突破。以虚实相生的手法绘制了上下两块景观石，上者采用中锋勾勒轮廓的方式绘制，显得空灵；下者则反复皴擦，形态浑厚犹如铁铸。三五笔淡墨点绘而成的游鱼使得留白处皆成水面。整幅作品立意构思别具一格，禅意深远。

图6-8 《鱼石图》，朱耷，清，纸本水墨，高135.3厘米，横61厘米，美国大都会博物馆藏

赏析：这幅作品是八大山人的代表作之一。积墨而成的荷叶、具有线条美的莲茎、立于石上的孤鸭形成了点、线、面的视觉关系。构图突出了莲下孤鸭，虽然岩上一只鸭向下张望，但两只鸭在视觉上并未建立起联系，相反，更增加了画面的孤独感。其白眼向人的特点表现出八大山人桀骜不驯的心境。

图 6-9 《莲鸭图》，朱耷，清，纸本水墨，高 164 厘米，横 90.6 厘米，美国国立亚洲艺术博物馆藏

孤独是八大山人绘画中特有的境界。他笔下的生命体，不论是动物还是植物，常常独自徜徉于水墨世界里，甚至孤独地停留在虚空之中，无依无靠。如《鱼》(图 6-10）就是这样一幅寂寥的作品。满纸的空白，只在画面中心画了一条白眼向人的游鱼。大千世界，皆是空幻，只余有这条象征八大自己的鱼。鱼与“余”谐音，暗示自己于世间多余之意。

画面上方有八大山人自题诗一首：“到此偏怜憔悴人，缘何花下两三旬。定昆明在鱼儿放，木芍药开金马春。”诗中的昆明池为汉武帝的御苑。《佛祖统纪》载，南梁时士大夫王固曾出使西魏，魏王在昆明池宴请，“以南人嗜鱼，大设网罟。固以佛法禁之，一鳞不获”。昆明池鱼就是象征佛法护持之物。八大山人在这首诗里，表达了自己憔悴、飘零之意，如同游鱼放回昆明池一般，渴望佛法中的安宁。空荡荡的背景，正是他对大千世界的厌倦。如同他在另一首诗里说的那样：“去往天下河山，仅供当时浏览。世界八万四千，究竟瞻顾碍眼。”(《题画山水》）他觉得世界“瞻顾碍眼”，故而他笔下的动物都以白眼向人。而这样的形象也是来源于禅宗，历代禅师里，一双清白眼，睥睨世间者大有人在。

> 生涯如梦若浮云，活计都无绝六亲。留得一只清白眼，笑看无限往来人。（冶父道川）①
>
> 话头一句如弦直，水底游鱼树上鸦。眉下顿开清白眼，笑看尘境乱如麻。（博山无异）②
>
> 穷途白眼正凄惶，忽漫相逢大歇场。放下便为安乐地，何须忉怛费商量。（憨山德清）③

八大山人正是继承了禅师的桀骜不驯，自己和笔下的动物们孤绝于世，白眼笑看芸芸众生。禅法与禅思给予八大山人灵感，

题识：到此偏怜憔悴人，缘何花下两三旬。定昆明在鱼儿放，木芍药开金马春。甲戌（1694）八月二十六日画并题，八大山人。

赏析：画面中以空当水，没有任何背景与点缀，只用墨点与线条刻画了一尾孤独游弋的鱼，坦然自若地翻着白眼。简单的物象、隽永的用笔即反映出画家的孤独，对周围一切的蔑视与不屑。墨笔点点，直写胸臆。

图6-10《鱼》，朱耷，清，纸本水墨，高90厘米，横50厘米，西泠印社2014年春拍

① ［宋］法应集：《禅宗颂古联珠通集》卷五，《续藏经》第115册，台湾新文丰出版公司，1995年，第56页。
② ［明］弘瀚编：《无异元来禅师广录》卷十八，《续藏经》第125册，台湾新文丰出版公司，1995年，第241～242页。
③ ［明］福善录、通炯编：《憨山老人梦游集》卷三十六，《续藏经》第127册，台湾新文丰出版公司，1995年，第736页。

使其创作出独具个性的艺术语言，同时，也如甘霖一般，滋润着他漫长而孤傲的一生。

与朱耷不同的是，明朝覆灭时朱若极年龄尚小，为了避难，他同样剃发出家，法名原济，一作元济、道济，字石涛。相对于前朝遗民固怀的亡国之思，他似乎更能安隐于禅门与山水。在皖南居住的十余年间，他深得烟雨迷蒙的黄山与敬亭山的熏染，山水自是一绝。长期的修佛参禅与山林蒙养使得石涛形成了独特的艺术观，《画语录》是其艺术理论的代表作。这部以山水画论为主题的大作共十八章，讨论了笔墨、运腕、氤氲、山川等绘画技巧问题。其中最为重要的，也是石涛绘画思想的精髓，就是开篇讲述的“一画”。

> 太古无法，太朴不散，太朴一散而法立矣。法于何立，立于一画。一画者，众有之本，万象之根；见用于神，藏用于人，而世人不知，所以一画之法，乃自我立。立一画之法者，盖以无法生有法，以有法贯众法也。夫画者，从于心者也。山川人物之秀错，鸟兽草木之性情，池榭楼台之矩度，未能深入其理，曲尽其态，终未得一画之洪规也。行远登高，悉起肤寸。①

关于“一画”的讨论，是中国古代书画美学史上的重要议题。对此很多学者都提出了自己独到的看法，如美术理论家俞剑华觉得“一画”即一笔一画，是万画之始；画家吴冠中则提出“一画之法即表达自己感受的画法”；而美学家朱良志则认为，“一画”是受禅宗影响的绘画法则。

> 石涛所谓“一画”，是一个不为任何先行法则所羁束的艺术创作原则。世人说的是“有”或“无”，他说的是“一”。他的“一”，不是数量上的“一”，不是一笔一画，是超越有和无、主观和客观、现象与本体等的纯粹体验境界。他的一画之法，就是为了建立一种无所羁束、从容自由、即悟即真的绘画大法。②

这段论述中朱良志将“一画”之“一”定义到超越主客体、现象与本质的高度。这样的体验，恰似禅定“三昧”。在这一过程中，绘画创作如同禅定一般，真实存在的山水如同引人顿悟的机锋，通过画家之手创作出的绘画作品则是禅定时“华枝春满，天心月圆”般感受的视觉呈现。石涛在将绘画与禅定建立联系之后，在他的“画语录”中出现了大量的“我”“予”。

---

① ［清］道济著，俞剑华点注：《石涛画语录》，人民美术出版社，1959 年，第 3 页。
② 朱良志：《石涛研究》，北京大学出版社，2005 年，第 7 页。

古今造物之陶冶也，阴阳气度之流行也，借笔墨以写天地万物而陶泳乎我也。

我之为我，自有我在。古之须眉，不能生在我之面目；古之肺腑，不能安入我之腹肠。我自发我之肺腑，揭我之须眉。

山川使予代山川而言也，山川脱胎于予也，予脱胎于山川也。搜尽奇峰打草稿也。山川与予神遇而迹化也，所以终归之于大涤也。①

石涛之前的画家，在讨论山水画创作时，或是讲求以画笔模仿天地自然；或是讲求所谓的“道”，如“以一管之笔拟太虚之体”；或是强调自我主观情感的发泄，如“仆所谓画者，不过逸笔草草聊以自娱耳”。在石涛这里，客体的山川湖海、古人的笔墨文章都成为“陶泳”“我”的材料，绘画是为了“发我之肺腑，揭我之须眉”。这正如禅宗对自我心性的肯定，“一念即可成佛”。石涛的画作也正是在彰显心性的“一念”。

如其名作《搜尽奇峰打草稿》（图 6–11），完成于康熙三十年（1691）。其年石涛游居京城，绘画思想与艺术创作俱已成熟。此画虽名为“打草稿”但绘制精细，先用细致、清淡的披麻解索皴绘制层层山峦，再以重墨绘制山间茂密的树木、勾染苔点，使得画面色泽丰富、层次清晰。间杂着草庐、屋舍、竹桥、小径，留白处理的溪流环山而过，最后在画面左侧汇入湖泊之中，形成一个可居可游的水墨天地。在题识中，石涛说出自己的心语：“此某家笔墨，此某家法派。犹盲人之示盲人，丑妇之评丑妇尔，赏鉴云乎哉。不立一法，是吾宗也；不舍一法，是吾旨也——学者知之乎？”此时的京城，正笼罩在崇尚前人笔墨、以得元人“脚汗气”为荣的清初四王的画风之下。虽然石涛这幅作品同样能够看到黄公望和倪瓒的影响，但他直写胸中天地，将前人的优秀元素化为己用，结合自然景物的蒙养推陈出新，所呈现的画卷别具一格。

《云山图》（图 6–12）则展现出石涛对笔墨的创新之处。这幅作品墨色浓郁厚重，饱含烟云之气，如同雨中黄山一般。淡墨与水自然结合渲染成山体与乌云，再以焦墨施牛毛皴画出山头的纹理与树木，其余地方大胆留白，营造出白云环绕的视觉效果。笔、墨、水的效果令人耳目一新。正如黄宾虹赞叹的那样：“石涛精于破墨，以浓墨破淡墨，淡墨破浓墨，甚为精彩。”画面上部乌云中书写的题识里，石涛认为这种崭新的画法“自脱天地牢笼之手归于自然”。这种脱出天地的自然实乃禅者心中之自然，即“身是菩提树，心如明镜台”，天地化我而合一。

① ［清］道济著，俞剑华点注：《石涛画语录》，人民美术出版社，1959 年，第 4 ～ 5、49 页。

郭河陽論畫山有可望者可遊者可居者余曰江南江北水陸平
川新沙古岸是可居者淺則赤壁蒼橫湖橋斷岸深則林
巒翠滴瀑水懸争是可遊者峰峰入雲飛巖墮日山無
凡土石長無根木不妄有是可望者今之遊于筆墨者
總是名山大川未覽幽奇險峻屋何居出郭何曾百里入室
那容半年交泛濫之酒杯貨簇新之古董道眼未明縱
橫習氣安可辯焉自之曰此某家筆墨此某家濃淡猶
盲之示盲人醜婦之評醜婦爾賞鑒云乎哉不立一法是
吾宗也不捨一法是吾旨也學者知之乎時辛未二月
余將南還客且憨齋宮紙餘案主人慎庵先生索画并識
請教清湘枝下人石濤元濟

（局部）

图 6-12 《云山图》，石涛，清，纸本水墨，高 45.1 厘米，横 30.8 厘米，故宫博物院藏

题识：

写画凡未落笔先以神会，至落笔时，勿促迫，勿怠缓，勿陡削，勿散神，勿太舒，务先精思天蒙，山川步武，林木位置，不是先生树，后布地，入于林出于地也。以我襟含气度，不在山川林木之内，其精神驾驭于山川林木之外。随笔一落，随意一发，自成天蒙。处处通情，处处醒透，处处脱尘而生活，自脱天地牢笼之手归于自然矣。大涤子江上阻风题此。

用笔有三操：一操立，二操侧，三操变。有立有侧有画，始三人也。一在力，二在易，三在变。力过于画则神，不易于笔则灵，能变于画则奇，此三格也。一变于水，二运于墨，三受于蒙。水不变不醒，墨不运不透，醒透不蒙则素，此三胜也。笔不华而实，笔不绣而力，笔不过而得，如笔尖墨不老，则正好下手。处此不擅用笔之言，唯恐失之老。究竟操笔之人，不背其尖，其力在中，中者力过于尖也。用尖而不尖，则力得矣。用尖而识尖，则画入矣。舟过真州，友人欲事笔，索余再题。清湘大涤子极壬年三月乌龙潭上观桃花写此。

赏析：这幅作品充分展示了石涛对于笔墨所呈现的视觉效果的探索。画面中采用破墨的手法晕染背景，造成乌云压顶之势。淡墨晕染与细密黑重的牛毛皴皴染山石向背，并以焦墨绘制近处的松枝，呈现出润湿厚重的视觉效果。山石与乌云间留白以示云烟，使得画面由白至黑层次丰富多变，氤氲之气由墨而生。

第四节 禅意众生

明清时期禅、净土等法门在民间广为普及，大量居士也有自己在家供奉、参禅的需求，故而佛教绘画市场日益繁荣。与寺院中坚守造像的仪轨与法度不同，禅学的兴旺，以及宋元以来写意人物画的发展，使得文人雅士和附庸风雅的商贾更热衷意味深远的禅意画。清代中期活跃于江南一带的扬州八怪就是将佛教、艺术、市场三者紧密结合的代表。他们笔下的菩萨、圣贤不再是华丽端庄的圣像，笔墨的解放、禅意的注入，使得这些图像充满了诗意与趣味，展现出一个“众生皆有禅意”的书画世界。

扬州八怪中的金农（1687—1764），出生在一个佛教信仰浓厚的家庭，父母皆是虔诚的佛教徒。青少年阶段，他曾经跟随父亲在寺院礼佛、居住，与禅僧们多有交往，特别是杭州水乐洞亦谙禅师与他过往甚密。他在自己的诗文集《冬心先生续集》序言中曾感叹道：“念玉溪生有打钟扫地为清凉山行者誓愿，因亦誓愿五十之年便将衣裓入林，得句呈佛，经送余生。”[①]虽然金农晚年并未出家，但自号莲身居士，禅宗思想予以他一生的影响。对于佛教作品，金农以非常真诚的心态去创作：“余年逾七十，世间一切妄念种种不生，此身虽属秽浊，然日治清斋，每当平旦，十指新沐，熏以妙香，执笔敬写，极尽庄严，尚不叛乎昔贤遗法也。”所以，其佛像画作有的虽夸张变形，但依然形象端庄，虽为出售、赠送之用，但毫无亵玩之意。并且这些作品秉承了宋元以来以图悟道参禅的艺术追求，从视觉效果到

① ［清］金农：《冬心先生续集》，《扬州八怪诗文集（三）》，江苏美术出版社，1996年，第25页。

心灵体验都颇为震撼。如其代表作品《佛像图》(图 6–13)，画面当中为红衣释迦立像，披发留须，闭目微笑，双手拢于衣袖之中。这一形象源自《释迦出山图》，描绘的是释迦结束苦修的时刻。释迦面容恬淡，嘴角隐含笑意，当是一切成竹在心。人物波迭的衣纹充满着金石感，宛如刀刻一般。人物背景为繁密的文字，记录了佛画的传承与自己借古创新的心意。

以擅画鬼趣而闻名的扬州八怪之一的罗聘（1733—1799）亦长于绘制罗汉、高僧像。他 24 岁时拜金农为师，跟随金农学习绘画。出于对老师的尊敬，他自号“师莲居士”。在他活动于扬州卖画为生的岁月里，佛教人物是其经常创作的一个主题。他的画作带有鲜明的个人风格，颇具妙趣。如清代秦祖永评价为“人物佛像，尤奇而不诡于正，真高流逸墨，非寻常画史所能窥其涯涘者也”。《高僧乞米图》(图 6–14）是其佛教人物画的代表作。画中人物的袈裟衣纹以直线皴擦，如神针细衲，据题识而知这种画法取自髡残（1612—1692），然而还是不难发现金农绘画的“金石味”给罗聘的影响。这种笔墨绘制而成的高僧像颇有石躯铁干的质感，整个人物如同石质雕塑一般，趣味高古。“乞米”源自释门弟子托钵乞食的传统，而画面中的高僧头戴风帽、满面胡须、双手托钵的形象显然借鉴了达摩祖师的模样。禅门之中，佛钵往往是传承的信物，表面上这幅作品画的是乞米，实际上暗含了“衣钵正统”之意，迎合了出家、在家人的喜好。整个画面以金石般的高僧，配以罗聘别具风格的草书，可谓是“意趣盎然”。题材喜闻乐见，又符合禅宗寂寥孤绝的美学特点。这样印记明显的作品，在书画市场上自然受到求禅好道者的喜爱与追捧。

如此风气之下，禅意也成为画家的“卖点”。“水月镜花”，是禅宗的常见意象，它直指禅宗核心思想，水中月、镜中花，都是“空”的代名词。如玄奘所译的《大般若波罗蜜多经》载：“善观诸法皆同幻事、阳焰、梦境、水月、响声，亦如空花、镜像、光影，又等变化及寻香城，知皆无实唯现似有。”① 而伴随着佛教的普及，这一名词普通群众皆耳熟能详。面对这一题材，汪士慎（1686—1759）的《镜影水月图》(图 6–15）用写意的手法表现了一个抱膝静坐，面对水中月参悟的禅僧。画面下方有题识：“镜中之影，水中之月；云过山头，狮子出窟。”前两句指“空”。“云过山头”象征着禅定，而狮子则指代佛法。镜花水月，为“空”的表象；实写禅僧观月，则是“空”的化象。

① ［唐］玄奘译：《大般若波罗蜜多经》第 401 卷，《大正藏》第 7 册，第 1 页。

题识：汉明帝时，佛从西域鸡足山来，入中国。其教日兴，后之奉者皆四天下。智慧之士下至凶暴之徒，未尝不畏其果报而五体投地也。若晋卫协画七佛图，顾恺之瓦官寺画维摩诘像，前宋陆探微甘露寺画宝檀菩萨像，谢灵运天王堂画炽光菩萨像，梁张僧繇天皇寺画卢舍那像，隋展子虔画伫立观音像，郑法士永泰寺画阿育王像，史道硕画五天罗汉，尉迟跋质那婆罗门画宝林菩萨像，其子乙僧光泽寺画音乐菩萨像，唐阎立本画思维菩萨像，吴道子画毗卢遮那佛像，卢楞伽画降灵文殊菩萨像，杨庭光画长寿菩萨像，翟琰画释迦佛像，李果奴画无量寿佛像，王维画孔雀明王像，韩干画须菩提像，周昉画如意轮菩萨像，辛澄画宝生佛像，左全画师子国王变相，范琼画正坐佛图，张南本圣寿寺画宾头变相，张腾文殊阁下画报身如来像，梁朱繇画香花佛像，跋异福光寺画自在观音像，后晋王仁寿画弥勒下生像，南唐王齐瀚画辟支佛像，前蜀杜子环画侍香菩萨像，杜觊龟画毗卢那像，释贯休画应梦罗汉像，吴越释蕴能画妙身如来像，富玫画白衣观音像，宋石恪画药师佛像，周文矩画金光明菩萨，武洞清画智积菩萨像，侯翼画宝印菩萨像，勾龙爽画普陀水月观音像，李公麟画长带观音像，关仝画龙窠佛像，董源画定光佛像，黄居寀画著色观音像，梁楷画行化佛像，赵广画披发观音像，赵伯驹画释迦佛像，智什画白描阿弥陀佛像，释梵隆画十散圣像。历代画之，今则去古甚远，不可得见，惟于著录中想慕而已。余年逾七十，世间一切妄想种种不生。此身虽属浊，然日治清斋。每当平旦十指，新沐熏以妙香，执笔敬写极尽庄严，尚不叛乎

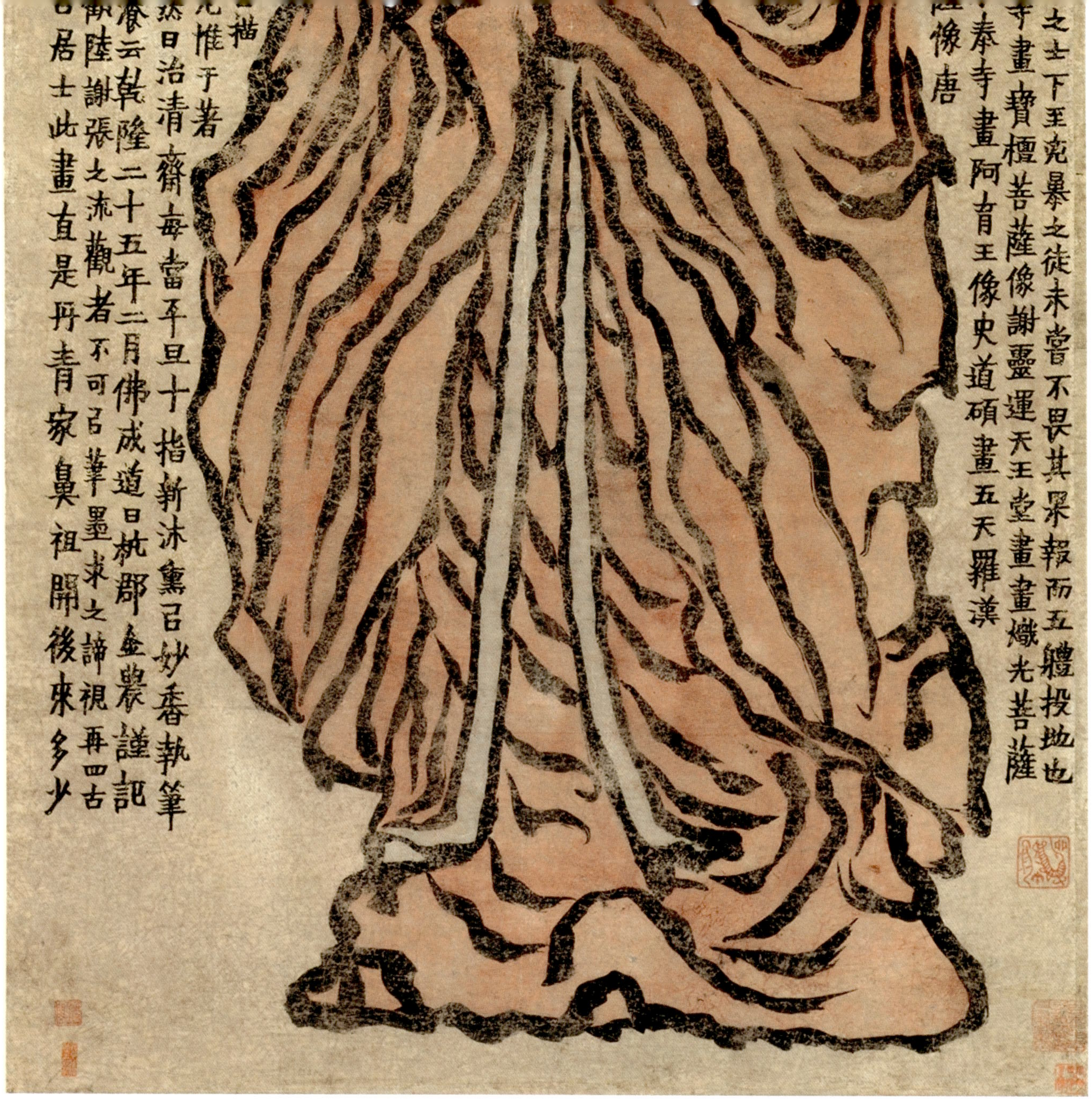

古法也。世多善男子愿一一贶之永充供养云。乾隆二十五年二月佛成道日，杭郡金农谨记。余画诸佛及四大菩萨、十六罗汉、十散圣，别一手迹，自出己意，非顾、陆、谢、张之流，观者不可以笔墨求之。谛视再四，古气浑噩，足千百年恍如龙门山中石刻图像也。金陵方外友德公曰："居士此画直是丹青家鼻祖开后来多少宗支。"余闻斯言，掀髯大笑，七十四翁农又记。

赏析：金农以富有金石味的"颤笔"勾画出释迦出山的形象。释迦面部的须发以淡墨绘成，他身穿红衣，双手合十，整个人物如同雕塑一般，具有体积感与分量感。画面背景是金农以其特有的"漆书"书写的佛教艺术发展史、历代名家作品，以及自己学古、但是抒发己意的艺术追求。字画结合颇具古意，体现了金农对于画面形式美的追求。

图 6-13 《佛像图》，金农，清，纸本设色，高 133 厘米，横 63 厘米，天津市博物馆藏

题识：予见电住道人画高僧乞米图，僧衣上纯用破笔直下，细观之即唐欧阳炯诗所谓“神针细衲万行斜”是也，因窃其法，颇有似处。花之寺僧罗聘。

赏析：这幅作品题为仿髡残笔意，以短、直的线条皴染高僧袈裟，如同“神针细衲”一般。高僧被以富有笔意的波磔线条绘制出外轮廓，面部、手持的佛钵极其简略，突出了画面独特的皴法。整个人物向背分明，如同山石一般富有立体效果，展现出古拙、硬朗的美感。

图 6-14 《高僧乞米图》，罗聘，清，纸本设色，高 110 厘米，横 42.2 厘米，广东省博物馆藏

题识：镜中之影，水中之月；云过山头，狮子出窟。清湘老人曾有此幅，近人偶一摹写，以博明眼一笑。

赏析：题识中写此画仿自石涛，但却充满了汪士慎的个人风格。画面中的水、墨合和成混沌的天地，云中月与水中月交相辉映，不分彼此。一高僧抱膝坐在岸边观想，以镜像水月，图写空幻，立意高远，禅味十足。

图 6-15 《镜影水月图》，汪士慎，清，纸本水墨，高 119.5 厘米，横 53.5 厘米，广东省博物馆藏

明清绘画市场的繁荣、佛教绘画题材的多样，使得禅意画也不再局限于特定的画家群体或固定的风格，而是如同“凡有井水处，即能歌柳词”一般，弥漫在生活、艺术的方方面面。

这一时期，禅宗散圣受到民众的广泛欢迎，如达摩祖师、钟馗、和合二仙、布袋和尚等。与佛、菩萨的宝相庄严相比，这些人物的形象更为活泼多样，特别是在扬州八怪或者其他民间画家手里更是突破了宗教的神圣感，贴近了普通民众的生活。试举两例。

禅宗寺院之中，初祖达摩有着崇高的地位。平日在祖师堂中张陈其像作为纪念，“达摩忌”则专有祭祀的法事仪轨。禅寺中的达摩像一般表现为形貌端严的胡僧，突显其祖师的身份；而在独具匠心的艺术家笔下，则侧重于表现九年面壁或一苇渡江等故事性场景，突出趣味性。如明代宋旭（1525—？）所作的《达摩面壁图》（图 6–16）为山水画和人物画的结合，浅绛色的层层山石环绕，山洞中的红衣达摩侧面结跏趺坐，在一片山色中格外引人注目。红色袈裟包裹全身的达摩，观壁深思。达摩的衣纹、外轮廓线极其简练，与精细的面部刻画构成鲜明的对比。作品通过环境的营建，突出了九年面壁的苦寒，而达摩身着的红衣，宛若代代相传的灯火。同样以对比的手法刻画达摩的还有清代乾隆年间画师傅雯所绘的《设色达摩图》（图 6–17）。达摩身穿白衣，赤足立于画面正中，面部设色，表情生动细致，瞠目张口欲说禅语的胡僧形象跃然纸上。所穿的白衣袈裟则仅仅勾勒外轮廓线，大胆采用了留白的处理方式。背景以淡墨略加渲染，在突出袈裟的色泽的同时，也表现出了达摩步行江边，翩然欲渡的身姿。

另一位明清时期颇受民间喜爱的散圣钟馗，原为中国民间信仰中的一位神灵。其名可能来自傩仪。敦煌文书中的《除夕钟馗驱傩文》载“铜头铁额，浑身物总着豹皮。教使朱砂染赤，咸称我是钟馗，捉取浮游浪鬼”。而后据沈括的《梦溪笔谈》载，唐玄宗夜梦，有蓝衣人捉鬼，自称：“臣钟馗氏，即武举不捷之士也，誓与陛下除天下之妖孽。”[①] 唐玄宗于是诏来画工吴道子把他画了出来。此后市井百姓之家便有端午节张贴钟馗画像用以驱邪的习俗。佛门同样继承了这一传统，将钟馗纳入佛教护法神的系统之中。如南宋时天童如净禅师有语：“天苍苍，地皇皇，还知么，钟馗元是鬼。咄，赤口并消亡。且道，如何衲僧八面无门户，今古寥寥白昼长。”[②] 这便是端午节观钟馗像所发的禅语。明初松隐德

① 王树村：《中国年画史》，北京工艺美术出版社，2002 年 7 月，第 55 页。
② ［宋］文素编：《如净和尚语录》，《大正藏》第 48 册，第 124 页。

题识：万历乙巳春仲，善男子宋旭拜写。

赏析：画家以细致的笔法绘制了层层山石包围下的禅窟，达摩身穿红衣面壁而坐，构图富有新意。山石的墨色将红衣达摩衬托得耀眼夺目，达摩的坐姿与衣纹具有程式化的倾向，其表情恬淡，寂然望壁，显然正在参悟之中。达摩身旁放置了一个小小的布包裹，增添了一丝生活化的气息。

图 6-16 《达摩面壁图》，宋旭，明，纸本设色，高 121.5 厘米，横 31.5 厘米，广东省博物馆藏

题识：乾隆丁丑春，凯道人雯摹吴道子法。

赏析：画家以淡墨微微渲染背景，制造出云水苍茫的视觉效果，达摩赤足立于江边，面部为工笔刻画而成，眉目、胡须一一清晰，身上所着的白衣则以毛笔中锋写轮廓线而成，简单至极。体现出达摩渡江无声无色、无踪无迹的美感。

图 6-17 《设色达摩图》，傅雯，清，纸本设色，高 120 厘米，横 58 厘米，重庆中国三峡博物馆藏

然禅师端午节亦云："目前无怪异，不用贴钟馗。"[1] 禅师通过画像自证禅机，民间流传着钟馗嫁妹等传说，画家也从各个角度展现钟馗的形象。与传统的驱鬼不同，明清时期的画家笔下的钟馗有的庄重，有的诙谐，饶有兴味，也早已远离了驱邪打鬼的功能。如明人袁尚统（1570—1661 年后）的《钟进士像》（图 6-18），画蓝衣钟馗，携二小鬼，矮小鬼捧着梅花，钟馗回首观梅。结合题识可知这是一幅恭贺新春的吉利画，并非表现端午的民俗。清代华嵒（1682—1756）的《钟馗赏竹图》（图 6-19），钟馗身着白衣负手持扇而立，身前为二小童，周围有竹林、太湖石点缀。除却钟馗面容粗陋，其余一切细节都宛若修身养性的文士，文人气息浓厚的环境与钟馗这一主人公形成强烈反差，给人以深刻印象。

明清时期，一个佛教故事、三位"散圣"的组合有了新的意义。北宋陈舜俞在《庐山记》中系统讲述了这个关于东晋庐山白莲社的故事："流泉匝寺下入虎溪，昔远师送客过此，虎辄号鸣，故名焉。陶元亮居栗里，山南陆修静亦有道之士，远师尝送此二人，与语合道，不觉过之，因相与大笑。今世传三笑图盖起于此。"[2] 表现慧远大师、陶渊明、陆修静三人过虎溪的故事、图画在北宋时依然是弘扬慧远大师创立净土宗的主题。但是到了明代，这一图像与当时的宗教政策紧密联系了起来。魏晋南北朝出现的三教合流思想，在明代已经成为普遍的认知，并且是统治者推行的基本国策，明太祖朱元璋（1328—1398）即提出儒"立纲陈纪，辅君以仁，功莫大焉"，释、道"化凶顽为善，默佑世邦，其功浩瀚"[3]。明宪宗朱见深（1447—1487）更是亲治《一团和气图》，以示儒释道三家一体。这样的政策得到了儒、释、道三家的积极响应，各家纷纷从哲学上、教理上予以回应和支持。如晚明高僧憨山德清就认为："为学有三要，所谓不知《春秋》，不能涉世；不精老庄，不能忘世；不参禅，不能出世。"[4] 这种社会环境之下，明清时期大量的《三教圣人图》（图 6-20）、《三教人物图》流行于世，如明王彬（1567—1620）的画作，就明显在"虎溪三笑"的基础上加以变化。画面中松石点景，表示山间溪畔，画面一侧的白发道人和长须儒士为陆修静和陶渊明，另一侧穿红色袒右袈裟的为慧远大师，三人言笑晏晏，怡然前行。头戴儒巾、身穿灰色袍服的陶渊明，显然是画面的中心，重点突出了儒家为尊、道释为辅的时代主题。

---

① ［清］行悦集：《列祖提纲录》，《续藏经》第 112 册，台湾新文丰出版公司，1995 年，第 760 页。

② ［宋］陈舜俞：《庐山记》卷二，《景印文渊阁四库全书》第 585 册，第 21 页。

③ ［明］朱元璋：《拔儒僧文》，摘自石峻、楼宇烈等编：《中国佛教思想资料选编》第 3 卷第 3 册，中华书局，2014 年，第 236 页。

④ ［明］福善、通炯编：《憨山老人梦游集》卷三十九，《续藏经》第 127 册，台湾新文丰出版公司，1995 年，第 777 页。

梅占春消息福来當正笏
髯如鐵足踐實寳劔驅邪古
司直問尒居何職系何籍終
唐朝進士終南客
文狀元題辭
雪軒姚浩書
辛卯春日
袁尚統寫

图 6-18 《钟进士像》，袁尚统，明，纸本设色，高 60 厘米，横 33.5 厘米，广东省博物馆藏

题识：辛卯春日，袁尚统写。梅占春消息，福来当正笏。髯如铁，足践实，宝剑驱邪。古司直问：尔居何职？系何籍终？唐朝进士终南客。文状元题辞。雪轩姚浩书。

赏析：画面中钟馗身穿浅蓝色官服，手持笏板，携二穿兽皮裙的小鬼。二小鬼一者手捧宝剑，一者手捧梅花枝，钟馗腆着肚子回首，颇具生活化的意趣。结合题识，可知梅花表示春到、笏板象征福气、宝剑有驱邪之意，为恭贺新春的画作。

以上种种，真实而客观地反映了禅思、禅意在明清美术中的诸多体现。在这个阶段，佛教已经成为中华传统文化不可分割的一部分，以禅宗为代表的优秀的哲学思想、精美的图像样式滋养了人们的心灵；大乘佛教的兼容并包，以佛法诠释万物，给仕途者以梦想，给修行者以希望，给贫苦者以安慰。作为佛法之表象，禅意绘画也呈现出前所未有的丰富面貌。僧侣、画工、文人、职业画家的加入，使得作品的数量、题材有了大幅提高，画作的内涵也趋于丰富。图解仪轨者、阐释法理者、寄情山水者皆有之，为民众喜闻乐见的作品也日益增多。这使得中国佛教逐步走入民间，融入世俗与生活。诚可谓："无处青山不道场，何须策杖礼清凉？"

题识：丁巳五月五日华嵒写。

赏析：画中表现江南园林一角，高耸的太湖石与森森竹林的搭配显得颇为清雅。钟馗着白衣，手持蓝色扇子做文士状；身旁两个小童一个穿红衣，一个穿白衣，举手若语。整幅画作具有强烈的文人画的意境，特别是墨竹的图绘，疏密得当，显示出画家不群的功力。充分体现了禅、文人、民俗审美趣味的结合。

图 6-19 《钟馗赏竹图》，华嵒，清，纸本设色，高 176 厘米，横 95 厘米，天津市博物馆藏

赏析：画面中的陶渊明、慧远大师、陆修静象征着儒、释、道三家，故而在人物形象上三者有模仿孔子、释迦、老子的痕迹。三人立于松树之下，言笑晏晏，体现了儒、释、道三教的融合。整件作品人物刻画细腻，颇具古意，体现了明代人物画的复古倾向。

图 6-20《三教圣人图》，王彬，明，纸本设色，高 123 厘米，横 49.5 厘米，重庆中国三峡博物馆藏

参考书目

中文史籍类

[唐]房玄龄等编撰:《晋书》,中华书局,1974年。

[后晋]刘昫等:《旧唐书》,中华书局,1975年。

[清]张廷玉:《明史》,中华书局,1974年。

[清]董诰等编:《全唐文》,中华书局影印,1983年。

[清]曹寅、彭定求编修,中华书局编辑部点校:《全唐诗》,中华书局,1999年。

卢辅圣主编:《中国书画全书》,上海美术出版社,1993年。

陈高华编:《隋唐画家史料》,文物出版社,1987年。

陈高华主编:《宋辽金画家史料》,文物出版社,1984年。

[唐]张彦远:《历代名画记》,人民美术出版社,1964年。

[唐]段成式:《寺塔记》,人民美术出版社,1964年。

[明]担当:《担当诗文全集》,云南美术出版社,2003年。

[清]道济著,俞剑华点注:《石涛画语录》,人民美术出版社,1959年。

佛教典籍类

[后秦]佛陀耶舍译:《长阿含经》,《大正藏》,第1册。

[唐]地婆诃罗:《方广大庄严经》,《大正藏》,第3册。

[后秦]鸠摩罗什译:《禅秘要法经》,《大正藏》,第15册。

[后秦]鸠摩罗什译:《坐禅三昧经》,《大正藏》,第15册。

[隋]慧远:《大乘起信论义疏》,《大正藏》,第44册。

[东晋]僧肇:《肇论》,《大正藏》,第45册。

[宋]惠泉集:《黄龙慧南禅师语录》,《大正藏》,第47册。

[宋]仁勇等编:《杨岐方会和尚语录》,《大正藏》,第47册。

[宋]绍隆编:《圆悟佛果禅师语录》,《大正藏》,第47册。

[宋]蕴闻编:《大慧普觉禅师语录》,《大正藏》,第47册。

[唐]弘忍:《最上乘论》,《大正藏》,第48册。

[唐]法海集:《南宗顿教最上大乘摩诃般若波罗蜜经六祖惠能大师于韶州大梵寺施法坛经》,《大正藏》,第48册。

[宋]智昭集:《人天眼目》,《大正藏》,第48册。

[宋]素文编:《如净和尚语录》,《大正藏》,第48册。

[元]德辉重编:《敕修百丈清规》,《大正藏》,第48册。

[元]宗宝编:《六祖大师法宝坛经》,《大正藏》,第48册。

[宋]志磐:《佛祖统纪》,《大正藏》,第49册。

[宋]赞宁《宋高僧传》,《大正藏》,第50册。

[唐]玄奘述,辩机撰:《大唐西域记》,《大正藏》,第51册。

[宋]道原:《景德传灯录》,《大正藏》,第51册。

[明]居顶:《续传灯录》,《大正藏》,第51册。

[唐]道世:《法苑珠林》,《大正藏》,第53册。

[明]徐长孺辑:《东坡禅喜集》,《大正藏补编》,第26册。

胡适校订:《新校订的敦煌写本神会和尚遗著两种》,《大藏经补编》,第25册。

[宋]慧洪:《石门文字禅》,《嘉兴大藏经》,第23册。

[清]仪润证义:《百丈清规证义记》,《续藏经》,第63册。

[宋]惟勉编次:《丛林校定清规总要》,《续藏经》,第63册。

[清]行悦集:《列祖提纲录》,《续藏经》,第64册。

［清］性乐重编：《禅宗杂毒海》，《续藏经》，第 65 册。

［宋］法应集：《禅宗颂古联珠通集》，《续藏经》，第 65 册。

［宋］宗杲集：《正法眼藏》，《续藏经》，第 67 册。

［宋］赜藏主集：《古尊宿语录》，《续藏经》，第 68 册。

［宋］师明集：《续古尊宿语要》，《续藏经》，第 68 册。

［宋］惟白集：《建中靖国续灯录》，《续藏经》，第 78 册。

［宋］慧洪：《禅林僧宝传》，《续藏经》，第 79 册。

［宋］普济集：《五灯会元》，《续藏经》，第 80 册。

中文专著类

汤用彤：《隋唐佛教史稿》，中华书局，1982 年。

葛兆光：《禅宗与中国文化》，上海人民出版社，1986 年。

徐建融：《法常禅画艺术》，上海人民美术出版社，1989 年。

黄河涛：《禅与中国艺术精神的嬗变》，商务印书馆，1994 年。

林保尧编著：《佛教美术讲座》，台湾艺术家出版社，1997 年。

吴立民：《禅宗宗派源流》，中国社会科学出版社，1998 年。

周叔迦：《法苑谈丛插图本·佛教寺院文化总汇》，上海辞书出版社，1999 年。

严雅美：《泼墨仙人图研究：兼论宋元禅宗绘画》，法鼓文化出版社，2000 年。

朱良志：《中国美学导读》，北京大学出版社，2004 年。

朱良志：《石涛研究》，北京大学出版社，2005 年。

朱良志：《八大山人研究》，安徽教育出版社，2010 年。

徐文明：《中土前期禅学思想史》，北京师范大学出版社，2004 年。

刘长东：《宋代佛教政策论稿》，巴蜀书社，2005 年。

杨曾文：《宋元禅宗史》，中国社会科学出版社，2006 年。

王志远主编：《中国佛教百科》第 4 卷，华龄出版社，2008 年。

杜继文、魏道儒：《中国禅宗通史》，江苏人民出版社，2008 年。

纪华传：《中国禅宗与佛教》，宗教文化出版社，2008 年。

李泽厚：《美的历程》，生活·读书·新知三联书店，2009 年。

徐复观：《中国艺术精神》，商务印书馆，2010 年。

丁福保编：《佛学大辞典》，中国书店出版社，2011 年。

张安如：《南宋宁波文化史》，浙江大学出版社，2013 年。

石峻、楼宇烈：《中国佛教思想资料选编》，中华书局，2014 年。

妙虚法师、孙恩扬：《禅画研究》，人民美术出版社，2015 年。

魏道儒主编：《世界佛教通史》，中国社会科学出版社，2015 年。

翻译专著类

［日］木宫泰彦著，陈捷译：《中日佛教交通史》，台湾华宇出版社，1986 年。

［日］铃木大拙著，陶刚译：《禅与日本文化》，生活·读书·新知三联书店，1989 年。

［美］高居翰著，李渝译：《中国绘画史》，台湾雄狮图书股份有限公司，1989 年。

[日]铃木大拙著，徐进夫译：《禅与艺术》，北方文艺出版社，1998年。

[美]方闻：《心印：中国书画风格与结构分析研究》，陕西人民美术出版社，2004年。

[日]圆仁著，白化文等校注：《入唐求法巡礼记校注》，花山文艺出版社，2007年。

[日]宫治昭著，李萍、张清涛译：《弥勒和涅槃的图像学》，文物出版社，2009年。

[日]有马赖底著，刘建、华海译：《云水禅心》，海南出版社，2014年。

外文专著类

[日]大村西崖编：《西金居士真蹟十六羅漢》，大塚巧藝社，1921。

[日]金原省吾：《支那绘画史》，古今书院，1938年。

[日]谷信一：《室町時代美术史论》，东京堂，1943年。

[日]松下隆章、铃木敬《宋元名画（梁楷·牧溪·玉涧）》，聚乐社，1956年。

[日]户田祯佑：《水墨美术大系卷三：牧溪玉涧》，讲谈社，1978年。

[日]铃木敬：《中国绘画总合图录》，东京大学出版会，1982年。

[日]海老根聪郎：《牧溪：憧憬的水墨画（图录）》，五岛美术馆，1996年。

[日]井手诚之辅：《日本の宋元仏画》，至文堂，2001年。

奈良国立博物馆：《聖地寧波——日本仏教1300年の源流》，奈良国立博物馆，2009年。

Sonya Lee, *Surviving Nirvana——Death of the Buddha in Chinese Visual Culture*, Hong Kong University Press, 2010.

论文类

刘慧达：《北魏石窟与禅》，《考古学报》，1978年第3期。

陈允吉：《王维与南北宗禅僧关系考略》，《文献》第8辑，1981年6月。

杨娜：《王维画史形象研究》，中央美术学院博士论文，2008年。

胡吉连：《明遗民担当书法研究》，首都师范大学硕士论文，2009年。

叶伟夫、叶芃：《中国禅宗绘画及其流派研究》，《中国禅学》第5卷，中国社会科学出版社，2010年。

郑儒儒：《解析美术史中“禅画”概念的由来》，中国美术学院硕士论文，2015年。

[美]高居翰著，林小平译：《日本收藏的中国宋元禅宗绘画》，《美术研究》，1983年第2期。

[日]小川裕充：《牧谿—古典主義の変容上》，《美術史論叢》，1988年第4期。

[日]近藤秀实著，于濬涛译：《论颜辉——魂魄游离的世界》，《故宫博物院院刊》，1996年第2期。

[日]川上泾著，林维译：《梁楷·因陀罗序说》，《福建教育学院学报》，2006年第2期。

[日]泷精一：《梁楷筆踌布袋図に就て》，《国华》第152期，1902年。

[日]浜田青陵：《梁楷の傑作出山釋迦及び山水図》，《国华》第227期，1909年。

[日]浜田青陵：《梁楷筆六祖図》，《国华》第229期，1909年。

[日]海老根聪郎：《水墨人物画——围绕着朽》（《水墨人物画——朽をめぐって》），《世界美术大全集南宋·金》，小学馆，2000年。